Wolfgang Streeck

Gekaufte Zeit

Die vertagte Krise des demokratischen Kapitalismus

Frankfurter Adorno-Vorlesungen 2012

W0175514

bpb: Bundeszentrale für politische Bildung

Wolfgang Streeck, geboren 1946, ist Direktor am Max-Planck-Institut für Gesellschaftsforschung in Köln sowie Professor für Soziologie an der Universität zu Köln.

Diese Veröffentlichung stellt keine Meinungsäußerung der Bundeszentrale für politische Bildung dar. Für die inhaltlichen Aussagen trägt der Autor die Verantwortung.

Bonn 2013
Lizenzausgabe für die Bundeszentrale für politische Bildung
Adenauerallee 86, 53113 Bonn

© 2013 by Suhrkamp Verlag Berlin

Umschlaggestaltung: Michael Rechl, Kassel
Umschlagfoto: © Ursula Düren / picture alliance / dpa

Satz: im Verlag
Druck und Bindung: Druckhaus Nomos, Sinzheim

ISBN 978-3-8389-0339-2

www.bpb.de

Inhalt

Einleitung
Krisentheorie – damals, heute

Dieses Buch ist die erweiterte Fassung meiner im Juni 2012 gehaltenen Adorno-Vorlesungen, fast genau 40 Jahre nach meinem Frankfurter Soziologie-Diplom.[1] Ich kann nicht sagen, dass ich ein »Schüler« Adornos gewesen sei. Ich habe einige seiner Vorlesungen und Seminare besucht, aber nicht viel verstanden; das war damals so und man hat das hingenommen. Erst später ist mir bei eher zufälligen Gelegenheiten klargeworden, wie viel ich dadurch versäumt habe. So ist meine wichtigste Erinnerung an Adorno die tiefe Ernsthaftigkeit geblieben, mit der er seine Arbeit tat – in denkbar starkem Kontrast zu der inneren Gleichgültigkeit, mit der Sozialwissenschaft heute, nach Jahrzehnten ihrer Professionalisierung, nur allzu oft betrieben wird.

Niemand wird mich, glücklicherweise, für berufen halten, das Werk Adornos zu würdigen. Ich habe auch darauf verzichtet, im Einzelnen nach Verbindungen zwischen dem zu suchen, was ich zu sagen habe, und dem, was Adorno hinterlassen hat;

1 Ich danke dem Institut für Sozialforschung und seinem Direktor Axel Honneth sowie dem Suhrkamp Verlag für die Einladung und die Gelegenheit, meine Ideen zum Thema zu sortieren und auszuformulieren. Sidonia Blättler vom Institut hat meinen Aufenthalt und meine Vorträge in Frankfurt zuverlässig organisiert und begleitet; Eva Gilmer hat das Manuskript kenntnisreich und kunstfertig lektoriert. Bei der Zusammenstellung des Materials und der Daten für die Vor- und Nachbereitung meiner Vorlesungen haben meine Studenten und Hilfskräfte am Kölner Max-Planck-Institut für Gesellschaftsforschung in vielfacher Weise geholfen, darunter Annina Assmann, Lea Elsässer, Lukas Haffert, Daniel Mertens und Philip Mehrtens. Lea Elsässer hat sich besonders um die zahlreichen Diagramme verdient gemacht, die meine Thesen illustrieren. Ohne meine Kollegen am Kölner Institut – Jens Beckert, Renate Mayntz, Fritz Scharpf, Martin Höpner, Ariane Leendertz, Armin Schäfer und andere – wäre mir zum Thema nicht einmal halb so viel eingefallen. Natürlich bin ich, wenn ich etwas nicht richtig verstanden haben sollte, nur selber schuld.

das würde gezwungen erscheinen und wäre anmaßend. Wenn es Gemeinsamkeiten gibt, dann sind sie sehr allgemeiner Art. Zu ihnen gehört, dass ich es intuitiv ablehne zu glauben, dass Krisen immer gut ausgehen müssen – eine Intuition, die ich auch bei Adorno zu finden glaube. Das, was ich als funktionalistisches Sicherheitsgefühl bezeichnen möchte, beispielhaft zu besichtigen bei Talcott Parsons, ging ihm ab; dafür, dass alles irgendwann wieder von selber in ein gutes Gleichgewicht kommen würde, gab es bei Adorno keinerlei Garantie. Zu einem Hölderlinschen Grundvertrauen – »Wo aber Gefahr ist, wächst das Rettende auch« – konnte er sich nicht durchringen. Dies geht mir ähnlich, weshalb auch immer. Mir erscheinen soziale Ordnungen als normalerweise fragil und prekär, und unangenehme Überraschungen als jederzeit möglich. Ich halte es auch für falsch, von jemandem, der ein Problem als solches beschreibt, zu fordern, dass er zusammen mit dessen Analyse gleich eine Lösung liefert[2] – und beuge mich auch in diesem Buch einem solchen Diktat nicht, selbst wenn ich am Schluss zu einem Teilaspekt der Krise dann doch einen, allerdings nicht sehr realistischen Vorschlag mache, was zu tun wäre. Probleme können so beschaffen sein, dass es für sie keine Lösung gibt oder jedenfalls keine hier und jetzt realisierbare. Wenn man mich vorwurfsvoll fragen würde, wo denn da »das Positive« bleibe, dann wäre das am Ende doch noch eine Gelegenheit,

---

2 Wie es Ökonomen von Ökonomen verlangen – und das Fehlen einer Therapie als Argument für die Unzulänglichkeit der Diagnose zulassen. Siehe den im Sommer 2012 in den deutschen Zeitungen ausgetragenen sogenannten »Ökonomenstreit« über die Eurokrise. Einer der Unterzeichner eines »euroskeptischen« Briefs an die »lieben Mitbürger«, der ein paar Tage später, in Reaktion auf allfällige öffentliche Empörung, gleich auch einen Gegenaufruf unterzeichnet hatte, begründete dies in einem Artikel in einer englischen Tageszeitung so: »I believe economists have a duty to come up with constructive suggestions. If you're a professional firefighter, merely shouting at the flames isn't good enough«, in *The Guardian Online* vom 15. Juli 2012, ⟨http://www.guardian.co.uk/commentisfree/2012/jul/15/europe-economists-letters-national-autonomy⟩, letzter Zugriff am 26. November 2012. Es gibt aber Brände, die man nicht oder noch nicht löschen kann.

bei der ich mich auf Adorno berufen könnte, dessen Antwort, natürlich viel besser formuliert, zweifellos gewesen wäre: Was, wenn es gar nichts Positives gäbe?

Mein Buch behandelt die Finanz- und Fiskalkrise des demokratischen Kapitalismus der Gegenwart im Lichte der Frankfurter Krisentheorien der späten 1960er und frühen 1970er Jahre, also der Zeit um Adorno herum und, natürlich, meines Frankfurter Studiums. Die Theorien, an die ich anschließe, waren Versuche, die damals beginnenden Umbrüche in der politischen Ökonomie der Nachkriegszeit als Momente eines historischen Prozesses gesamtgesellschaftlicher Entwicklung zu verstehen, wobei sie sich mehr oder weniger eklektisch aus der marxistischen Theorietradition bedienten. Die dabei entwickelten Deutungen waren alles andere als einheitlich, waren oft nur skizzenhaft ausformuliert und änderten sich, wie nicht anders zu erwarten, mit dem Lauf der Ereignisse, oft von den Autoren unbemerkt. Auch findet, wer auf sie zurückblickt, immer wieder ein beharrliches Insistieren auf geringfügigen Differenzen innerhalb der Theoriefamilie, die heute irgendwie irrelevant erscheinen oder gar völlig unverständlich. Schon deshalb kann es im Folgenden nicht darum gehen, wer damals mehr oder weniger recht gehabt hat.

Auch an den Theorieversuchen der Frankfurter Jahre erweist sich, wie unvermeidlich zeitgebunden sozialwissenschaftliche Erkenntnisse sind. Trotzdem und gerade deshalb bietet es sich an, bei der Befassung mit den gegenwärtigen Ereignissen an die Krisentheorien des »Spätkapitalismus« der 1970er Jahre anzuknüpfen, und zwar nicht nur, weil man heute wieder weiß und sagen kann, was jahrzehntelang vergessen oder für irrelevant gehalten wurde: dass die Wirtschafts- und Gesellschaftsordnung der reichen Demokratien immer noch eine kapitalistische und deshalb, wenn überhaupt, nur mit Hilfe einer Theorie des Kapitalismus zu verstehen ist. Im Rückblick lässt sich auch erkennen, was man damals nicht erkennen *konnte*, weil es *noch selbstverständlich war* oder *schon selbstverständlich geworden war*, oder nicht erkennen *wollte*, weil es politischen Projekten im Wege stand. Dass man ungeachtet aller Anstrengungen des theoretischen Verstandes Wichtiges nicht gesehen und Kommendes nicht kommen gesehen hat, kann im Übrigen zur Erinnerung daran dienen, dass Gesellschaft vor einer offenen Zukunft stattfindet und Geschichte nicht vorhersagbar ist – ein Umstand, den sich die modernen Sozialwissenschaften noch immer nicht völlig klargemacht haben.[3] Andererseits ist, allen Veränderungen zum Trotz, in der Gegenwart manches wieder-zuerkennen, was in der Vergangenheit erkannt war, dann aber vergessen wurde. So wenig Verlass auf eine statische Betrach-tung der Welt ist, so identisch mit sich selber kann eine sozi-ale Formation auch über Jahrzehnte hinweg erscheinen, wenn man sie als Entwicklungsprozess auffasst, der sich ändernde Strukturen über die Zeit zusammenhält und dessen Logik man rückblickend verstehen kann, auch wenn sie sich für Vorher-sagen nicht hergibt.

Meine Analysen der Finanz- und Fiskalkrise des gegen-wärtigen Kapitalismus behandeln diese in der Kontinuität und als Moment einer gesamtgesellschaftlichen Entwicklung, deren Beginn ich auf das Ende der 1960er Jahre datiere und die ich von heute aus gesehen als Prozess der Auflösung des Regimes des demokratischen Kapitalismus der Nachkriegs-zeit beschreibe.[4] Mein Beitrag zu dessen Verständnis schließt, wie gesagt, an einen Theorieversuch an, der das, was sich da-mals abzuzeichnen begann, unter Rückgriff auf ältere, vor al-lem marxistische Theorietraditionen zu deuten unternahm. Zu diesen gehörten bestimmte aus dem später von Adorno geleiteten Institut für Sozialforschung hervorgegangene For-

---

3 Insofern als diese sich immer noch als nomothetische Wissenschaf-ten verstehen und nach außen präsentieren. Der Frankfurter Soziologie kann man dies allerdings nicht zum Vorwurf machen.

4 Wo man den Anfang eines Prozesses ansetzt, ist unvermeidlich mehr oder weniger willkürlich, weil Geschichte immer zusammenhängt und alles immer eine Vorgeschichte hat. Dennoch gibt es Einschnitte und formative Momente. Dass die siebziger Jahre des 20. Jahrhunderts das Ende einer Ära und den Anfang einer anderen markierten, ist mittler-weile ein Gemeinplatz, den ich keine Veranlassung habe zu bezweifeln.

schungen, an denen Adorno allerdings nicht direkt beteiligt war. Charakteristisch für die Krisentheorie der »Frankfurter Schule« war eine heuristische Vermutung eines prinzipiellen Spannungsverhältnisses zwischen dem sozialen Leben einerseits und einer von Imperativen der Kapitalverwertung und Kapitalvermehrung beherrschten Ökonomie andererseits – eines Spannungsverhältnisses, das in der Nachkriegsformation des demokratischen Kapitalismus auf vielfältige und sich historisch weiter entfaltende Weise durch staatliche Politik vermittelt war. Soziale Institutionen, vor allem solche politisch-ökonomischer Art, erschienen so als stets umstrittene, immer nur zeitweilige Kompromisse zwischen grundsätzlich inkompatiblen Handlungsorientierungen und soziale Systeme als in sich widersprüchlich, fundamental instabil und nur vorübergehend, wenn überhaupt jemals, im Gleichgewicht befindlich. Die Wirtschaft der Gesellschaft schließlich wurde, in der Tradition der politischen Ökonomie, als soziales, also nicht bloß technisches oder naturgesetzlich gesteuertes Handlungssystem aufgefasst, das aus machtbewehrten Interaktionen zwischen mit unterschiedlichen Interessen und Ressourcen ausgestatteten Parteien bestand.

Indem ich an Theorien der 1970er Jahre anschließe und den Versuch unternehme, diese im Licht von vier Jahrzehnten nachfolgender kapitalistischer Entwicklung zu aktualisieren, behandele ich die gegenwärtige Krise des demokratischen Kapitalismus in dynamischer Perspektive, eingebettet in eine Entwicklungssequenz (Streeck 2010). Dass dies der gebotene Weg ist, Makrosoziologie oder politische Ökonomie zu betreiben, glaube ich als Soziologe und Politikwissenschaftler aus zahlreichen Untersuchungen unterschiedlicher sozialer Felder über die Jahre gelernt zu haben.[5] Sozialwissenschaftlich aufschlussreich sind für mich nicht Zustände, sondern Verläufe – oder Zustände nur im Zusammenhang von Verläufen. Theorien, die

5 Siehe meine Studie über die Liberalisierung der deutschen politischen Ökonomie seit den 1970er Jahren (Streeck 2009b). Zur Analyse des Kapitalismus als Entwicklungsprozess siehe Streeck (2011c).

Strukturen oder Ereignisse als freistehende Unikate in einem feststehenden Eigenschafts- und Möglichkeitsraum behandeln, können fundamental in die Irre führen. Alles Soziale spielt sich in der Zeit ab, entfaltet sich mit der Zeit und wird in und mit ihr sich selber ähnlicher. Was wir heute sehen, können wir nur verstehen, wenn wir wissen, wie es gestern ausgesehen hat und auf welchem Weg es sich befindet. Alles, was vorfindlich ist, ist immer auf einem Entwicklungspfad unterwegs. Auf diesen kommt es, wie sich zeigen wird, entscheidend an; deshalb unter anderem die vielen Verlaufsdiagramme und stilisierten Narrationen in den drei Hauptteilen dieses Buches.

Nicht allein, dass alles Zeit braucht, ist wichtig, sondern auch, *wann* in der Zeit es stattfindet und *wo*. Raum, der durch Nähe konstituierte soziale Kontext, ist nicht weniger grundlegend für Gesellschaft als Zeit, und es ist nicht nur chronologische Zeit, die zählt,[6] sondern auch diachronische, also historische. Sozialwissenschaftliche Erkenntnisse werden erst dann wirklich zu solchen, wenn man sie mit einem Zeit- und Raumindex versehen hat. Die Krise, von der hier die Rede sein wird, ist eine des Kapitalismus im Kontext der reichen Demokratien der westlichen Welt, so wie er sich nach den Erfahrungen der *Great Depression*, der Neugründung von Kapitalismus und liberaler Demokratie nach dem Zweiten Weltkrieg, dem Zerbrechen der Nachkriegsordnung in den 1970er Jahren, den »Ölkrisen« und der Inflation usw. herausgebildet hat. Auch für andere Gesellschaften, gegenwärtige und zukünftige, hat sie Bedeutungen und Folgen – aber welche das sein werden, wird durch historisch konkretes, praktisches Handeln entschieden und durch empirische Forschung zu klären sein. Was wir über Krisen im Allgemeinen wissen – politische wie wirtschaftliche –, kann weiterhelfen; aber von mindestens derselben Bedeutung ist das Besondere, noch nie Dagewesene *dieser* Krise, das ihren spezifischen Charakter ausmacht und interpretativ aus ihrem zeitlichen und räumlichen Kontext erschlossen werden muss.

6 Wie im Konzept der Pfadabhängigkeit (Pierson 2000; 2004).

Wie zu sehen sein wird, erweist sich die Einbeziehung der Zeit in die Betrachtung der gegenwärtigen Finanz- und Fiskalkrise in mehrerlei Hinsicht als aufschlussreich. Vor allem relativiert sich im historischen Kontext die Bedeutung zahlreicher in sozialwissenschaftlichen Querschnittsuntersuchungen beobachteter Unterschiede zwischen den nationalstaatlich verfassten Gesellschaften des demokratischen Kapitalismus, wie sie von der »Varieties-of-Capitalism«-Literatur (Hall und Soskice 2001) zu kategorischen Merkmalen verschiedener Kapitalismus-»Modelle« stilisiert worden sind.[7] Behandelt man die Krise als Zwischenstadium in einer langgezogenen Entwicklungssequenz, so zeigt sich, dass die Parallelen und Wechselwirkungen zwischen den kapitalistischen Ländern die institutionellen und wirtschaftlichen Unterschiede bei weitem überwiegen. Die zugrunde liegende Dynamik ist, mit örtlichen Modifikationen, dieselbe, selbst für Länder, die als so voneinander verschieden gelten wie beispielsweise Schweden und die USA. Besonders deutlich bei einer Betrachtung über die Zeit hinweg wird die Führungsrolle des größten und kapitalistischsten aller kapitalistischen Länder, der Vereinigten Staaten. Alle Entwicklungen, die die Richtung vorgegeben haben, in welche sich der Geleitzug der kapitalistischen Demokratien bewegt hat, sind von dort ausgegangen: die Beendigung des Bretton-Woods-Systems und der Inflation, die Entstehung von Haushaltsdefiziten durch Steuerwiderstand und Steuersenkungen, die zunehmende Schuldenfinanzierung der Staatstätigkeit, die Konsolidierungswelle der 1990er Jahre, die Deregulierung der privaten Finanzmärkte als Teil einer Politik der Privatisierung von Staatsaufgaben und, natürlich, die Finanz- und Fiskalkrise von 2008.

Auch die kausalen Zusammenhänge und Mechanismen, die den Soziologen interessieren, realisieren sich nur in der Zeit und, wenn es um Anpassung und Wandel sozialer Institutionen oder ganzer Gesellschaften geht, nur über längere Zeit

7 Zur Kritik des »Varieties-of-Capitalism«-Ansatzes siehe Streeck (2009b; 2011b).

hinweg. Wir neigen dazu, zu unterschätzen, wie lange gesellschaftliche Ursachen brauchen, um gesellschaftliche Wirkungen hervorzubringen. Wenn man zu früh fragt, ob eine Theorie über Wandel oder Ende einer gesellschaftlichen Formation zutrifft oder nicht, läuft man Gefahr, sie widerlegt zu finden, bevor sie sich hätte beweisen können. Ein gutes Beispiel ist die Globalisierungsliteratur in der vergleichenden Politikwissenschaft der 1980er und 1990er Jahre, die, gestützt auf damalige empirische Beobachtungen, zu dem Schluss kam, dass mit abträglichen Auswirkungen der Entgrenzung der nationalen Volkswirtschaften auf den Sozialstaat nicht zu rechnen sei. Heute wissen wir, dass die Dinge nur länger gedauert haben – und dass es falsch war vorauszusetzen, dass ein so fest etabliertes und träges Gebilde wie der europäische Wohlfahrtsstaat schon nach wenigen Jahren wirtschaftlicher Internationalisierung würde verschwinden oder zu etwas kategorisch anderem werden können. Institutioneller Wandel findet oft und vermutlich meistens als gradueller Wandel statt (Streeck und Thelen 2005), den man sehr lange als marginal abtun kann, auch wenn das Marginale längst dadurch zum Kern der Sache geworden ist, dass es deren Entwicklungsdynamik bestimmt.[8]

Neben der langen Dauer und inkrementellen Natur sozialen und institutionellen Wandels – aber wie lange ist lange? – stoßen gesellschaftliche Entwicklungen immer wieder auf *entge-*

8 Siehe die Literatur über den Wandel des »deutschen Modells« der Arbeitsbeziehungen. Erste Bruchstellen im System der überbetrieblichen Lohnfindung konnten noch in den 1980er Jahren als flexible Anpassung an veränderte Bedingungen mit dem Ziel und Ergebnis der Systemerhaltung interpretiert werden. Als dann der Auflösungsprozess voranschritt, begann sich die Deutung durchzusetzen, dass er lediglich auf eine »Dualisierung« des Systems hinauslaufe, wobei das alte Regime dasselbe blieb, auch wenn es seinen universellen Charakter verlor (Palier und Thelen 2010). Je weiter sich jedoch bei gleichbleibender Entwicklungsrichtung der Rand des Systems in dessen Kern vorfrisst, egal wie langsam und schrittweise, desto unvermeidlicher muss an irgendeinem Punkt auch diese Deutung aufgegeben und der Prozess als das beschrieben werden, was er dann erkennbar von Anfang an war: ein Prozess der Liberalisierung eines bis dahin von Politik statt von Marktkräften gesteuerten gesellschaftlichen Bereichs (Hassel 1999; Streeck 2009b).

genwirkende Ursachen, von denen sie verlangsamt, abgelenkt, modifiziert oder aufgehalten werden.[9] Gesellschaften beobachten die Tendenzen, die in ihnen am Werk sind, und reagieren auf sie. Dabei zeigen sie einen Erfindungsreichtum, der über die Fantasie von Sozialwissenschaftlern weit hinausreicht, auch von solchen, die die unterliegenden und gesellschaftlich umstrittenen Tendenzen richtig erkannt haben. Die Krise des Spätkapitalismus in den 1970er Jahren musste auch denen auffallen, die kein Interesse daran hatten, dass der Spätkapitalismus zugrunde ging oder sich selbst zugrunde richtete. Auch sie spürten die Spannungen, die von der Krisentheorie mehr oder weniger zutreffend diagnostiziert worden waren, und reagierten auf sie. Von heute aus gesehen erscheinen diese Reaktionen als ein mittelfristig – aber immerhin über vier Jahrzehnte – erfolgreiches *Kaufen von Zeit mit Hilfe von Geld.* »Zeit kaufen« ist die wörtliche Übersetzung einer englischen Wendung: *buying time* – was so viel heißt wie ein bevorstehendes Ereignis hinauszuzögern, um versuchen zu können, es noch zu verhindern. Dazu muss nicht notwendig Geld eingesetzt werden. Im vorliegenden Fall freilich wurde es, und zwar im großen Maßstab: durch Nutzung des Geldes – der mysteriösesten Institution der kapitalistischen Moderne – zur Entschärfung potenziell destabilisierender sozialer Konflikte, zunächst mittels Inflation, dann durch Staatsverschuldung, dann durch Expansion der privaten Kreditmärkte und schließlich – heute – durch Ankauf von Staats- und Bankschulden durch die Zentralbanken. Wie

9 Das Konzept der »entgegenwirkenden Ursache« ist zentral für das Marxsche Theorem eines tendenziellen Falls der Profitrate (Marx 1966 [1894], 242 ff.). Das »Gesetz« ist deshalb nicht deterministisch, weil es die Möglichkeit vorsieht, dass die – als tatsächlich wirksam angenommene – Tendenz zum Fall der Profitrate durch gegenläufige Entwicklungen aufgehalten werden kann. Diese Entwicklungen würden dann als Wirkung einer Ursache erklärt – eben des »tendenziellen Falls« –, die sich empirisch nicht beobachten ließe, weil ihrer Entfaltung entgegengewirkt wird. Auch für Polanyi ist die Denkfigur der gegenwirkenden Ursache zentral, wenn er von der »Gegenbewegung« der Gesellschaft gegen die Expansion von Märkten und ihr Übergreifen auf die »fiktiven Waren« des Bodens, der Arbeit und des Kapitals spricht (Polanyi 1957 [1944], Kap. 11).

ich zeigen werde, stehen Aufschub und Streckung der Krise des demokratischen Kapitalismus der Nachkriegsjahre durch *Kaufen von Zeit* in engem Zusammenhang mit jenem epochalen Prozess kapitalistischer Entwicklung, den wir als »Finanzialisierung« bezeichnen (Krippner 2011).

Wählt man den zeitlichen Rahmen umfassend genug, kann man die Entwicklung der gegenwärtigen Krise als evolutionären Prozess auffassen und als dialektischen dazu.[10] Im Rückblick und eingeordnet in eine längere Entwicklungssequenz nämlich erweist sich, was sich auf kurze Sicht immer wieder wie das Ende der Krise ausgenommen haben mag – und damit wie die Widerlegung der jeweils aktuellen Version der Krisentheorie –, als bloßer Wandel der Erscheinungsform der zugrundeliegenden Konflikte und der Integrationsdefizite, die von diesen von Mal zu Mal neu verursacht wurden. Lösungen, oder was man für solche hielt, brauchten nie mehr als ein Jahrzehnt, um sich in Probleme zu verwandeln, oder besser: in das alte Problem in neuer Form. Jeder Sieg über die Krise wurde über kurz oder lang zum Vorspiel einer neuen Krise, durch komplexe und unvorhersehbare Wendungen hindurch, die eine Zeitlang vergessen ließen, dass alle Stabilisierungsmaßnahmen nur provisorisch sein können, solange der Fortschritt der kapitalistischen Entwicklung – die »Landnahme« durch den Markt (Lutz 1984; Luxemburg 1913) – mit der Logik der sozialen Lebenswelt zusammenstößt.

Zu meinen weniger erfreulichen Erinnerungen an meine Frankfurter Studienzeit gehört, dass Vorlesungen und Seminare sich, jedenfalls für meinen Geschmack, zu sehr mit »Ansätzen« und zu wenig mit dem befassten, was mit deren Hilfe erforscht werden sollte. Die Art von Welthaltigkeit, die man etwa in einem Buch wie C. Wright Mills' *Power Elite* finden konnte (Mills 1956), habe ich als »Frankfurter Schüler« oft vermisst. Bis heute wird mir Soziologie ohne Geschichten, Lokal-

---

10 Zur Wiederbelebung des Konzepts des dialektischen Wandels in der modernen Institutionentheorie siehe Greif (2006) sowie Greif und Laitin (2004).

kolorit und Platz für das Exotische und oft Absurde des sozialen und politischen Lebens schnell langweilig. Obwohl ich schon deshalb theoretisch mit leichtem Gepäck reise, ist andererseits offenkundig, dass mein Thema – die Finanz- und Fiskalkrise der reichen kapitalistischen Demokratien – es geradezu zwingend erfordert, bei seiner Bearbeitung an die Tradition der politischen Ökonomie anzuschließen. Makrosoziologische Krisen- und politikwissenschaftliche Demokratietheorie ohne Bezug auf Wirtschaft als politisch-gesellschaftliche Tätigkeit zu betreiben, muss als schlechthin neben der Sache liegend erscheinen, ebenso wie jede Konzeption von Wirtschaft in Politik und Gesellschaft, die deren gegenwärtige kapitalistische Organisationsform außer Acht ließe. Niemand kann nach dem, was seit 2008 geschehen ist, Politik und politische Institutionen verstehen, ohne sie in enge Beziehung zu Märkten und wirtschaftlichen Interessen sowie den aus ihnen erwachsenden Klassenstrukturen und Konflikten zu setzen. Ob und inwieweit das »marxistisch« ist oder »neomarxistisch«, ist eine Frage, die mir ganz und gar uninteressant erscheint und auf die ich mich nicht einlassen will. Zu den Resultaten der historischen Entwicklung gehört ja, dass man derzeit nicht mehr mit Gewissheit sagen kann, wo im Bemühen um Aufklärung der laufenden Ereignisse der Nichtmarxismus endet und wo der Marxismus beginnt. Ohnehin ist die moderne Sozialwissenschaft, vor allem wo sie sich mit ganzen Gesellschaften und ihrer Entwicklung befasst, nie ohne Rekurs auf zentrale Elemente »marxistischer« Theorien ausgekommen – und sei es, dass sie sich im Widerspruch zu diesen definiert hat.[11] Ich bin

11 Das gilt selbstverständlich auch und tatsächlich in besonderem Maße für jemanden wie Max Weber, der es allerdings sein Leben lang unterlassen hat – vermutlich wohlweislich –, sich mit Marx offen auseinanderzusetzen oder ihn auch nur zu zitieren. Dementsprechend wurden in Deutschland »marxistische« »Ansätze« ungleich rabiater aus der Mitte der sozialwissenschaftlichen Disziplinen herausgesäubert oder doch schärfer von ihr geschieden als in den kapitalistischen Stammländern, den USA und Großbritannien, wo Begriffe wie »Kapitalismus« oder »Klasse« immer zur Umgangssprache der Sozialwissenschaften gehört

jedenfalls davon überzeugt, dass man die aktuelle Entwicklung der modernen Gegenwartsgesellschaften ohne den Gebrauch bestimmter auf Marx zurückgehender Schlüsselbegriffe nicht auch nur annähernd verstehen kann – und dass dies immer mehr der Fall sein wird, je deutlicher die treibende Rolle der sich weiter entfaltenden kapitalistischen Marktwirtschaft in der entstehenden Weltgesellschaft werden wird.

Meine Überlegungen zur Krise des demokratischen Kapitalismus greifen bewusst weit aus; das Bild, das sie zeigen, ist mit breitem Pinsel auf großer Leinwand gemalt. Kontext und Sequenz stehen im Mittelpunkt, Ereignisse eher am Rande; grobe Gemeinsamkeiten verdrängen feine Unterschiede; Zusammenhänge zwischen Fällen und Feldern erhalten mehr Aufmerksamkeit als diese selber; Synthese kommt vor Analyse; und die Grenzen zwischen den Disziplinen werden immer wieder missachtet. Das Argument spannt viele und weite Bögen: von der Streikwelle Ende der 1960er Jahre zur Einführung des Euro, von der Beendigung der Inflation Anfang der 1980er Jahre zu dem rapiden Anstieg der Ungleichheit der Einkommen am Ende des Jahrhunderts, von der Politik des *containment* zur Zeit des Eurokommunismus zu den gegenwärtigen fiskalischen Krisen der Mittelmeerländer und anderem mehr. Nicht alles wird vermutlich spezialisierter Nachforschung standhalten können; das ist mein Risiko und das jeder synoptischen Betrachtung laufender Ereignisse. Aber natürlich bin ich zuversichtlich, dass das meiste am Ende doch Bestand haben wird.

Der Aufbau des Buches folgt, was die Hauptteile angeht, dem der drei Vorlesungen. Daraus ergeben sich gewisse Überlappungen und manchmal überraschende Reihenfolgen, die

haben. Man lese nur in den damals populären Hauptwerken der amerikanischen »Modernisierungstheorie« der 1950er und 1960er Jahre nach – etwa bei Rostow (1990 [1960]) oder Kerr et al. (1960) –, um zu sehen, wie selbstverständlich im akademisch-politischen Establishment der führenden kapitalistischen Weltmacht damals der Rückgriff auf wie immer verstandene oder missverstandene Kernbegriffe der Marxschen politischen Ökonomie war.

in einem systematischer aufgebauten Buchtext nicht vorge-
kommen wären. Vielleicht wäre ein solcher aber auch weniger
lesbar geworden. Die Fakten und Daten, die ich als Belege und
zur Illustration verwende, sind alle mehr oder weniger bekannt, wenigstens in der Spezialliteratur; mein Beitrag, wenn
es diesen gibt, liegt in ihrer Einordnung in einen größeren,
historisch-theoretischen Zusammenhang. Jede der drei Vorlesungen habe ich über das hinaus, was man in einer Stunde
Lesezeit vortragen kann, ergänzt und erweitert, mit dem Ziel
der Verdeutlichung und Konkretisierung. Dabei habe ich
mich, um den Textfluss nicht zu sehr zu unterbrechen, immer wieder des Stilmittels der Fußnote bedient – oft, um aus
den bemerkenswert rücksichtslos recherchierten Berichten
der *New York Times* zu zitieren oder besonders groteske Sach-
verhalte mitzuteilen, die einen zweifeln lassen, ob man über
das, was mittlerweile als normal erscheint, lachen oder wei-
nen soll. Manchmal verwende ich Fußnoten auch, um gewag-
teren, aber möglicherweise gerade deshalb weiterführenden
Spekulationen keinen ganz so offiziellen Platz einräumen zu
müssen.

Gekaufte Zeit ist, wie gesagt, in drei Kapitel gegliedert. Das
erste beginnt mit einer kurzen, mittlerweile bald zum Gemeinplatz gewordenen Darstellung des Zusammenhangs zwischen
Finanz-, Fiskal- und Wachstumskrise, wie er die Politik vor
immer neue Rätsel stellt und sich bislang jedem Krisenmanagement erfolgreich entzogen hat. Anschließend gehe ich auf
die Theorien der 1970er Jahre über eine sich abzeichnende
»Legitimationskrise« des »Spätkapitalismus« ein und versuche
zu verstehen, warum diese allem Anschein nach nur unzu-
länglich auf jene gesellschaftlichen Entwicklungen vorbereitet
waren, die in den kommenden Jahrzehnten ihre Intuitionen
zu widerlegen schienen. Zu diesen Entwicklungen gehörte
vor allem die langgezogene Wende vom Sozialkapitalismus
der Nachkriegszeit zum Neoliberalismus des beginnenden
21. Jahrhunderts. Des Weiteren zeichne ich nach, wie sich die
in den 1970er Jahren diagnostizierte Krise tatsächlich entfaltet

und über die Zeit immer wieder neue Formen angenommen hat, bis sie 2008 ihre heutige Gestalt erhielt.

Das zweite Kapitel des Buches befasst sich speziell mit der Krise der Staatsfinanzen und ihren Ursachen und Folgen. Es beginnt mit einer Kritik geläufig gewordener »institutionen-ökonomischer« Theorien, die den Anstieg der Staatsschulden seit den 1970er Jahren auf ein Übermaß an Demokratie zu-rückführen, und argumentiert, dass die zunehmende Staats-verschuldung tatsächlich im Zusammenhang und als Moment der neoliberalen Transformation oder »Involution« (Agnoli 1967) des nach 1945 entstandenen demokratischen Kapita-lismus zu sehen ist. Diese Entwicklung, so meine These, hat jene »Krise des Steuerstaates« aktualisiert, von der schon in der Zeit um den Ersten Weltkrieg an theoretisch zentraler Stelle die Rede war (Schumpeter 1953 [1918]). Daran anschließend untersuche ich den Schuldenstaat als reale institutionelle For-mation, die spätestens in den 1980er Jahren den klassischen Steuerstaat abgelöst hat. Dabei geht es mir unter anderem um das Verhältnis zwischen dem Schuldenstaat und der Vertei-lung sozialer Lebenschancen oder zwischen Schuldenstaat und Klassenstruktur sowie um die im Schuldenstaat sich ent-wickelnden Konflikte und Machtverhältnisse zwischen Staats-bürgern und »Märkten«. Ich schließe mit einer Diskussion der systematisch zentralen *internationalen Dimension* des Schul-denstaates und der Rolle der internationalen Finanzdiplomatie bei seiner Regierung.

Im dritten Kapitel schließlich wende ich mich derjenigen politischen Organisationsform zu, die dabei ist, den Schul-denstaat abzulösen, und die ich als »Konsolidierungsstaat« bezeichne. Dessen Herausbildung in Europa ist aufgrund kontingenter Umstände untrennbar mit dem Fortschritt der europäischen Integration verkoppelt, die schon länger als Li-beralisierungsmaschine der europäischen Volkswirtschaften funktioniert. Meine Analyse beschreibt den Konsolidierungs-staat als europäisches Mehrebenenregime und den Prozess der fiskalischen Konsolidierung als den eines grundlegenden und in der Tat grundstürzenden Umbaus des europäischen Staatensystems. Das Kapitel endet mit Überlegungen über Möglichkeiten und Grenzen politischer Opposition gegen diesen Umbau.

Danach, im Schlussteil, fasse ich meine zentralen Thesen zusammen und diskutiere, eingehend auch auf die öffentlichen Diskussionen im Sommer und Herbst 2012, am Beispiel der Europäischen Währungsunion und der Zukunft des Euro die Möglichkeit einer Antwort auf die Krise, die den kapitalistischen Expansionsprozess – gemeinhin verkürzt als »Globalisierung« bezeichnet – vielleicht abbremsen und dadurch die Option auf eine demokratische Kontrolle der »Märkte« offenhalten könnte.

I.
Von der Legitimationskrise zur Fiskalkrise

Viel spricht dafür, dass die neomarxistischen Krisentheorien, wie sie im Frankfurt der 1960er und 1970er Jahre im Umlauf waren, in den Jahrzehnten danach zu Unrecht für widerlegt gehalten wurden. Vielleicht ziehen sich Transformation und Ablösung einer gesellschaftlichen Großformation wie der des Kapitalismus einfach nur etwas länger hin – zu lange für ungeduldige Krisentheoretiker, die noch zu ihren Lebzeiten wissen möchten, ob sie mit ihren Theorien recht hatten. Auch scheint sozialer Wandel auf zeitraubenden Umwegen stattzufinden, die theoretisch nicht sein müssten und sich deshalb, wenn überhaupt, nur nachträglich und ad hoc erklären lassen. Jedenfalls möchte ich die These vertreten, dass man die Krise, in der der Kapitalismus heute, am Anfang des 21. Jahrhunderts, feststeckt – eine Krise seiner Wirtschaft ebenso wie seiner Politik –, nur dann verstehen kann, wenn man sie als vorläufigen Höhepunkt einer Entwicklung begreift, die mit dem Ende der langen sechziger Jahre, also etwa um 1975 herum, begann und zu deren ersten Deutungsversuchen die Krisentheorien der damaligen Zeit gehören.

Rückblickend ist nicht mehr strittig, dass die 1970er Jahre eine Wendezeit waren:[1] mit dem Ende des Wiederaufbaus nach dem Krieg, dem beginnenden Zerbrechen des internationalen Währungsregimes, das nichts Geringeres war als eine politische Weltordnung für den Nachkriegskapitalismus (Ruggie 1982), und der Rückkehr von krisenhaften Störungen und

---

1 Für die Bundesrepublik Deutschland siehe unter vielen anderen die zeitgeschichtlichen Forschungen von Doering-Manteuffel und Raphael (2008) sowie Raithel et al. (2009). Zur westlichen Welt insgesamt siehe beispielsweise Judt (2005) und Glyn (2006). Als zeithistorisches Leitfossil siehe den Bericht an die Trilateral Commission über die »Regierbarkeit« der Demokratien (Crozier et al. 1975).

Stockungen der Wirtschaftstätigkeit als Momenten kapitalistischer Entwicklung. Die auf verschiedene Weise marxistisch inspirierte Frankfurter Soziologie hatte einen besseren intuitiven Zugang als andere zu der politischen und ökonomischen Dramatik jener Zeit. Dennoch waren ihre Versuche, die damaligen Verwerfungen, von den Streikwellen von 1968 (Crouch und Pizzorno 1978) bis zur ersten sogenannten »Ölkrise«, in den größeren historischen Zusammenhang der Entwicklung des modernen Kapitalismus einzuordnen, bald nahezu vergessen, und die praktischen Intentionen, die mit der Krisentheorie als kritischer Theorie immer verbunden gewesen waren, waren es sowieso. Zu viel Überraschendes war geschehen. Die Theorie des Spätkapitalismus (Habermas 1973; 1975; Offe 1972b; 1975) hatte die Spannungen und Brüche in der politischen Ökonomie der Zeit neu zu bestimmen versucht. Die Richtung aber, in die diese sich dann entwickelten und zunächst aufzulösen bzw. zu schließen schienen, entzog sich ihrem Zugriff. Eines ihrer Probleme scheint gewesen zu sein, dass sie die Selbstbeschreibung der kapitalistischen Wirtschaft der »Goldenen Jahre«: als technokratischer Steuerungsverbund von Regierungen und Großunternehmen, aufgebaut und geeignet zur Gewährleistung stabilen Wachstums und zur endgültigen Überwindung der wirtschaftlichen Krisenhaftigkeit des Kapitalismus, im Wesentlichen übernahm. Zweifelhaft erschien ihr nicht die politische *Steuerbarkeit* des modernisierten Kapitalismus, sondern seine gesellschaftliche und kulturelle *Legitimierbarkeit*. Indem die Theorie, so meine These, auf diese Weise das Kapital als politischen Akteur und strategiefähige gesellschaftliche Macht unter- und die Handlungs- und Planungsfähigkeit staatlicher Politik überschätzte, ersetzte sie Wirtschafts- durch Staats- und Demokratietheorie und verzichtete insofern zu ihrem Nachteil auf ein Kernstück des Erbes der Marxschen politischen Ökonomie.

Drei Entwicklungen vor allem waren es, auf welche die Krisentheorie der Zeit um 1968 schlecht oder gar nicht vorbereitet war. Die erste war das bald einsetzende, erstaunlich erfolgreiche Um- oder Zurückschalten des modernen Kapitalismus auf »selbstregulierte« Märkte, im Zuge des neoliberalen Großversuchs einer weltweiten Revitalisierung der kapitalistischen Akkumulationsdynamik vermittels Deregulierung, Privatisierung und Marktexpansion aller Art und in alle nur denkbaren Richtungen. Wer dies in den 1980er und 1990er Jahren aus nächster Nähe miterleben musste, hatte mit dem Begriff des Spätkapitalismus rasch seine Schwierigkeiten.[2] Ähnliches galt, zweitens, für die Erwartung einer Legitimations- und Motivationskrise angesichts der schon in den 1970er Jahren in Gang gekommenen rapiden Ausbreitung und hohen kulturellen Akzeptanz marktangepasster und marktgetriebener Lebensformen, wie sie in der enthusiastischen Nachfrage vor allem der Frauen nach »entfremdeter« Lohnarbeit sowie in einer sich über alle Erwartungen hinaus entfaltenden Konsumgesellschaft (Streeck 2012a) zum Ausdruck kamen. Und drittens blieben die Wirtschaftskrisen, die den Wandel vom Nachkriegs- zum neoliberalen Kapitalismus begleiteten, insbesondere die Inflation der 1970er und die Staatsverschuldung der 1980er Jahre, für die Theorie der Legitimationskrise eher marginal[3] – anders als für die von Durkheim inspirierte Erklärung der Inflation als Ausdruck verteilungspolitischer Anomie bei Goldthorpe und Hirsch (Goldthorpe 1978; Hirsch und Goldthorpe 1978) und anders als für einen Autor wie James O'Connor, der schon Ende der 1960er Jahre, freilich in den Kategorien einer orthodoxen marxistischen Weltsicht, eine »Fiskalkrise des Staates« und ein aus ihr resultierendes sozialistisch-revolutionäres

2 Weshalb dieser denn auch Schritt für Schritt modifiziert und dabei zunehmend seiner endzeitlichen Konnotation entkleidet wurde. Für Claus Offe handelte es sich bei ihm im Rückblick um einen »terminologischen Missgriff« (Offe 2006a), vor allem nachdem der Kapitalismus seit den 1980er Jahren als alternativlos erschien und es nur noch um die Art und Weise seiner Regulierung, nicht aber mehr um seine Überwindung gehen konnte.

3 Wahrscheinlich, weil sie in Deutschland beheimatet war, wo man von den Krisen weniger spürte als anderswo – man erinnere sich an die regierungsoffizielle »Modell Deutschland«-Rhetorik in den 1970er und 1980er Jahren.

Bündnis von gewerkschaftlich organisiertem Staatspersonal und seinen Klienten in der ausgesonderten Überschussbevölkerung vorhergesagt hatte (O'Connor 1972; 1973).

Ich möchte im Folgenden eine historische Narration der kapitalistischen Entwicklung seit den 1970er Jahren vorschlagen, die eine Verbindung herstellt zwischen dem, was ich als Revolte des Kapitals gegen die *mixed economy* der Nachkriegszeit interpretiere, der breiten Popularität expandierender Arbeits- und Konsumgütermärkte nach dem Ende der kurzen 1970er Jahre sowie der Sequenz wirtschaftlicher Krisenerscheinungen von damals bis heute – einer Sequenz, die derzeit in einer dreifachen Krise der Banken, der Staatshaushalte und des Wirtschaftswachstums ihren bisherigen Höhepunkt gefunden hat. Dabei sehe ich die »Entfesselung« (Glyn 2006) des globalen Kapitalismus im letzten Drittel des 20. Jahrhunderts als Erfolg des Widerstands der Besitzer von und Verfüger über Kapital – der Klasse der »Profitabhängigen« – gegen die vielfältigen Auflagen, die der Kapitalismus nach 1945 akzeptieren musste, um unter den Bedingungen der Systemkonkurrenz wieder politisch akzeptabel zu werden. Dass dieser Erfolg möglich und die Revitalisierung des kapitalistischen Systems als Marktwirtschaft entgegen allen Erwartungen durchsetzbar war, erkläre ich unter anderem mit einer staatlichen Politik, die dem kapitalistischen System mit Geld Zeit kaufte, indem sie dem neoliberalen Gesellschaftsprojekt als Konsumgesellschaft zunächst durch Inflationierung der Geldmenge, dann durch steigende Staatsverschuldung und schließlich durch freizügige Kreditvergabe an private Haushalte eine Art von Massenloyalität sicherte, wie sie die Theorie des Spätkapitalismus sich schlechthin nicht hatte vorstellen können. Gleichzeitig freilich verbrauchte sich jede dieser Strategien nach einer gewissen Zeit auf eine der neomarxistischen Krisentheorie durchaus geläufige Weise, indem sie das Funktionieren der kapitalistischen Wirtschaft zu unterminieren begann, das ja auch davon abhängt, dass kapitalistische Erwartungen eines *just return* respektiert und befriedigt werden. So kam es dann doch noch und phasenweise immer wieder zu Legitimationsproblemen, allerdings nicht in erster Linie bei den Massen, sondern beim Kapital, die in wirtschaftlichen Reproduktions- und Akkumulationskrisen ihren Ausdruck fanden, die wiederum Gefahren für die Legitimation des Systems bei den demokratisch ermächtigten Bevölkerungen heraufbeschworen. Überwunden werden konnten diese, wie ich zeigen werde, jeweils nur dadurch, dass die Liberalisierung der politischen Ökonomie und die Immunisierung der Wirtschaftspolitik gegen demokratischen Druck von unten weiter vorangetrieben wurden, um so das Vertrauen der »Märkte« in das System zurückzugewinnen.

Im Rückblick erscheint die Krisengeschichte des Spätkapitalismus seit den 1970er Jahren als die allmähliche Entfaltung der sehr alten und sehr fundamentalen Spannung zwischen Kapitalismus und Demokratie – als schrittweise Auflösung der nach dem Zweiten Weltkrieg zwischen beiden arrangierten Zwangsheirat. Indem die Legitimationsprobleme des demokratischen Kapitalismus gegenüber dem Kapital zu Akkumulationsproblemen wurden, verlangten sie als Bedingung ihrer Lösung nach einer immer weiter gehenden Befreiung der kapitalistischen Ökonomie von demokratischer Intervention. Damit verlagerte sich der Ort der Sicherung einer Massenbasis für den modernen Kapitalismus von der Politik zum Markt als Mechanismus der Erzeugung der kapitalistischen Grundmotive von *greed and fear*,[4] bei fortschreitender Immunisierung der Wirtschaft gegenüber der Demokratie als Massendemokratie. Ich werde diese Entwicklung als Transformation des keynesianischen politisch-ökonomischen Institutionensystems der Gründungsphase des Nachkriegskapitalismus in ein neohayekianisches Wirtschaftsregime beschreiben.

Meine Schlussfolgerung wird sein, dass wir anders als in den 1970er Jahren jetzt womöglich tatsächlich in der Spätzeit der

---

4 Gier und Angst sind, der Selbstbeschreibung des Finanzkapitalismus durch die Finanzwissenschaft zufolge, die entscheidenden Verhaltensmotive in Aktienmärkten und in der kapitalistischen Wirtschaft im Allgemeinen (Shefrin 2002).

politisch-ökonomischen Formation der Nachkriegsperiode leben – einer Spätzeit, die in den damaligen Krisentheorien, wenn auch in anderer Form, antizipiert und sogar herbeigewünscht worden war. Sicher bin ich mir, dass es sich heute um eine Spätzeit der *Demokratie* insofern handelt, als die Demokratie, wie wir sie kennen, auf dem Weg ist, als redistributive Massendemokratie sterilisiert und auf eine Kombination von Rechtsstaat und öffentlicher Unterhaltung reduziert zu werden. Dieser Prozess der *Entdemokratisierung des Kapitalismus vermittels Entökonomisierung der Demokratie* ist, wie ich zu zeigen beabsichtige, seit der Krise von 2008 weit vorangekommen, auch und gerade in Europa.

Ob unsere Zeit zugleich eine Spätzeit des *Kapitalismus* ist, muss allerdings dahingestellt bleiben. Die in einer neoliberal transformierten Demokratie institutionalisierte Zumutung, es mit der Gerechtigkeit des Marktes sein Bewenden haben zu lassen, ist mit dem Kapitalismus offenkundig alles andere als unvereinbar. Allerdings könnten allen Umerziehungsanstrengungen zum Trotz bei Teilen der Bevölkerung diffuse Erwartungen an soziale Gerechtigkeit übrig geblieben sein, die von einer zu marktwirtschaftlichem Laissez-faire zurückgekehrten Demokratie nicht mehr kanalisiert und deshalb zur Triebkraft anarchischer Protestbewegungen werden könnten. Von einer solchen Möglichkeit ist in den älteren Krisentheorien bekanntlich immer wieder die Rede. Ob Proteste dieser Art freilich der Stabilität der sich abzeichnenden kapitalistischen Zweidrittelgesellschaft oder gar ihrer globalen »Plutonomie«[5] gefährlich werden können, muss dahingestellt bleiben: Die vielfältigen, vor allem in den Vereinigten Staaten entwickelten und erprobten Techniken des Managements einer abgehängten Unter-

---

5 Der Begriff wurde in affirmativer Besetzung von der Forschungsabteilung der Citibank entwickelt, um den ausgesuchten Kunden ihrer Vermögensverwaltung die Angst zu nehmen, dass ihr zukünftiger Wohlstand, wie noch in der keynesianischen Welt, vom materiellen Wohlergehen der breiten Massen abhängig sein werde (Citigroup Research 2005; 2006).

schicht erscheinen durchaus exportierbar, auch nach Europa. Zielführender könnte deshalb die Frage sein, ob nach einer noch möglichen Rettung vor den Risiken und Nebenfolgen des Gelddopings, wenn auf dieses in Zukunft verzichtet werden muss, alternative Wachstumsdrogen zur Verfügung stünden, um die Kapitalakkumulation in den reichen Ländern in Gang zu halten. Hierüber kann man, wie ich in meinen Schlussbemerkungen an Ende dieses Buches, nur spekulieren.

Eine Krise neuen Typs

Heute befindet sich der Kapitalismus der reichen demokratischen Gesellschaften in einer dreifachen Krise, die seit Jahren anhält, ohne dass ein Ende abzusehen wäre: einer *Bankenkrise*, einer Krise der *Staatsfinanzen* und einer Krise der »*Realökonomie*«. Niemand hat eine solche Situation, für die es keinen Präzedenzfall gibt, vorhergesehen, nicht in den 1970er, aber auch nicht in den 1990er Jahren. In Deutschland merkte man jahrelang aufgrund eher zufälliger und von außen durchaus exotisch anmutender Sonderbedingungen[6] von der Krise so gut wie nichts und neigte deshalb dazu, sich selbst und andere davor zu warnen, in »Krisenhysterie« zu verfallen. In den meisten anderen reichen Demokratien dagegen, einschließ-

---

6 Die darin bestanden, dass Deutschland entgegen dem guten Rat aller Besser-Wissenden seine industrielle Basis verteidigt hatte und in den 1980er und 1990er Jahren nur langsam auf dem Weg in die vielgepriesene »Dienstleistungsgesellschaft« nach amerikanischem oder britischem Vorbild vorangekommen war. Deshalb hatte es nach 2008 Produkte zu exportieren, insbesondere Luxusautomobile und Maschinen, die niemand anders in vergleichbarer Qualität anzubieten vermochte. Dabei profitierte die deutsche Volkswirtschaft von der hohen Wachstumsrate in China und der immer ungleicher werdenden Einkommensverteilung im Krisenland USA. Zugleich war der Wechselkurs des Euro innerhalb des Eurolands fixiert und außerhalb desselben niedriger, als es der Wechselkurs einer ausschließlich deutschen Währung gewesen wäre. Die europäische Finanz- und Fiskalkrise drückte den Wechselkurs des Euro dann noch weiter.

lich der Vereinigten Staaten, hatte die Krise 2012 längst tief in das Leben und die Lebensplanung ganzer Generationen eingeschnitten und war spürbar dabei, die gesellschaftlichen Lebensbedingungen fundamental umzuwälzen.

Die *Bankenkrise*, erstens, rührt daher, dass im finanzialisierten Kapitalismus der westlichen Welt zu viele Banken zu viele Kredite vergeben haben, öffentliche wie private, von denen ein unvorstellbar großer Teil auf einmal faul geworden ist. Weil keine Bank sicher sein kann, ob die Bank, mit der sie gerade Geschäfte macht, nicht morgen zusammenbrechen wird, wollen die Banken sich untereinander nichts mehr leihen.[7] Auch müssen sie befürchten, dass ihre Kunden sich jederzeit veranlasst fühlen könnten, einen *bank run* zu starten, um sich ihre Einlagen auszahlen zu lassen und sie irgendwo anders vermeintlich sicherer anzulegen. Weil die Aufsichtsbehörden erwarten, dass sie ihr Eigenkapital im Verhältnis zu ihren Außenständen erhöhen, um weniger risikoanfällig zu werden, müssen die Banken sich des Weiteren bei der Vergabe von Krediten zurückhalten. Helfen würde eine Übernahme der faulen Kredite, eine unbegrenzte Sicherung der Einlagen und eine Rekapitalisierung der Banken durch den Staat, am besten alle zugleich. Aber die für eine solche »Bankenrettung« erforderlichen Summen könnten astronomisch hoch ausfallen, und die Staaten sind bereits überschuldet. Allerdings wäre es

7 Statistische Daten über das genaue Ausmaß einer Bankenkrise kann es der Natur der Sache nach nicht geben. Welche Kredite einer Bank faul sind, kann selbst die Bank nicht sicher wissen, die sie vergeben hat, und wenn sie es weiß, muss sie bestrebt sein, es zu verheimlichen (es sei denn, sie hätte die Möglichkeit, wertlos gewordene Papiere in eine vom Staat unterhaltene *bad bank* auszulagern). Ähnliches gilt für das Ausmaß der wechselseitigen Exposition von nationalen Bankensystemen, über das auch Regierungen und internationale Organisationen nur spekulieren können. Die öffentlich mitgeteilten Resultate der mitunter von nationalen oder internationalen Behörden veranstalteten »Stresstests« sind per se unglaubwürdig, weil die Bekanntmachung von Problemen die Wahrscheinlichkeit erhöhen muss, dass diese zu Krisen werden. Deshalb werden Stresstests in der Regel von vornherein so angelegt, dass sie beruhigende Ergebnisse produzieren; siehe die bis zuletzt unauffälligen europäischen Befunde zum Zustand der spanischen Banken.

möglicherweise genauso teuer oder sogar teurer, wenn einzelne Banken einstürzen und dann andere mitreißen würden. Auch hier sind aber, und das ist der Kern des Problems, nur Schätzungen möglich.

Was, zweitens, die *Fiskalkrise* angeht, so ist sie das Ergebnis jahrzehntelanger Defizite der öffentlichen Haushalte und entsprechend gewachsener Staatsverschuldung, die bis auf die 1970er Jahre zurückgehen (Abb. 1.1),[8] sowie der nach 2008 erforderlich gewordenen Kreditaufnahme zur Rettung sowohl der Finanzindustrie durch Rekapitalisierung von Finanzinstituten und Übernahme wertlos gewordener Schuldpapiere als auch der Realwirtschaft durch fiskalische Stimulierung. Das dadurch gestiegene Risiko staatlicher Zahlungsunfähigkeit schlägt sich in einer Reihe von Ländern in hohen Finanzierungskosten für alte und neue Schulden nieder. Zur Rückgewinnung des »Vertrauens« der »Geldmärkte« verordnen die Staaten sich und ihren Bürgern harte Einsparungsmaßnahmen, in Europa unter gegenseitiger Überwachung, bis hin zu einem Verbot jeglicher staatlicher Neuverschuldung. Gegen die Bankenkrise hilft das freilich nicht und schon gar nicht gegen die Rezession der Realökonomie. Und ob Austerität wenigstens die Schuldenlast verringert, ist umstritten, weil sie das Wirtschaftswachstum nicht nur nicht fördert, sondern wahrscheinlich sogar beeinträchtigt. Wachstum aber ist zum Abbau der Staatsschulden mindestens ebenso wichtig wie ausgeglichene Haushalte.

Die *Krise der Realökonomie,* drittens und schließlich, die

8 Abb. 1.1 zeigt den Schuldenaufbau über vier Jahrzehnte für die Gesamtheit der OECD sowie für sieben ausgewählte OECD-Länder, die jeweils für bestimmte Ländergruppen repräsentativ sind: die USA und Großbritannien, die für die angelsächsischen Demokratien mit einem hohen Finanzialisierungsgrad stehen, Schweden als Repräsentant der skandinavischen Länder, Deutschland und Frankreich als große kontinentaleuropäische Länder, Italien als Beispiel für ein mediterranes Land und Japan als entwickelte Industriegesellschaft in Asien. Auffällig ist die geringe Varianz zwischen den Ländern, insbesondere wenn man Japan mit seiner exorbitanten Neuverschuldung seit dem Platzen seiner Immobilienblase Ende der 1980er Jahre außer Acht lässt.

31

sich in hoher Arbeitslosigkeit und stagnierender Wirtschaftsleistung manifestiert (Abb. 1.2),[9] geht teilweise darauf zurück, dass Firmen und Konsumenten Schwierigkeiten haben, von den Banken Kredite zu bekommen – weil viele von ihnen schon jetzt hoch verschuldet sind und wegen der Risikoscheu und Kapitalknappheit der Banken –, sowie darauf, dass die Staaten ihre Ausgaben kürzen oder, wenn es gar nicht mehr anders geht, ihre Steuern erhöhen müssen. Die realwirtschaftliche Stagnation verstärkt die Fiskalkrise und, auf dem Umweg über die von ihr verursachten Zahlungsausfälle, die Krise des Bankensektors.

Offensichtlich hängen die drei Krisen eng miteinander zusammen: die Bankenkrise mit der Staatskrise über das *Geld*, die Bankenkrise mit der Krise der Realwirtschaft über den *Kredit* und die Krisen der Staatsfinanzen und der Realökonomie über *Staatsausgaben* und *-einnahmen*. Immer wieder verstärken sie sich gegenseitig, wobei Ausmaß, Gewichtung und Verflechtung der drei Krisen von Land zu Land variiert. Zugleich bestehen zwischen den Ländern vielfältige Wechselwirkungen: Banken, die in Konkurs gehen, können die Banken in anderen Ländern mitreißen; ein allgemeiner Anstieg des Zinsniveaus bei Staatsanleihen, ausgelöst von der Zahlungsunfähigkeit eines Landes, kann die Staatsfinanzen zahlreicher anderer Länder ruinieren; nationale Konjunkturen und Konjunktureinbrüche haben internationale Auswirkungen usw. In Europa erhalten Zusammenhänge und Wechselwirkungen, wie zu sehen sein wird, durch das Institutionensystem der Europäischen Währungsunion eine besondere Gestalt und Dynamik.

9 Eine eingehende Diskussion der Folgen der Finanz- und Fiskalkrise für die Realwirtschaft würde eine eigene Monographie erfordern; sie würde auch meine Kompetenz überfordern. Abb. 1.2 zeigt für die fünf Jahre nach 2007, dem letzten Jahr vor der Krise, für alle ausgewählten Länder, vielleicht mit Ausnahme von Deutschland und Schweden, wirtschaftliche Stagnation oder gar einen Rückgang des Sozialprodukts. Besonders dramatisch ist die Lage in den fünf europäischen Krisenländern Griechenland, Irland, Portugal und Spanien, in denen die Rezession mit sinkender Beschäftigung und steigender Arbeitslosigkeit einherging. Das Bild ist in Großbritannien und, vor allem, den Vereinigten Staaten nicht viel anders.

Abb. 1.1

Staatsschulden in Prozent des Sozialprodukts, OECD-Durchschnitt, 1970-2010

Folgende Länder sind im ungewichteten Durchschnitt enthalten: Österreich, Belgien, Kanada, Frankreich, Deutschland, Italien, Niederlande, Norwegen, Schweden, Großbritannien, USA

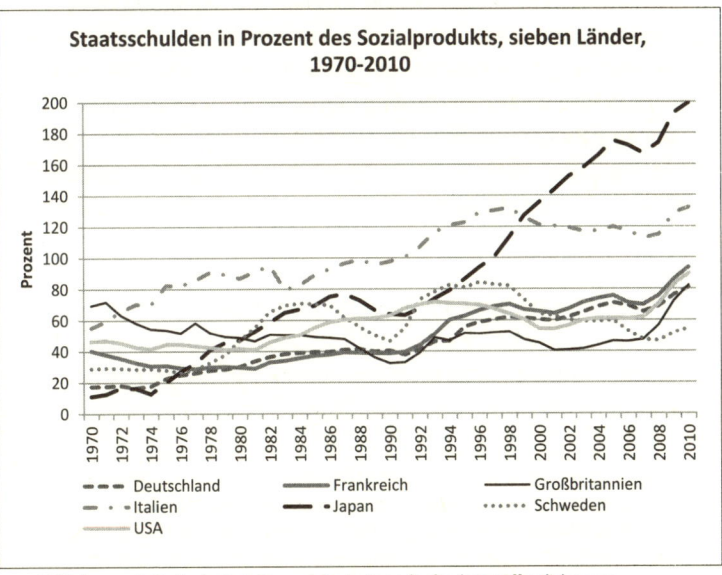

Staatsschulden in Prozent des Sozialprodukts, sieben Länder, 1970-2010

- - - Deutschland   —— Frankreich   —— Großbritannien
- · - Italien   — • Japan   ······· Schweden
—— USA

OECD Economic Outlook: Statistics and Projections, laufende Veröffentlichungen

Die gegenwärtige Krise der kapitalistischen Demokratien dauerte im Sommer 2012 schon mehr als vier Jahre. Ständig ändert sie auf überraschende Weise ihr Erscheinungsbild und treten neue Länder, Krisen und Krisenkombinationen in den Vordergrund. Niemand weiß, was als Nächstes kommt; die Themen wechseln von Monat zu Monat, manchmal von Woche zu Woche, aber fast alle kehren irgendwann wieder. Das politische Handlungsfeld ist mit einer unüberschaubaren Vielzahl unvorhersehbarer Nebenfolgen vermint; wenn irgendwo von Komplexität die Rede sein kann, dann hier. Was immer die Politik tut, um ein Problem zu lösen, erzeugt über kurz oder lang ein neues; was die eine Krise beendet, verschlimmert die andere; für jeden Kopf, den man der Hydra abschlägt, wachsen zwei nach. Zu viele Dinge müssen gleichzeitig angefasst werden; kurzfristige Lösungen stehen längerfristigen im Weg; langfristige Lösungen werden gar nicht erst versucht, weil kurzfristige Probleme Vorrang beanspruchen; überall tun sich Löcher auf, die man nur stopfen kann, indem man anderswo neue reißt. Niemals nach dem Zweiten Weltkrieg hat man die versammelten Regierungen des kapitalistischen Westens so ratlos gesehen und hinter den Fassaden optimistischer Gelassenheit und gefahrenerprobter Situationsbeherrschung so viel blanke Panik ahnen können wie heute.

Zwei Überraschungen für die Krisentheorie

In den neomarxistischen Frankfurter Krisentheorien der Jahre um 1968[10] tauchen Banken und Finanzmärkte nicht auf. Das ist kein Wunder, denn niemand konnte damals die »Finanzialisierung« des modernen Kapitalismus voraussehen. Aber auch

10 Die ich im Folgenden zusammenfassend und verallgemeinernd paraphrasiere, wobei ich deren Gemeinsamkeiten und nicht ihre durchaus vorhandenen Differenzen in den Vordergrund stelle. Letztere verblassen aber im Vergleich zu den tatsächlichen Entwicklungen der Jahre danach, und allein auf diesen Unterschied kommt es mir hier an.

Abb. 1.2

Die Auswirkungen der Krise von 2008 auf die Realwirtschaft, sieben Länder

		2005	2006	2007	2008	2009	2010	2011
Deutschland	BIP	100,0	103,9	107,4	108,3	102,8	106,4	109,7
	Beschäftigung	65,5	67,2	69,0	70,1	70,3	71,1	72,5
	Arbeitslosigkeit	11,2	10,3	8,7	7,5	7,7	7,1	5,9
Frankreich	BIP	100,0	102,7	105,0	104,7	102,0	103,4	105,2
	Beschäftigung	63,7	63,6	64,3	64,9	64,0	63,8	63,8
	Arbeitslosigkeit	8,9	8,8	8,0	7,4	9,1	9,4	9,3
Italien	BIP	100,0	102,3	103,9	102,6	97,0	98,7	99,2
	Beschäftigung	57,6	58,4	58,7	58,8	57,5	56,9	57,0
	Arbeitslosigkeit	7,7	6,8	6,1	6,7	7,8	8,4	8,4
Japan	BIP	100,0	101,7	103,9	102,8	97,1	101,4	100,7
	Beschäftigung	69,4	70,1	70,9	71,1	70,5	70,6	71,2
	Arbeitslosigkeit	4,4	4,1	3,8	4,0	5,1	5,1	4,6
Schweden	BIP	100,0	104,6	108,1	107,3	102,0	107,9	112,2
	Beschäftigung	72,3	73,1	74,2	74,3	72,2	72,7	74,1
	Arbeitslosigkeit	7,5	7,1	6,2	6,2	8,3	8,4	7,5
Groß-britannien	BIP	100,0	102,6	106,2	105,0	100,4	102,5	103,2
	Beschäftigung	71,8	71,6	71,5	71,5	69,9	69,5	69,5
	Arbeitslosigkeit	4,8	5,4	5,3	5,6	7,6	7,8	8,0
Vereinigte Staaten	BIP	100,0	102,7	104,6	104,3	100,6	103,7	105,5
	Beschäftigung	71,5	72,0	71,8	70,9	67,6	66,7	66,6
	Arbeitslosigkeit	5,1	4,6	4,6	5,8	9,3	9,6	9,0

Griechenland	BIP	100,0	105,5	108,7	108,5	105,0	101,3	94,3
	Beschäftigung	60,1	61,0	61,4	61,9	61,2	59,6	55,6
	Arbeitslosigkeit	9,9	8,9	8,3	7,7	9,5	12,5	16,0
Spanien	BIP	100,0	104,1	107,7	108,7	104,6	104,5	105,3
	Beschäftigung	64,3	65,7	66,6	65,3	60,6	59,4	58,5
	Arbeitslosigkeit	9,2	8,5	8,3	11,3	18,0	20,1	20,3
Portugal	BIP	100,0	101,4	103,8	103,8	100,8	102,2	100,6
	Beschäftigung	67,5	67,9	67,8	68,2	66,3	65,6	64,2
	Arbeitslosigkeit	7,7	7,7	8,0	7,6	9,5	10,8	11,7
Irland	BIP	100,0	105,3	110,8	107,5	100,0	99,5	100,2
	Beschäftigung	67,5	68,5	69,2	68,1	62,5	60,4	59,6
	Arbeitslosigkeit	4,8	4,7	4,7	5,8	12,2	13,9	14,6

Employment and labour markets: Key tables from OECD – ISSN 2075-2342 – © OECD 2012;
OECD Economic Outlook: Statistics and Projections, laufende Veröffentlichungen

von Konjunkturzyklen, Wachstumskrisen und Wachstums-
grenzen, Unterkonsumtion und Überproduktion ist kaum die
Rede. Mag sein, dass man sich dadurch von dem ökonomisti-
schen Determinismus unterscheiden wollte, den manche und
sicherlich der orthodoxe Sowjet-Marxismus in die Marxsche
Kapitalismustheorie hineinlasen. Wichtiger dürfte jedoch
gewesen sein, was man wohl den Zeitgeist nennen muss: die
damals weit und breit und bis erstaunlich weit nach links herrschende Vorstellung, dass die kapitalistische Ökonomie zu
einer technokratisch beherrschbaren Wohlstandsmaschine geworden war, die sich mit Hilfe des keynesianischen Instrumen-
tenkastens in einem geordneten Zusammenspiel von Staaten
und Großunternehmen gleichmäßig und krisenfrei in Gang
halten ließ. Die materielle Reproduktion der kapitalistischen
Industriegesellschaft schien somit gesichert, die ökonomische
Krisenhaftigkeit der kapitalistischen Entwicklung überwunden, und die von der Orthodoxie noch immer vorhergesehene
»Verelendung« der Arbeiterklasse war auch am fernsten Hori-
zont nicht mehr zu erkennen.

Zweifellos spiegelte dies die Erfahrung von zwei Jahrzehnten rapiden und nahezu ununterbrochenen wirtschaftlichen
Wachstums – und was Deutschland angeht, das Erlebnis der
nachträglich kaum als solche zu bezeichnenden Krise von
1966 und ihrer Bewältigung durch die »moderne«, antizyk-
lische Wirtschaftspolitik der Großen Koalition. Mit ihr hatte
die Bundesrepublik nach Ansicht zahlreicher Zeitgenossen ihr
ordoliberales Selbstmissverständnis überwunden und zu den
anderen Staaten des kapitalistischen Westens aufgeschlossen,
deren »gemischte« Volkswirtschaften durchsetzt waren von öffentlichen Unternehmen, Planungsbehörden, Branchenräten,
regionalen Entwicklungsausschüssen, einkommenspolitischen
Verhandlungen usw., wie sie von Andrew Shonfield in seinem
Buch *Modern Capitalism* (1965), in Deutschland von Karl
Schiller populär gemacht, im Detail beschrieben worden waren. Derselbe »Steuerungsoptimismus« – ein Wort, das erst in
Umlauf kam, als das, was es bezeichnete, schon verschwunden

war – herrschte in den Vereinigten Staaten unter Kennedy und Johnson, mit ihren Beraterstäben keynesianisch geschulter und entsprechend interventionsfreudiger Ökonomen. Planung war alles andere als Anathema, und sogar die Möglichkeit einer Konvergenz zwischen Kapitalismus und Kommunismus war ein legitimes Thema der politisch-ökonomischen Debatte: Der kapitalistische Markt brauchte mehr Plan, der kommunistische Plan mehr Markt, so konnten sich Kapitalismus und Kommunismus in der Mitte treffen (Kerr et al. 1960). In den Theorien der Zeit trat die Wirtschaft als Mechanismus an die Stelle des Kapitals als Klasse; »Technik und Wissenschaft als Ideologie« (so Habermas 1969) nahmen in ihnen den Platz ein, der früher Macht und Interesse vorbehalten gewesen war. Der Glaube, dass die Ökonomie im Wesentlichen nur noch eine technische Frage war, war bei Soziologen nicht weniger verbreitet als bei Ökonomen. Als ein Beispiel unter vielen kann Amitai Etzioni mit seinem Buch *The Active Society* aus dem Jahr 1968 gelten – dem wohl ehrgeizigsten Versuch, die Bedingungen zu bestimmen, unter denen moderne demokratische Gesellschaften die Richtung ihrer Entwicklung würden frei wählen und ihre Wahl praktisch realisieren können. Auf seinen 666 Seiten erwähnt das Buch die Ökonomie nur ein einziges Mal, und nur um festzustellen, dass »die westlichen Nationen« heute auf ihre Fähigkeit vertrauen könnten, »gesamtgesellschaftliche Prozesse durch umfassenden Einsatz keynesianischer und anderer Instrumente zur Verhinderung von unkontrollierter Inflation und von Depressionen und zur Erzeugung von Wirtschaftswachstum zu steuern« (Etzioni 1968, 10).[11]

Was Frankfurt anging, so stammte die Umdeutung des modernen Kapitalismus in ein System technokratischer Wirtschaftsverwaltung – in einen neuartigen »Staatskapitalismus« – vor allem von Friedrich Pollock, einem Mitglied des Instituts für Sozialforschung in der Zeit vor wie nach der Emigration,

11 In den 1980er Jahren wandte sich Etzioni dann allerdings einer sozialwissenschaftlichen Theorie der Wirtschaft und wirtschaftlichen Handelns zu (Etzioni 1988), offenbar mit dem Ziel, diese Lücke zu schließen.

der in ihm die Rolle des Wirtschaftsexperten innehatte. Für Pollock war der Kapitalismus im Laufe seiner Entwicklung ein durch und durch staatlich geplanter geworden, »so dass nichts Wesentliches dem Funktionieren von Marktgesetzen oder anderen ›Wirtschaftsgesetzen‹ überlassen« blieb (Pollock 1981 [1941], 87). Auch nach dem Krieg und dem Ende von Faschismus und Kriegswirtschaft sah Pollock, der 1970 starb, keinen Anlass, seine Einschätzung zu ändern. Durch die Entstehung der Großunternehmen und die immer weiter entwickelten Instrumente staatlicher Planung war für ihn die Zeit des Laissez-faire ein für alle Mal beendet und hatte sich der fortgeschrittene Kapitalismus in ein politisch reguliertes und grundsätzlich krisenfreies Wirtschaftssystem verwandelt. Im Faschismus und Staatssozialismus wie auch im New Deal als den drei postkapitalistischen Gesellschaftssystemen war der Primat der Politik an die Stelle des Primats der Ökonomie getreten und hatte die inhärente Krisenhaftigkeit des ursprünglichen, desorganisiert-chaotischen Wettbewerbskapitalismus überwunden. Aus Sicht Adornos und Horkheimers, so Helmut Dubiel in seiner Einleitung einer Buchausgabe mit Aufsätzen von Pollock, war »Pollocks Theorie des Staatskapitalismus […] die detaillierte Darstellung einer Gesellschaftsordnung, in der staatliche Großbürokratien den Wirtschaftsprozeß so in den Griff bekommen haben, daß man von einem Primat der Politik gegenüber der Wirtschaft unter nichtsozialistischen Bedingungen reden kann«. Und weiter: »Pollocks These einer wieder rein politischen und nicht mehr indirekt ökonomisch vermittelten Herrschaft bot […] Horkheimer und Adorno die politisch-ökonomische Rechtfertigung dafür, die Beschäftigung mit politischer Ökonomie nicht mehr für vordringlich zu halten« (in Pollock 1975, 18 f.).[12]

---

12 Dem steht nicht entgegen, dass es Adorno war, der den Begriff des Spätkapitalismus als einen »Frankfurter« Begriff in die Gesellschaftstheorie eingebracht hatte, und zwar durch das von ihm bestimmte Thema des Frankfurter Soziologentags 1968 und sein Einleitungsreferat mit dem Kongressthema, »Spätkapitalismus oder Industriegesellschaft?« (1979

38

Auch wenn die Frankfurter Krisentheorien der 1970er Jahre einen wirtschaftlichen Zusammenbruch des Kapitalismus so wenig erwarteten wie die keynesianischen Ökonomen in den Vereinigten Staaten, so blieben sie doch Krisentheorien und kapitalismuskritische dazu. Nur dass für sie die Bruchstelle des Kapitalismus nicht mehr in seiner Wirtschaft lag, sondern in seiner Politik und Gesellschaft: auf der Seite nicht der Ökonomie, sondern der Demokratie, nicht des Kapitals, sondern der Arbeit, und nicht bei der System-, sondern bei der Sozialintegration (Lockwood 1964). Nicht die Mehrwertproduktion war das Problem – ihre »Widersprüche« waren, so glaubte man, beherrschbar geworden –, sondern ihre Legitimität; nicht, ob das in die Wirtschaft der Gesellschaft verwandelte Kapital die Gesellschaft würde beliefern können, sondern ob das, was es zu liefern vermochte, genügen würde, um seine Empfänger dazu zu bringen, weiter mitzuspielen. Die aus der krisentheoretischen Sicht der 1960er und 1970er Jahre bevorstehende Krise des Kapitalismus war deshalb keine (Unter- oder Über-) Produktions-, sondern eine *Legitimationskrise*.

Nachträglich und von fern erinnern die Intuitionen von damals an Konzepte wie das der Maslowschen Bedürfnishierarchie (Maslow 1943): Wenn die materielle Existenz gesichert ist, werden nichtmaterialistische Ansprüche auf Selbstverwirklichung, Befreiung, Anerkennung, authentische Gemeinschaft und dergleichen freigesetzt und verlangen, befriedigt zu werden.[13] Die Vermutung war, dass die repressive Disziplin, die

[1968]), als Titel. Adorno unterschied »Spätkapitalismus« von dem, was er »liberalen Kapitalismus« nannte und, ganz im Sinne Pollocks, als historisch frühere, durch staatliche Intervention und Organisation evolutionär überwundene Kapitalismusform auffasste. Spätkapitalismus war für Adorno im Wesentlichen identisch mit dem, was andere »organisierten Kapitalismus« genannt hatten und nannten. Die Möglichkeit einer bevorstehenden krisenhaften Desorganisation des organisierten (Spät-) Kapitalismus oder gar einer Rückkehr seiner liberalen Vergangenheit in Gestalt einer neoliberalen Zukunft taucht bei Adorno nirgendwo auf.

13 Ebenfalls verwandt erscheint eine Theorie wie die von Daniel Bell über die kulturellen Widersprüche des Kapitalismus (Bell 1976a). Auch Bell ging davon aus, dass der Kapitalismus mit fortschreitender kapitalis-

der Kapitalismus als soziale Organisation den Menschen abverlangte, und der Zwangscharakter der entfremdeten Lohnarbeit unter den neuen historischen Bedingungen gesicherten Wohlstands nicht mehr auf Dauer durchsetzbar sein würden. Mit dem auf dem Stand der Produktivkräfte möglich gewordenen Ende der Knappheit würde Herrschaft – institutionalisiert unter anderem in überflüssigen Hierarchien am Arbeitsplatz und differentieller Belohnung nach einem wirtschaftlich obsolet gewordenen Leistungsprinzip – immer weniger reproduzierbar sein.[14] Mitbestimmung und Demokratie, Befreiung in der Arbeit oder auch von ihr, warteten darauf, als Möglichkeiten entdeckt und realisiert zu werden (Gorz 1967; 1974). Vermarktung des Menschen und Wettbewerb statt Solidarität waren überholte Lebensweisen und würden zunehmend als solche erkannt werden. Forderungen nach Demokratisierung

tischer Entwicklung Motive und Bedürfnisse hervorbringen würde, die mit seiner sozialen Organisation unvereinbar wären – nur dass Bell als Konservativer die von ihm beobachteten neuen, mit dem Kapitalismus vermutlich inkompatiblen kulturellen Orientierungen eher für dekadenthedonistisch hielt, während sie in den Frankfurter Krisentheorien als fortschrittlich-emanzipatorisch – als die Menschheitsentwicklung vorantreibend – erschienen. Abgesehen davon aber sahen beide eine zunehmende Unregierbarkeit der kapitalistischen Verhältnisse voraus, die einen, weil die Menschen dabei waren, gewissermaßen aus ihnen herauszuwachsen, die anderen, weil sie übermütig geworden waren und wieder lernen mussten, sich mit dem Möglichen zu bescheiden. Hier wie dort lief die Entwicklung auf eine zunehmende Überforderung des demokratischen Staates hinaus, die entweder durch reformierte Institutionen abgewehrt werden musste (so Crozier et al. 1975, im Auftrag der Trilateral Commission) oder, auf dem Weg über den demokratisch erzwungenen Einbau immer neuer, dem Kapitalismus regimefremder Elemente, zu einem diesen überwindenden politisch-ökonomischen System führen würde. Zu den Überschneidungen zwischen Unregierbarkeits- und Spätkapitalismustheorien siehe Schäfer (2009).

14 So Claus Offe in seiner Dissertation von 1967, wo es heißt: »Eigentlich *sinnlos* wird das Konzept einer leistungsgerechten gesellschaftlichen Ordnung [...] angesichts der Tatsache, daß die fortgeschrittenen Formen industrieller Arbeit die Kategorie kompetitiv offenbarten, individuellen Leistungsvermögens irrelevant machen.« (Offe 1970, 166; Hervorhebung im Orig.) Das Buch nimmt spätere Argumente für ein Studentengehalt und ein garantiertes Grundeinkommen implizit vorweg.

aller Lebensbereiche und politischer Beteiligung über die von den bestehenden politischen Institutionen gezogenen Grenzen hinaus würden zu einer Ablehnung des Kapitalismus als Lebensform zusammenwachsen und die obsolet gewordene besitzindividualistische Organisation von Arbeit und Leben von innen aufsprengen. Deshalb vor allem konzentrierte sich die empirische Forschung der Frankfurter Schule der damaligen Jahre auf das politische Bewusstsein von Studenten und Arbeitnehmern sowie auf Gewerkschaften und ihr Potential, mehr zu sein als nur Lohnmaschinen. Märkte, Kapital und Kapitalisten dagegen kamen nicht vor, und an die Stelle von politischer Ökonomie oder sie jedenfalls erweiternd traten Demokratie- und Kommunikationstheorie.

Tatsächlich kam es genau umgekehrt: Nicht die Massen waren es, die dem Kapitalismus der Nachkriegszeit die Gefolgschaft versagten und ihm dadurch ein Ende setzten, sondern das Kapital in Gestalt seiner Organisationen, Organisatoren und Eigentümer. Was die Legitimität der kapitalistischen Lohnarbeits- und Konsumgesellschaft bei den breiten Kreisen der Bevölkerung – den »Bürgern draußen im Lande« – anging, so erlebte diese in den Jahrzehnten nach den langen spätsechziger Jahren einen von der Krisentheorie nicht einmal annähernd erwarteten Aufschwung. War bei den Studenten von 1968 der Kampf gegen den »Konsumterror« noch auf eine gewisse Resonanz gestoßen, so begann nur kurze Zeit danach eine Periode des Konsumismus und der Kommerzialisierung, wie sie die Welt bis dahin nicht gesehen hatte, unter aktiver Beteiligung der großen Mehrheit ebenjener Generation, die eben noch die Vermarktung des Lebens im Kapitalismus beklagt und bekämpft hatte (Streeck 2012a). Märkte für Konsumgüter wie Autos, Kleidung, Kosmetik, Lebensmittel und Unterhaltungselektronik und für Dienstleistungen wie Körperpflege, Tourismus und *entertainment* expandierten mit einer nie dagewesenen Dynamik und wurden zu den wichtigsten Motoren kapitalistischen Wachstums. Immer schnellere Prozess- und Produktinnovationen, ermöglicht durch die rapide Ausbreitung der Mikroelektronik, verkürzten die Lebenszyklen von immer mehr Konsumgütern und erlaubten immer tiefere Produktdifferenzierung hin auf die Wünsche immer spezieller Kundengruppen.[15] Zugleich eroberte die Geldwirtschaft unablässig neue Bereiche des sozialen Lebens, die bis dahin Amateuren überlassen geblieben waren, und öffnete sie für Mehrwertproduktion und -abschöpfung; ein Beispiel unter vielen ist der Sport, der in den 1980er Jahren zu einem globalen Milliardengeschäft wurde.

Auch die Lohnarbeit – oder in der Sprache von 1968, die Lohnabhängigkeit – erfuhr eine von der Theorie der Legitimationskrise nicht vorhergesehene Rehabilitierung. Beginnend in den 1970er Jahren, strömten überall in der westlichen Welt die Frauen in die Arbeitsmärkte und erlebten das, was kurz vorher noch als Lohnknechtschaft gebrandmarkt und für historisch überholt erklärt worden war, als Befreiung von dem, was ihnen nunmehr als unbezahlte Knechtschaft in der Familie erschien.[16] Die Popularität der weiblichen Erwerbsarbeit wuchs in den folgenden Jahrzehnten ungebrochen weiter, trotz in der Regel schlechterer Bezahlung. In der Tat wurden die in Beschäftigung drängenden Frauen vielfach zu Verbündeten der Arbeitgeber in ihrem Bestreben, den Arbeitsmarkt zu deregulieren, um auf diese Weise »Außenseitern« zu ermöglichen, die – männlichen – »Insider« zu unterbieten. Die steigende Frauenerwerbstätigkeit hing im Übrigen eng mit einem gleichzeitigen Wandel der Familienstrukturen zusammen: Die Zahl der Scheidungen nahm zu, die der Eheschließungen nahm ab und mit ihr die der Kinder, während der Anteil der Kinder in unsicheren Familienverhältnissen stieg, was das weibliche Arbeitsangebot weiter erhöhte (Streeck 2009a).

15 Überwältigt von der Wucht, mit der die Wirklichkeit die asketischen Vorstellungen der Kritischen Theorie hinter sich ließ, versagte sich die Soziologie von da an, von »falschen Bedürfnissen« oder gar »falschem Bewusstsein« zu sprechen – Begriffe, die kurz davor noch äußerst populär gewesen waren.

16 Eine ähnliche Rolle wie den Frauen kam in dieser Hinsicht den seit den 1970er Jahren immer zahlreicher gewordenen Immigranten zu.

In der Folgezeit wurde Erwerbsarbeit auch für Frauen zum wichtigsten Vehikel sozialer Integration und Anerkennung. Eine Existenz als »Hausfrau« ist heute ein Stigma; umgangssprachlich ist »Arbeit« identisch geworden mit bezahlter, am Markt bewerteter Erwerbsarbeit und diese mit Vollzeitbeschäftigung. Frauen insbesondere gewinnen soziales Prestige, wenn sie »Kinder und Karriere« verbinden, auch wenn die »Karriere« die einer im Idealfall natürlich vollzeitbeschäftigten Supermarktkassiererin ist. Adorno, der weit pessimistischer war als die Theoretiker der Legitimationskrise, würde hier ebenso wie in dem Konsumrausch der letzten drei bis vier Jahrzehnte jenes »Wohlgefühl in der Entfremdung« erkennen, das zu erzeugen und auf Dauer zu stellen er der Kulturindustrie ohne weiteres zutraute. Der Neoprotestantismus, dessen Anhänger stolz sind auf ihr im Dienste der »Vereinbarkeit von Familie und Beruf« minutiös durchgetaktetes Leben und die von ihm verursachte Dauererschöpfung (Schor 1992), sowie der humankapitalistische Selbstverwertungsfanatismus und -feminismus – die Internalisierung der Bildungsrenditerechnung in die Lebensentwürfe ganzer Generationen – haben der »Krise der Lohnarbeit« und des Leistungsprinzips ebenso ein Ende bereitet wie der von Boltanski und Chiapello entdeckte »neue Geist des Kapitalismus« (Boltanski und Chiapello 2005) mit seiner Nutzung neu eingerichteter Kreativitäts- und Autonomiespielräume am Arbeitsplatz als Mittel vertiefter Integration in das Unternehmen und als Vehikel persönlichkeitsumspannender Identifikation mit seinen Zielen.[17]

Während sich die Massenloyalität der Arbeit- und Konsumnehmer gegenüber dem Nachkriegskapitalismus als stabil erwies, galt dasselbe keineswegs für die Kapitalseite. Das Problem der Frankfurter Krisentheorien der 1970er Jahre war, dass

17 Wie stark der Glaube an das Leistungsprinzip als Mechanismus der Status- und Konsumchancenzuweisung mittlerweile wieder ist, zeigen die steigenden Investitionen der Mittelschichtfamilien und ihrer Kinder in Schulnoten und Universitätszertifikate, beginnend mit dem emblematisch gewordenen Chinesisch-Unterricht im Kindergarten.

sie dieser keinerlei Intentionalität und Strategiefähigkeit zubilligten, weil sie das Kapital als Apparat und nicht als Agentur, als Produktionsmittel statt als Klasse behandelten.[18] So mussten sie ihre Rechnung ohne es machen. Noch für Schumpeter, von Marx nicht zu reden, war »das Kapital« ein ständiger Unruheherd gewesen, der auf Dauer gestellte Störfall der modernen Wirtschaftsgesellschaft – Ausgangspunkt kontinuierlicher »kreativer Zerstörung« (Schumpeter 2006 [1912]), bis zu seiner zwangsweisen Ruhigstellung durch den unvermeidlichen Sozialismus der Bürokratie. Auch Weber hatte das so gesehen und vorhergesehen, und möglicherweise ging die eigentümliche Leblosigkeit des Kapitals in der Theorie der Legitimationskrise auch zum Teil auf ihn zurück. So aber war dem, was sich in den Jahrzehnten nach dem Ende der langen sechziger Jahre ereignen sollte, nicht beizukommen. Da nämlich erwies sich das Kapital als Spieler statt als Spielzeug – als Raub- statt als Nutztier, dem das institutionelle Gerüst der »sozialen Marktwirtschaft« nach 1945 als zu eng gewordener Käfig erschien, aus dem es immer dringlicher glaubte sich befreien zu müssen.

Die neomarxistischen Frankfurter Krisentheorien von vor vier Jahrzehnten hatten, anders und besser als die meisten anderen Theorien des Sozialkapitalismus der damaligen Zeit, dessen innere Fragilität erkannt. Aber deren Ursache und mit ihr die Richtung und Dynamik des bevorstehenden historischen Wandels hatten sie falsch eingeschätzt. Ihr Ansatz schloss die Möglichkeit aus, dass es das Kapital sein könnte und nicht die Arbeit, das dem demokratischen Kapitalismus,

---

18 Das hatte den Vorteil, dass schwierige klassentheoretische Fragen umgangen werden konnten, etwa nach dem Status von Managern im Unterschied zu Eigentümern, dem Unterschied von Klein- und Großkapital, der Rolle von Unternehmen als Organisationen im Verhältnis zu Unternehmern als Personen, der Einordnung der zahlreichen neuen Mittelschichten, der Klassenposition von Politikern und Beamten usw. Zu den zahlreichen Problemen einer soziologischen Klassentheorie siehe Wright (1985). Allerdings bleibt eine Theorie des Kapitalismus ohne handelndes und handlungsfähiges Kapital unvermeidlich blutarm.

wie er sich in den *trente glorieuses*[19] entwickelt hatte, die Legitimation aufkündigen würde. Tatsächlich ist die Geschichte des Kapitalismus nach den siebziger Jahren des 20. Jahrhunderts, einschließlich der in ihr aufeinanderfolgenden Wirtschaftskrisen, eine Geschichte des Ausbruchs des Kapitals aus einer sozialen Regulierung, die ihm nach 1945 aufgezwungen worden war, die es aber selber nie gewollt hatte. An ihrem Anfang standen die Arbeiterrevolten um 1968 und die Konfrontation der Arbeitgeber der reifen Industriegesellschaften mit einer neuen Generation von Arbeitnehmern, die die Wachstumsraten und den stetigen sozialen Fortschritt der Wiederaufbauphase und allgemein die politischen Versprechen der demokratisch-kapitalistischen Gründungsjahre für selbstverständlich hielten. Diesen Ansprüchen konnte und wollte der Kapitalismus nicht für immer gerecht werden.

In den folgenden Jahren suchten die kapitalistischen Eliten und ihre politischen Verbündeten nach Auswegen aus sozialen Verpflichtungen, die sie um des lieben Friedens willen hatten eingehen müssen und denen sie während der Rekonstruktionsphase auch im Großen und Ganzen hatten nachkommen können. Neue Produktstrategien zur Überwindung drohender Marktsättigung, das wachsende Überangebot an Arbeitskräften als Folge des sozialen Strukturwandels und nicht zuletzt die Internationalisierung der Märkte und Produktionssysteme eröffneten Gelegenheiten, sich nach und nach der institutionellen Fesseln zu entledigen, die Tarif- und Sozialpolitik den Unternehmen angelegt hatten und die nach 1968 drohten die Unternehmen einem dauerhaften *profit squeeze* auszuliefern.[20]

---

19 So die französische Bezeichnung für die (annähernd) drei Jahrzehnte wirtschaftlichen Fortschritts nach dem Zweiten Weltkrieg. In den angelsächsischen Ländern spricht man vom »Golden Age« – dem Goldenen Zeitalter –, in Deutschland von den Jahren des »Wirtschaftswunders«.

20 Zum dramatischen Ausmaß desselben in den Jahren von 1965 bis 1980, als der Tiefpunkt erreicht war, bevor in den 1990ern eine zeitweilige Erholung einsetzte, wenn auch im Wesentlichen nur durch alleinige Appropriation der Produktivitätszuwächse durch die Arbeitgeber, siehe Brenner (2006).

Im Laufe der Zeit wurde hieraus ein säkularer Prozess der Liberalisierung – einer von keiner Theorie vorhergesehenen machtvollen Wiederkehr freier, selbstregulierender Märkte auf breitester Front, ohne Vorbild in der Geschichte der politischen Ökonomie des modernen Kapitalismus. Hierauf – auf einen Staat, der zur Entlastung von gesellschaftlichen Erwartungen, die er nicht mehr erfüllen kann, den Kapitalismus, den er in den Dienst der Gesellschaft stellen sollte, dereguliert und liberalisiert, und auf einen Kapitalismus, dem es in seiner politisch organisierten Krisenfreiheit zu eng wird – war die Krisentheorie nicht vorbereitet.[21] Der Prozess der Liberalisierung, als Steuerungstechnik, Staatsentlastung und Kapitalbefreiung zugleich, kam denn auch immer nur schrittweise voran, vor allem solange die Erinnerung an die Erschütterungen von 1968 noch lebendig war, und war von vielfältigen politischen und wirtschaftlichen Funktionsstörungen begleitet, bis er in der derzeitigen Krise des Weltfinanzsystems und der Staatsfinanzen seinen vorläufigen Höhepunkt erreichte.

Die andere Legitimationskrise und das Ende des Nachkriegsfriedens

Im Lichte der Ereignisse der vier Jahrzehnte, die seit der Blütezeit der Krisentheorie vergangen sind, möchte ich einen erweiterten Begriff der Legitimationskrise vorschlagen, der nicht nur zwei Akteure, den Staat und seine Bürger, kennt, sondern drei: den Staat, das Kapital und die »Lohnabhängigen«.[22] Er-

---

21 Und auch nicht auf die erstaunlichen Möglichkeiten der historischen Dehnung und Streckung dessen, was der Theorie nur als konsumeristische Ersatzbefriedigung zur Sicherung der Erwerbs- und Leistungsmotivation im Kapitalismus erscheinen konnte – als Ablenkung von Ansprüchen auf kollektiv-politischen Fortschritt auf individuell-ökonomische Bedürfnisbefriedigung durch eine rasend fortentwickelte Warenwelt.

22 Meine Auffassung von Wirtschaftskrisen als politischen Vertrauenskrisen und von zurückgehenden Investitionen als Kommunikation

wartungen, denen gegenüber das politisch-ökonomische System sich legitimieren muss, bestehen dabei nicht nur auf Seiten der Bevölkerung, sondern auch bei dem nun nicht mehr als Apparat, sondern als Akteur in Erscheinung tretenden Kapital, genauer: bei seinen profitabhängigen Eigentümern und Verwaltern. Tatsächlich sollten, da das System ein kapitalistisches ist, deren Erwartungen für dessen Stabilität wichtiger sein als die der *kapitalabhängigen* Bevölkerung: Nur wenn jene erfüllt werden, lassen sich auch diese erfüllen, was umgekehrt nicht unbedingt gilt. Eine Legitimationskrise kann deshalb, anders als in den neomarxistischen Krisentheorien, auch aus einem Unbehagen »des Kapitals« an der Demokratie und den ihm in ihr auferlegten Verpflichtungen erwachsen, und das heißt: *ohne* eine progressive, »systemtranszendierende« Evolution der gesellschaftlichen Ansprüche, wie viele sie in den 1970er Jahren kommen sahen.

Eine auf der Kapitalseite ansetzende Theorie der Legitimationskrise behandelt Unternehmen und Unternehmer als Vorteils- und Gewinnmaximierer statt als Wohlstandsmaschinen oder folgsame Funktionäre staatlicher Wirtschafts- und Konjunkturpolitik. »Das Kapital« erscheint in ihr als eigensinniger und eigennütziger, interessierter und strategischer, kommunikationsfähiger, aber nur begrenzt berechenbarer kollektiver Akteur, der unzufrieden sein und seiner Unzufriedenheit Ausdruck verleihen kann. Wer und was zum Kapital gehört, kann in einer stilisierten Klassentheorie nach dem Modell der klassischen politischen Ökonomie anhand seiner überwiegenden Einkommensart entschieden werden. Kapitalinteressen ergeben sich aus der Abhängigkeit der eigenen Einkommensposition von der Rendite auf eingesetztes Kapital; Kapitaleinkommen sind Residualeinkommen, die von den Eigentümern oder Verwaltern von Kapital erzielt werden, indem sie die Erträge des ihnen gehörenden oder anvertrauten, jedenfalls aber

von Unzufriedenheit durch die Besitzer und Disponenten von Kapital schließt eng an die politische Konjunkturtheorie von Michal Kalecki an (als Beispiel Kalecki 1943).

von ihnen disponierten Kapitals zu maximieren suchen. Den in diesem Sinne »Profitabhängigen« stehen »Lohnabhängige« gegenüber, die statt über Kapital über Arbeitskraft verfügen, die sie den Besitzern von fixem Kapital gegen einen vertraglich festgelegten Preis als variables Kapital zur Disposition überlassen. Dabei ist der Preis der »Ware Arbeitskraft« von dem durch ihren Einsatz möglicherweise, aber möglicherweise eben auch nicht erzielten Gewinn unabhängig. Der Unterschied zwischen residualem Kapital- und vertraglich festgesetztem Arbeitseinkommen – zwischen Gewinn und Lohn – wird in der psychologisierenden Optik der ökonomischen Arbeitsmarkttheorie mit unterschiedlichen »Risikoneigungen« in Zusammenhang gebracht: »Risikoaverse« Individuen ziehen es vor, Arbeitnehmer mit niedrigen, dafür aber sicheren *Arbeits*einkommen zu sein, »risikofreudige« dagegen werden Unternehmer mit unsicheren, dafür aber potenziell hohen *Kapital*einkommen. Während Bezieher von Residualeinkommen den Ertrag eines gegebenen Kapitaleinsatzes so hoch wie möglich zu machen suchen, sind Bezieher von Festeinkommen bestrebt, den für dieses zu leistenden Einsatz möglichst klein zu halten.[23] Verteilungskonflikte ergeben sich unter anderem daraus, dass höhere Residualeinkommen für die Profitabhängigen unter sonst gleichen Bedingungen niedrigere Löhne für die Lohnabhängigen erfordern und umgekehrt.[24]

23 Weshalb Arbeitnehmer bei Arbeitgebern wie Ökonomen unter dem axiomatischen Dauerverdacht des »shirking« – der Drückebergerei – stehen und als »hinterlistige Opportunisten« möglichst effektiver Überwachung unterworfen werden müssen (Williamson et al. 1975).
24 Selbstverständlich gibt es eine Grauzone, in der sich die Typen mischen, heute mehr denn je. In ihr finden sich beispielsweise vielfältige Formen »ergebnisabhängiger« Entlohnung, in der Nachfolge der Akkordlöhne für manuelle Industriearbeiter; Kleinsparer, die Arbeits- und Zinseinkommen kombinieren; und Erträge aus sogenanntem »Humankapital«, die sowohl als Arbeits- wie auch als Kapitalerträge betrachtet werden können. Worauf es hier ankommt, ist die analytische Unterscheidung zwischen der Dynamik der Kapitalakkumulation, die auf nach oben offene Ertragsmaximierung zielt, und dem Traditionalismus der Subsistenzsicherung auf gegebenem oder berechenbar ansteigendem Einkommensniveau. Beide Wirtschaftsweisen existieren im Kapitalismus

Für eine politische Ökonomie, in der das Kapital als Akteur und nicht nur als Maschinenpark erscheint, ist das »Funktionieren« der »Wirtschaft«, sind also vor allem Wachstum und Vollbeschäftigung nur scheinbar technisch, in Wahrheit aber politisch bedingt. Hier liegt der Unterschied zu einem technokratischen Krisenbegriff, wie er in den Jahren nach dem Zweiten Weltkrieg weithin und auch bei Pollock und der Frankfurter Gesellschaftstheorie vorherrschte. Beide, sowohl Wachstum als auch Vollbeschäftigung, hängen von der Investitionsbereitschaft der Kapitaleigner ab, die wiederum von deren Renditeansprüchen und Gewinnerwartungen sowie ihrer allgemeinen Einschätzung der gesellschaftlichen Verhältnisse hinsichtlich der Sicherheit der kapitalistischen Wirtschaftsweise abhängt. Die Abwesenheit von Wirtschaftskrisen bedeutet Zufriedenheit, ihr Eintreten dagegen Unzufriedenheit des Kapitals. Dabei ist, welchen *return on investment* Kapitaleigner und Kapitaldisponenten verlangen, nicht ein für alle Mal gegeben, sondern variiert mit örtlichen und zeitlichen Umständen. Investoren können bescheidener werden, wenn sie keine Alternativen haben, oder anspruchsvoller, wenn ihnen ihre laufenden Gewinne im Vergleich nicht mehr hoch genug erscheinen. Vor allem können sie, wenn sie ihre gesellschaftliche Umgebung als feindselig und die von dieser an sie gerichteten Anforderungen als überzogen wahrnehmen, das »Vertrauen« verlieren und ihr Kapital zurückhalten, etwa durch Kassenhaltung (»Liquiditätspräferenz«) oder Kapitalflucht, bis die Bedingungen besser geworden sind.

Wirtschaftskrisen im Kapitalismus resultieren aus Vertrauenskrisen auf Seiten des Kapitals und sind keine technischen Störungen, sondern *Legitimationskrisen eigener Art*. Niedriges Wachstum und Arbeitslosigkeit sind Folgen von

nebeneinander als unterschiedliche Handlungsorientierungen, repräsentiert von verschiedenen sozialen Gruppen und Institutionen mit konfligierenden, teilweise auch überlappenden Ansprüchen und Anforderungen (Streeck 2011c).

»Investitionsstreiks«[25] derer, die über das Kapital verfügen, durch dessen Einsatz sie behoben werden könnten, aber nicht behoben werden, solange es den Kapitaleignern an Vertrauen mangelt. Das Kapital der Gesellschaft ist im Kapitalismus Privateigentum, das seine privaten Eigentümer verwenden oder nicht verwenden können, im Prinzip wie es ihnen beliebt. Zum Investieren verpflichtet werden können sie jedenfalls nicht,[26] und wann es den Unternehmern gefällt, etwas zu unternehmen, ist so schwer zu berechnen, dass Ökonomen spätestens hier mit ihrer Mathematik am Ende sind und die Frage zu einer der »Psychologie« erklären, wie sie sie verstehen. Krisenbehebung durch Wirtschaftspolitik besteht dann darin, zwischen den Renditeerwartungen der Kapitaleigner und ihren Ansprüchen an die Gesellschaft einerseits sowie den Lohn- und Beschäftigungserwartungen der Festlohnbezieher andererseits so etwas wie ein Gleichgewicht auszuhandeln, welches das Kapital als gerecht genug empfindet, um sich weiterhin in der Wohlstandsproduktion zu engagieren. Misslingt das und machen sich Verunsicherung und unbefriedigte Ansprüche des Kapitals als Störungen »der Wirtschaft« bemerkbar, so kann eine zusätzliche, abgeleitete Legitimationskrise entstehen, nämlich bei den Lohnabhängigen, für die das technische Funktionieren des Systems, insbesondere seine Gewährleistung von Wachstum und Vollbeschäftigung, Voraussetzung für ihren Frieden mit ihm ist. Dazu bedarf es keiner *neuen* Ansprüche, sondern lediglich der Nichterfüllung der alten.

Kapitalismus, in anderen Worten, setzt einen Gesellschaftsvertrag voraus, in dem die legitimen gegenseitigen Erwartun-

25 Ein in der Kapitalismuskritik der 1970er Jahre gebräuchlicher Begriff. Die politische Idee war, »Investitionsstreiks« durch »Investitionskontrollen« unmöglich zu machen.

26 Bekanntlich ist das die Crux jeder staatlichen Wirtschaftspolitik im Kapitalismus. »Man kann die Pferde zum Brunnen führen, aber saufen müssen sie selber.« So der keynesianische Ökonom und sozialdemokratische Wirtschaftspolitiker der späten 1960er und frühen 1970er Jahre Karl Schiller über seine Bemühungen zur Wiederbelebung der Konjunktur nach 1967.

gen von Kapital und Arbeit, von Profit- und Lohnabhängigen mehr oder weniger explizit, als formale oder informelle Wirtschaftsverfassung, festgelegt sind. Kapitalismus ist, anders als ökonomische Theorie und Ideologie glauben machen wollen, kein Naturzustand, sondern eine zeitgebundene, gestaltungs- und legitimationsbedürftige gesellschaftliche Ordnung: räumlich und historisch in wechselnden Formen konkretisiert, prinzipiell stets neu verhandelbar und jederzeit ausbruchgefährdet. In den 1970er Jahren begann zu zerfallen, was in der englischsprachigen Literatur als das politisch-ökonomische *postwar settlement* des demokratischen Kapitalismus bekannt war: eine aus der Nachkriegssituation hervorgegangene gesellschaftliche Verständigung über die Geschäftsgrundlagen einer Fortsetzung des Kapitalismus in erneuerter Gestalt. Nach 1945 befand sich der Kapitalismus weltweit in der Defensive und musste sich in allen Ländern des sich formierenden Westens angesichts einer infolge von Krieg und Systemkonkurrenz erstarkten Arbeiterklasse um eine Verlängerung und Erneuerung seiner gesellschaftlichen Lizenz[27] bemühen. Dies ließ sich nur durch erhebliche Zugeständnisse erreichen, wie sie von der Keynesschen Theorie vorhergesehen und ermöglicht worden waren: mittelfristig in Gestalt staatlicher Konjunkturpolitik und Planung zur Gewährleistung von Wachstum, Vollbeschäftigung, sozialem Ausgleich und einem stetig verbesserten Schutz vor den Unberechenbarkeiten des Marktes; langfristig in Form eines historischen Auslaufens des Kapitalismus in einer Welt permanent niedriger Zinsraten und Gewinnspannen. Nur unter diesen Bedingungen, also im Dienst und unter dem Primat politisch definierter sozialer Zwecke, ließ sich eine wiederbelebte Profitwirtschaft nach dem Ende der Kriegswirtschaft in eine stabilisierte, gegen faschistische Rückschritte und stalinistische Versuchungen gefeite liberale Demokratie einbauen und war die Wiedereinsetzung von Eigentums- und Direktionsrechten politisch durchsetzbar. Ver-

---

27 Man könnte auch zugespitzt von der Notwendigkeit einer Neuausstellung des kapitalistischen *Jagdscheins auf Profite* sprechen.

mittelt und überwacht wurde die Einhaltung dessen, was in der Frankfurter Theoriediskussion als die »Friedensformel« des Nachkriegskapitalismus bezeichnet wurde, durch einen marktdisziplinierenden, planenden und umverteilenden Interventionsstaat, der bei Strafe des Verlustes seiner Legitimität die Geschäftsgrundlage des neuen Kapitalismus abzusichern hatte.

Dieser politisch-ökonomische Nachkriegsfrieden begann in den 1970er Jahren brüchig zu werden. Eine Synthese der gängigen Beschreibungen und Erklärungen dieser Entwicklung beginnt mit einem Verweis auf erste Wachstumsschwächen in der zweiten Hälfte der 1960er Jahre, die die Möglichkeit aufscheinen ließen, dass das kapitalistische Wirtschaftssystem nicht auf ewig so lieferfähig und lieferwillig bleiben würde wie in den Jahrzehnten nach dem Kriegsende. Die Regierungen des Westens, bemüht, sozialen Frieden und politische Stabilität so lange wie möglich zu erhalten, experimentierten als Antwort mit immer neuen Techniken staatlicher Wirtschaftsplanung und -lenkung, während die Arbeitnehmer selbstbewusster denn je auf dem bestanden, was ihrem Verständnis nach in den Gründungsjahren des Systems mit ihnen vereinbart worden war. Warum sollten sie im Kapitalismus weiter mitspielen, seine Regeln respektieren und das Kapital Gewinne abwerfen lassen, wenn dabei für sie selber keine Verbesserungen mehr abfielen? Was die Kapitalseite anging, so musste sie eine *revolution of rising expectations* befürchten, die sie auf die Dauer nicht würde bedienen können, es sei denn um den Preis immer weiter sinkender Gewinne und eines Umbaus der Privatwirtschaft durch staatliche, unter Wählerdruck stehende Politik in eine durchregulierte und durchgeplante quasiöffentliche Infrastruktur.

Insgesamt begann die Situation Ende der 1960er Jahre jenem Zustand zu ähneln, den Michal Kalecki in einem weitsichtigen Artikel im Jahre 1943 als den Moment beschrieben hatte, in dem das Keynessche Modell am Widerstand des Kapitals scheitern könnte (Kalecki 1943). Kaleckis Ausgangsfrage war, was eigentlich die Arbeitgeber seiner Zeit gegen eine keynesianische Wirtschaftspolitik einzuwenden hatten, wo diese ihnen doch ein schwankungsfreies stetiges Wachstum ihrer Unternehmen sichere. Seine Antwort war, dass dauerhafte Vollbeschäftigung für das Kapital die Gefahr mit sich bringen müsste, dass seine Beschäftigten übermütig werden könnten, weil sie irgendwann die mit Arbeitslosigkeit verbundene Not vergessen haben würden. Dann könnte die Disziplin am Arbeitsplatz und in der Politik zusammenbrechen. Deshalb, so Kalecki, müsste das Kapital eigentlich an einer dauerhaften Sockelarbeitslosigkeit interessiert sein, die den Beschäftigten als Mahnung dienen würde, was ihnen zustoßen könne, wenn sie zu anspruchsvoll würden. Dies aber setze voraus, dass der Staat davon abgebracht werde, mit keynesianischen Instrumenten Vollbeschäftigung zu garantieren.

Die weltweite Welle wilder Streiks 1968 und 1969 erschien den Arbeitgebern und manchen Regierungen des demokratischen Kapitalismus als Folge einer zu lang gewordenen Phase krisenfreien Wachstums und gesicherter Vollbeschäftigung und als Ausdruck zunehmender Maßlosigkeit auf Seiten einer durch Wohlstand und Wohlfahrtsstaat verwöhnten Arbeitnehmerschaft.[28] Diese dagegen glaubte, lediglich auf dem bestanden zu haben, was sie als demokratisches Bürgerrecht auf regelmäßige Lohnsteigerungen und laufende Verbesserung ihrer sozialen Sicherheit wahrnahm. Von da an klafften die Erwartungen von Arbeit und Kapital so weit auseinander, dass das Nachkriegsregime des demokratischen Kapitalismus in eine

28 Ohne dies hier im Einzelnen nachweisen zu können, bin ich davon überzeugt, dass in der diskursiven Nachbearbeitung der Streikbewegungen von 1968 und 1969 der Ursprung des heute hegemonialen Gemeinverständnisses zu suchen ist, wonach »wir« – also der kleine Mann und die kleine Frau – zu anspruchsvoll geworden seien und wieder lernen müssten, »uns« zu bescheiden. Der Übermut der Massen, von dem damals zuerst die Rede war, wird ja, wie noch auszuführen sein wird, von der ökonomischen Standardtheorie auch für die Staatsverschuldung der folgenden Jahrzehnte verantwortlich gemacht – eine Erklärung, die bestens geeignet ist, die gleichzeitig dramatisch gestiegene Ungleichverteilung des Erwirtschafteten vergessen zu machen.

Krise geraten musste. Die erste Hälfte der 1970er Jahre sah immer neue Streikwellen, als Arbeitnehmer und Gewerkschaften an ihren Ansprüchen festhielten und das Kapital seinen Konzessionsspielraum erschöpft sah. Als Reaktion begann es mit der Vorbereitung seines Ausstiegs aus dem Gesellschaftsvertrag der Nachkriegszeit, indem es seine Passivität abschüttelte, seine Handlungs- und Gestaltungsfähigkeit wiederherstellte und sich dem Geplant- und Genutztwerden durch demokratische Politik entzog. Dabei kam ihm zugute, dass es, anders als die Arbeitnehmer und ihre Gewerkschaften, über eine zum Weitermachen im demokratischen Kapitalismus alternative Strategie verfügte, die darin bestand, diesem allmählich sein »Vertrauen« und mit ihm die für sein Funktionieren erforderlichen Investitionsmittel zu entziehen.

Die lange Wende: Vom Nachkriegskapitalismus zum Neoliberalismus

Gegen Mitte der *roaring seventies,* wie sie später wegen der überschießenden Erwartungen von Wohlstand und Freiheit genannt wurden, die damals Politik und öffentliche Stimmung beherrschten, begannen Kapitalbesitzer und Kapitalverwalter einen langen Kampf für einen grundlegenden Umbau der politischen Ökonomie des Nachkriegskapitalismus – sie und nicht, wie von der Theorie der Legitimationskrise erwartet und erhofft, die breiten Massen der »Lohnabhängigen«. Unter dem Eindruck von 1968 und aufgeschreckt durch ein politisches Klima, das sich in politischen Absichtserklärungen niederschlug wie der, die »Grenzen der Belastbarkeit« der Wirtschaft erproben zu wollen,[29] und später in Buchtiteln wie Korpis *The Democratic Class Struggle* (1983) und Esping-Andersens *Politics Against Markets* (1985), machten sich die Eigner und Len-

29 So, mit der Folge großer öffentlicher Empörung und, auf längere Sicht, des Endes seiner politischen Karriere, der linke SPD-Politiker Jochen Steffen auf einem Parteitag der SPD 1971 zur Steuerpolitik.

ker der Wirtschaft daran, ihren Austritt aus einem Regime zu vollziehen, das ihnen nach 1945, den Erfahrungen der Zwischenkriegszeit zum Trotz, ermöglicht hatte, in ihre Positionen auf den Kommandohöhen der Industriegesellschaft zurückzukehren.

In der Folge bekehrten sich immer mehr Unternehmen, Industrien und Verbände zu einem neuen gemeinsamen Ziel: der Liberalisierung des Kapitalismus und der Expansion seiner Märkte nach innen und außen. Die Ereignisse der späten 1960er Jahre und die Rohstoffkrise von 1972 hatten es unwahrscheinlicher denn je gemacht, dass »die Wirtschaft« die Verpflichtungen, die sie im alten Regime unter politischem Druck eingegangen war, auf die Dauer zu für sie annehmbaren Bedingungen würde erfüllen können. Auf kontinuierlich hohes Wachstum als demokratisch-kapitalistische Friedensformel war kein Verlass mehr. Auf Profite zu verzichten, um Vollbeschäftigung zu erhalten, oder Produktion und Produkte unter hohem Aufwand so zu gestalten, dass sie sichere Beschäftigung bei hohen Löhnen und geringer Lohnspreizung gewährleisteten, hätte von den Unternehmen und den von ihren Gewinnen Abhängigen Opfer verlangt, die zunehmend inakzeptabel hoch erschienen. Da dem Staat, der fast überall in mehr oder weniger sozialdemokratische Hände gefallen war, nicht zu trauen war,[30] blieb als Lösung nur die Flucht in den Markt: die Freisetzung der kapitalistischen Wirtschaft von den bürokratisch-politischen und korporatistischen Kontrollen der Wiederaufbaujahre und die Wiederherstellung angemessener Gewinnspannen durch freie Märkte und Deregulierung[31]

30 Die 1970er Jahre waren die Ära des Aufstiegs der Public-Choice-Theorie in den Wirtschaftswissenschaften, die staatliche Akteure und Organe als selbstinteressierte Nutzenmaximierer modelliert, welche anders als das Kapital über den Vorteil verfügen, sich zu ihrer Bereicherung der öffentlichen Gewalt bedienen zu können. Siehe Buchanan und Tullock (1962). Buchanan, einer ihrer Gründungsväter, charakterisiert Public Choice rückblickend als »politics without romance« (Buchanan 2003).
31 Zum Aufstieg der Deregulierungsbewegung in den Vereinigten Staaten siehe Canedo (2008).

statt, verbunden mit der Gefahr sozialer Auflagen, durch staatliche Politik.

Die Strategie der Liberalisierung – der Zurückdrängung des Interventionsstaats und der Rückkehr zum Markt als primärem wirtschaftlichem Allokationsmechanismus – war, von heute aus betrachtet, atemberaubend erfolgreich und überraschte keineswegs nur die Kritische Theorie.[32] Beginnend in den frühen 1980er Jahren wurden in den Gesellschaften des Westens zentrale Elemente des Gesellschaftsvertrags des Nachkriegskapitalismus nach und nach aufgekündigt oder in Frage gestellt: politisch garantierte Vollbeschäftigung, flächendeckende Lohnfindung durch Verhandlungen mit freien Gewerkschaften, Mitbestimmung der Arbeitnehmer am Arbeitsplatz und im Unternehmen, staatliche Kontrolle von Schlüsselindustrien, ein breiter öffentlicher Sektor mit sicherer Beschäftigung als Vorbild für die Privatwirtschaft, universelle, gegen den Wettbewerb geschützte soziale Bürgerrechte, durch Einkommens- und Steuerpolitik in engen Grenzen gehaltene soziale Ungleichheit und staatliche Konjunktur- und Industriepolitik zur Verhinderung von Wachstumskrisen. In allen westlichen Demokratien begann um 1979, dem Jahr der »zweiten Ölkrise«, eine mehr oder weniger aggressive Zurückdrängung der Gewerkschaften. Parallel dazu kamen weltweit meist graduelle, deshalb aber nicht weniger einschneidende Reformen der Arbeitsmärkte und der sozialen Sicherungssysteme in Gang, die im Zeichen einer angeblich überfälligen »Flexibilisierung« der Institutionen und »Aktivierung« des Arbeitskräftepoten-

32 Weber, Schumpeter und Keynes hatten allesamt, aus unterschiedlichen Perspektiven und mit unterschiedlichen Wertungen, dem Kapitalismus freier Märkte für die zweite Hälfte des 20. Jahrhunderts ein sanftes oder weniger sanftes Ende vorhergesagt. Es lohnt auch, sich daran zu erinnern, dass Polanyi in The Great Transformation 1944 wie selbstverständlich davon ausging, dass der liberale Kapitalismus Geschichte sei und nicht zurückkommen werde. »Innerhalb der Nationen erleben wir eine Entwicklung, durch die das Wirtschaftssystem aufhört, der Gesellschaft die Gesetze vorzuschreiben, nach denen sie funktioniert, und der Primat der Gesellschaft über dieses System gesichert wird« (Polanyi 1957 [1944], 251).

zials auf eine Fundamentalrevision des Wohlfahrtsstaats der Nachkriegsjahrzehnte hinausliefen, die zunehmend auch mit der Expansion der Märkte über nationale Grenzen hinweg, der sogenannten »Globalisierung«, begründet wurde. Hierzu gehörten der Abbau von Rechten auf Kündigungsschutz, die Aufspaltung von Arbeitsmärkten in Kern- und Randbereiche mit unterschiedlichen Schutzrechten, die Zulassung und Förderung von Niedriglohnbeschäftigung, die Hinnahme einer hohen Sockelarbeitslosigkeit, die Privatisierung öffentlicher Dienstleistungen bei Abbau öffentlicher Beschäftigung sowie die Dezentralisierung und, wo möglich, Entgewerkschaftung der Lohnfindung.[33] Am Ende dieser Entwicklung stand, ungeachtet nationaler Unterschiede und Besonderheiten, ein zunehmend marktangepasster, »schlanker« und auf »Rekommodifizierung« hin ausgelegter »modernisierter« Wohlfahrtsstaat, dessen »Beschäftigungsfreundlichkeit« und niedrigere Kosten durch eine Absenkung des durch soziale Bürgerrechte gewährleisteten Mindestniveaus gesellschaftlicher Subsistenz erkauft worden waren.[34]

Nicht nur die Arbeitsmärkte wurden seit dem Ende der 1970er Jahre dereguliert, sondern auch immer mehr Märkte für Güter, Dienstleistungen und Kapital. Während die Regierungen sich hiervon zusätzliches Wirtschaftswachstum und jedenfalls eine Entlastung von politischer Verantwortung erhofften, dienten den Arbeitgebern die Expansion der Märkte und der durch sie verschärfte Wettbewerbsdruck als Rechtfertigung einer Verschlechterung oder doch zunehmenden Differenzierung von Löhnen und Arbeitsbedingungen.[35] Gleichzeitig verwandelten sich die Kapitalmärkte in Märkte für Un-

33 Als Auswahl aus der überreichen Literatur zum Thema siehe Katz und Darbishire (2000).

34 Für einen Überblick über die Entwicklung des Wohlfahrtsstaats seit den 1980er Jahren siehe Scharpf und Schmidt (2000a; b) sowie die Einleitung der Herausgeber (Castles et al. 2010) und den Artikel von Kautto (2010) und Palier (2010) im *Oxford Handbook of the Welfare State*.

35 Für viele andere siehe Emmenegger et al. (2012), Goldthorpe (1984) und Palier und Thelen (2010).

ternehmenskontrolle, die die Steigerung des *shareholder value* zur obersten Maxime guter Unternehmensführung erhoben (Höpner 2003). Vielerorts, selbst in Skandinavien, wurden die Bürger als Ergänzung oder gar als Alternative zu staatlicher Daseinsvorsorge auf private Bildungs- und Versicherungsmärkte verwiesen, mit der Möglichkeit, zur Bezahlung private Kredite aufzunehmen. Parallel dazu stieg die wirtschaftliche Ungleichheit überall rapide an (Abb. 1.3).[36] Auf diese und andere Weise und mehr oder weniger im Gleichschritt entledigten sich die Staaten des entwickelten Kapitalismus auf Druck der Eigentümer und Dirigenten ihrer »Wirtschaft« zunehmend ihrer in der Jahrhundertmitte übernommenen Verantwortung für Wachstum, Vollbeschäftigung, soziale Sicherheit und sozialen Zusammenhalt und überließen die Wohlfahrt ihrer Bürger mehr denn je dem Markt.

Die lange Wende zum Neoliberalismus stieß in den reichen Gesellschaften des Westens auf bemerkenswert schwachen Widerstand. Die weithin zur Normalität gewordene hohe Sockelarbeitslosigkeit war hierfür nur eine Ursache unter anderen. Die Verwandlung von Zuteilungs- in Kundenmärkte und die sich entfaltenden Künste des Marketing sicherten der Kommerzialisierung immer weiterer Bereiche des sozialen Lebens breite Loyalität und stabilisierten die Arbeits- und Leistungs-

36 Abbildung 1.3 zeigt die Entwicklung des Gini-Koeffizienten, des gebräuchlichsten Ungleichheitsmaßes für die Einkommensverteilung, in den sieben Beispielsländern (siehe Fn. 8 in diesem Kapitel). Der Gini-Koeffizient misst die Abweichung der tatsächlichen Verteilung von einer Gleichverteilung. Ein weiteres Maß für Ungleichheit ist die Lohnquote, also der Anteil der Lohn- im Unterschied zu den Gewinnempfängern am Einkommen einer Volkswirtschaft. Hier ist das Bild über den Zeitraum 1960-2005 für die 16 wichtigsten OECD-Länder ebenso eindrucksvoll und ebenso verheerend wie beim Gini-Koeffizienten: »Die Lohnquote stieg, als die Verhandlungsmacht des Kapitals durch den Vormarsch sozialdemokratischer Projekte in der Zeit nach dem Zweiten Weltkrieg bedroht war. Die letzten zwei Jahrzehnte haben einen neuen Ausschlag des Pendels in Richtung auf eine Wiederherstellung der Verhandlungsmacht der kapitalistischen Klasse gesehen. […] Der Neoliberalismus ist […] ein Versuch, den Einkommensanteil der kapitalistischen Klasse auf dem Niveau der Vorkriegszeit wiederherzustellen.« (Kristal 2010, 758 f.)

Abb. 1.3

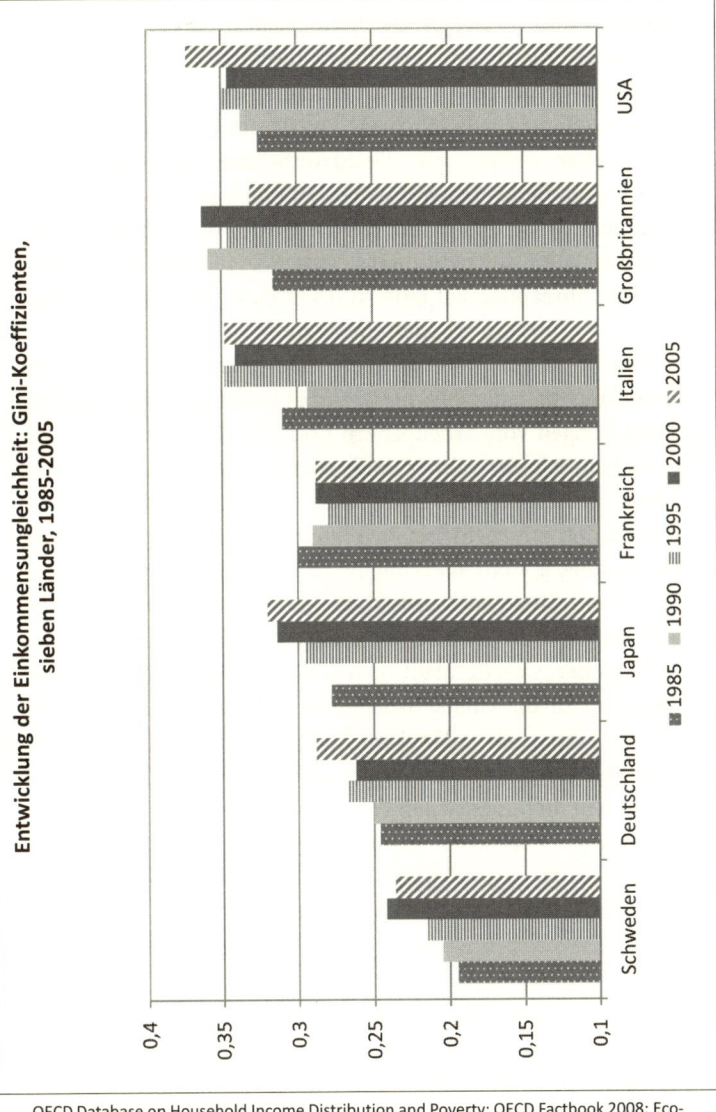

Entwicklung der Einkommensungleichheit: Gini-Koeffizienten, sieben Länder, 1985–2005

■ 1985 ▦ 1990 ▤ 1995 ■ 2000 ▨ 2005

OECD Database on Household Income Distribution and Poverty; OECD Factbook 2008: Economic, Environmental and Social Statistics 2008; OECD Factbook 2010: Country Indicators, OECD Factbook Statistics

motivation der Bevölkerung (Streeck 2012a). Hinzu kam die von Boltanski und Chiapello beschriebene Kooptation des Selbstverwirklichungsprojekts von 1968 durch neue Formen der Beschäftigung und Arbeitsorganisation in der sich entfaltenden »Wissensgesellschaft« (Boltanski und Chiapello 2005). Auch die neuen Arbeitsmärkte hatten ihre Anhänger – unter den Frauen sowieso, für die Erwerbsarbeit gleichbedeutend wurde mit persönlicher Freiheit, aber ebenso in den nachwachsenden Generationen, die die Flexibilität ihres individualisierten und enttraditionalisierten Soziallebens in der Flexibilität ihrer Beschäftigungsverhältnisse gespiegelt fanden. Dass ihr Albtraum von der goldenen Uhr nach fünfzig Jahren Arbeit im selben Unternehmen jemals wahr werden würde, brauchten sie jedenfalls nicht zu befürchten. Die vielfältigen Bemühungen von Arbeitgebern und Politik, den Unterschied zwischen selbstgewählter und erzwungener Mobilität, zwischen Freiberuflichkeit und Prekarität, Kündigen und Gekündigtwerden mit rhetorischen Mitteln unkenntlich zu machen, waren alles andere als erfolglos in einer Generation, der die Welt von früh an als Meritokratie erklärt worden war und der Arbeitsmarkt als sportliche Herausforderung, wie Mountainbiking oder Marathonlauf. Jedenfalls hatte sich die kulturelle Toleranz für die Ungewissheiten des Marktes gegenüber den 1940er Jahren, als Polanyi im Bedürfnis der Menschen nach Stabilität ihrer sozialen Verhältnisse und nach Sicherheit in ihnen den archimedischen Ansatzpunkt für die »Gegenbewegung« der Gesellschaft gegen das liberale Projekt lokalisiert hatte (Polanyi 1957 [1944]), in den letzten beiden Jahrzehnten des 20. Jahrhunderts deutlich erhöht.

Gekaufte Zeit

Dennoch kam die neoliberale Revolution nicht ohne politischen Flankenschutz aus. Am Ende der langen 1960er Jahre war die kapitalistische Friedensformel unrealistisch geworden:

Ein von Arbeit und Kapital gemeinsam produziertes hohes und stetiges Wirtschaftswachstum, das für gesicherte Beschäftigung, steigende Löhne, ständig verbesserte Arbeitsbedingungen und sozialen Fortschritt im Sinne eines laufenden Ausbaus sozialer Schutzrechte hätte genutzt werden können, gab es immer weniger. Spätestens Anfang der 1970er Jahre drohten die produktiven Kapitalinvestitionen hinter dem zurückzubleiben, was unter den Bedingungen gewachsener Lohnmilitanz und einer expandierenden staatlichen Sozialpolitik nötig gewesen wäre, um Vollbeschäftigung zu gewährleisten. Die aber war nach allgemeiner Überzeugung der Eckstein des Gesellschaftsvertrags des Nachkriegskapitalismus. Damit hätte eine Legitimationskrise, wenn nicht der kapitalistischen Wirtschaft, dann jedenfalls der parlamentarischen Demokratie ins Haus gestanden. Diesem Problem wurde in den folgenden Jahren erfolgreich begegnet, allerdings auf andere Weise als von der kritischen Krisentheorie erwartet: nämlich durch eine Geldpolitik, die die über den Produktivitätszuwachs hinausschießenden Lohnerhöhungen akkommodierte, mit der Folge hoher weltweiter Inflationsraten insbesondere in der zweiten Hälfte der 1970er Jahre.[37]

37 Versuche, mit Hilfe einer sogenannten »Einkommenspolitik« ohne Inflation auszukommen, waren unterschiedlich erfolgreich. Am erfolgreichsten waren sie in Ländern, in denen es gelang, Gewerkschaften und Arbeitgeber korporatistisch in staatliche Stabilitätspolitik einzubinden – Letztere durch ausgehandelte Lohnmäßigung, Erstere durch – zunächst – nichtmonetäre, vom Staat beizubringende Entschädigungen, wie Organisationsrechte oder verbesserte Rentenansprüche für die damals Beschäftigten. Einkommenspolitik war ein prominentes Thema der vergleichenden Politikwissenschaft und der institutionellen Ökonomie der 1970er Jahre; siehe einführend Flanagan und Ulman (1971) sowie Flanagan et al. (1971). Wie eine umfangreiche zeitgenössische Literatur zeigen konnte, variierten die nationalen Inflationsraten mit der institutionellen Struktur der Volkswirtschaften, nicht nur mit der Art und Weise der Lohnfindung, sondern auch mit dem Status der Notenbank. Am wenigsten inflationär war die Geldpolitik in Deutschland mit einem faktisch hochzentralisierten Lohnverhandlungssystem und einer von der Regierung unabhängigen Zentralbank, die schon Mitte der 1970er Jahre die spätere monetaristische Wirtschaftspolitik der Vereinigten Staaten und Großbritanniens vorwegnahm (Scharpf 1991). Trotz oder grade wegen

Die inflationäre Geldpolitik des Jahrzehnts nach der Streikwelle um 1968 sicherte den sozialen Frieden in einer sich rapide entwickelnden Konsumgesellschaft, indem sie an die Stelle des nicht mehr ausreichenden Wirtschaftswachstums trat und für Vollbeschäftigung sorgte.[38] Insofern kam sie einer vorläufigen Reparatur der funktionsunfähig gewordenen neokapitalistischen Friedensformel gleich. Der Trick bestand darin, den sich abzeichnenden Verteilungskonflikt zwischen Arbeit und Kapital durch Einbringung zusätzlicher Ressourcen zu entschärfen, die allerdings nur als Geld und nicht, oder noch nicht, real zur Verfügung standen. Inflation bewirkte eine nur scheinbare, keine wirkliche Vergrößerung des zu verteilenden Kuchens, was aber kurzfristig nicht unbedingt einen Unterschied machte; sie erzeugte bei Arbeitnehmern wie Arbeitgebern die Illusion – mit Keynes: die »Geldillusion« – eines den neuen Konsumerismus ermöglichenden Wohlstandszuwachses. Allerdings musste sich diese mit der Zeit verbrauchen und spätestens dann ihr Ende finden, wenn der Verfall des Geldwerts die Besitzer von Geldvermögen erneut zur Zurückhaltung bei Investitionen oder gar zur Flucht in andere Währungen veranlassen würde.[39]

dieser Ausgangssituation konnte Helmut Schmidt den Wahlkampf von 1976 mit der Parole »Lieber fünf Prozent Inflation statt fünf Prozent Arbeitslosigkeit« führen. Als Ausgleich für die hohe Geldwertstabilität begann allerdings die Staatsverschuldung in Deutschland früher als anderswo; ich komme darauf noch zu sprechen. Die unabhängige Bundesbank, die der Bundesregierung den Zugriff auf die Geldmenge verwehrte und sie so indirekt dazu zwang, zur Erhaltung der Beschäftigung und zur Verhinderung eines Legitimationsverlustes sowohl der staatlichen Politik als auch der Marktwirtschaft fiskalpolitische Instrumente einzusetzen, wurde in den kommenden Jahren zum Vorbild für die Zentralbanken der anderen europäischen Länder, einschließlich Frankreichs unter Mitterrand, und später für die EZB. Die in den 1970er Jahren auffällig gewordenen nationalen institutionellen Unterschiede waren der Ausgangspunkt zunächst für die Korporatismus- und dann für die »Varieties of Capitalism«-Literatur (Streeck 2006).

38 Zum Folgenden Streeck (2011a).

39 In den 1970er Jahren bestand Einigkeit darüber, dass Inflation vor allem auf Kosten der Eigentümer von Geldvermögen geht, der Arbeiterklasse aber nützt, weil sie ihre Verteilungsposition verbessert, jedenfalls

Staaten, die durch Inflationierung ihrer Währung nicht oder noch nicht vorhandene Ressourcen in ihre Volkswirtschaft einführen und dadurch Verteilungskonflikte zu pazifizieren suchen, können sich der Magie des modernen *fiat money* bedienen, dessen Menge die Politik qua öffentlicher Gewalt variieren kann. Spätestens mit dem Beginn der Stagflation in der zweiten Hälfte der 1970er Jahre – eines trotz beschleunigter Inflation einsetzenden Wachstumsrückgangs – hatte sich aber der Zauber der Ersetzung realen Wachstums durch nominales verbraucht, und unter Führung der Vereinigten Staaten und ihrer Zentralbank, der Federal Reserve, wurden drastische Stabilisierungsmaßnahmen ergriffen, darunter eine Erhöhung der amerikanischen Leitzinsen auf zeitweise über 20 Prozent, die der Inflation binnen kürzester Zeit bis heute ein Ende setzten (Abb. 1.4). Damit und mit der scharfen Rezession und bleibenden Arbeitslosigkeit (Abb. 1.5), die die Deflationierung der kapitalistischen Volkswirtschaften über kurz oder lang weltweit nach sich zog, kam allerdings das Legitimationsproblem des ehemaligen Nachkriegs- und immer noch existierenden Spätkapitalismus zurück, und mit ihm die Versuchung, es erneut mit Hilfe herbeigezauberten Geldes wenigstens zeitweise zu befrieden. So begann eine Entwicklung oder setzte sich fort, die in der gegenwärtigen Weltfinanz- und -fiskalkrise ihren vorläufigen Höhepunkt gefunden hat.

Die monetäre Stabilisierung der Weltwirtschaft Anfang der 1980er Jahre war eine hochriskante politische *tour de force*; sie konnte nur von Regierungen wie denen Reagans und Thatchers in Angriff genommen werden, die bereit waren, zur Wiederherstellung von *sound money* Massenarbeitslosigkeit

solange sie die Investitionsneigung der Unternehmen nicht beeinträchtigt. Dies tut sie allerdings spätestens dann, wenn die von ihr verbreitete Unsicherheit über künftige Preise und Preisrelationen für die Investoren zu groß geworden ist (Hayek 1967 [1950]). An dieser Stelle wird die Lösung eines Legitimationsproblems zur Ursache eines Reproduktionsproblems – bzw. erzeugt Sozialintegration eine Krise der Systemintegration (im Sinne von Lockwood 1964), die zu einer neuen Krise der Sozialintegration werden und die alten Legitimationsprobleme neu aufwerfen kann.

in Kauf zu nehmen und den zu erwartenden gewerkschaftlichen Widerstand zu brechen, koste es, was es wolle.[40] In der Tat verursachte die Deflationierung der kapitalistischen Volkswirtschaften, unterstützt von bleibender Sockelarbeitslosigkeit und neoliberalen Reformen von Arbeitsmärkten und Arbeitsrecht, einen weltweiten Rückgang der gewerkschaftlichen Organisierung (Abb. 1.6), der den Streik als Waffe in Arbeits- und Verteilungskonflikten praktisch unbrauchbar machte; entsprechend ging die Streikhäufigkeit in den folgenden Jahren fast überall gegen null und verharrt dort bis heute (Abb. 1.7).[41] Gleichzeitig blieb die Kluft zwischen den Versprechungen des Kapitalismus und den Erwartungen seiner Klientel und dem, was die immer mächtiger werdenden Märkte herzugeben willens waren, nicht nur bestehen, sondern nahm weiter zu und musste unter veränderten Bedingungen und mit neuen Mitteln, wie notdürftig auch immer, abermals politisch überbrückt werden. *Dies war der Beginn der Ära der Staatsverschuldung.*

Ebenso wie Inflation ermöglicht Staatsverschuldung einer Regierung, zur Pazifizierung sozialer Konflikte finanzielle Ressourcen einzusetzen, die eigentlich noch nicht vorhanden sind – in diesem Fall: die von den Bürgern erst noch erwirtschaftet und ihnen vom Staat weggesteuert werden müssen. Dabei wird ein weiteres Mal das Geldsystem in Anspruch genommen, zwar nicht mehr die staatliche Notenpresse, dafür aber das private Kreditwesen, von dem der Staat sich zukünftige Steuereinnahmen vorfinanzieren lässt. Anfang der 1980er Jahre stiegen die Forderungen an die sozialen Sicherungssysteme, vor allem wegen der hohen Arbeitslosigkeit und weil

40 Dramatische und symbolisch wichtige Wendepunkte in dieser Hinsicht waren die Zerschlagung der Gewerkschaft der Fluglosten durch Ronald Reagan 1981 und der Sieg Margaret Thatchers über die Gewerkschaft der Bergarbeiter 1984.
41 In Abb. 1.7 habe ich Italien mit seinen sehr hohen Streikraten in den 1970er Jahren weggelassen, die die Entwicklung in den anderen Ländern im Maßstab unsichtbar gemacht hätten. Auch in Italien ging die Streikaktivität nach 1980 wie überall dramatisch zurück.

Abb. 1.4 und 1.5

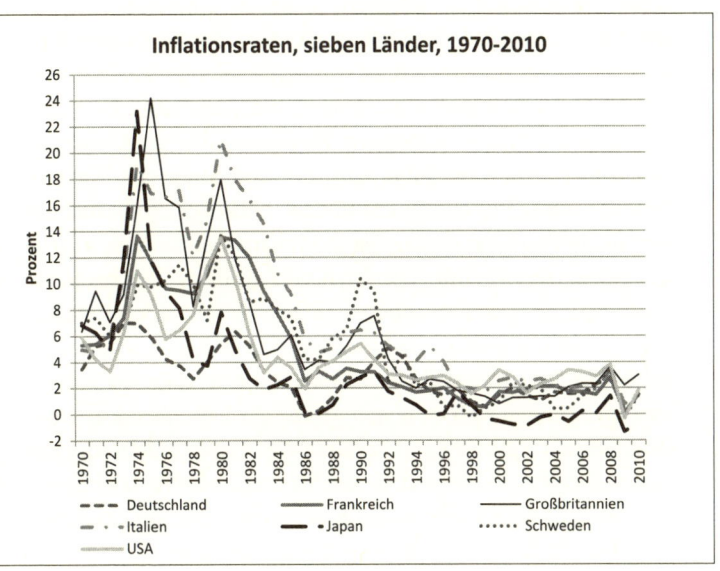

Inflationsraten, sieben Länder, 1970-2010

- - - Deutschland ——— Frankreich ——— Großbritannien
- · - Italien —— · Japan ······ Schweden
——— USA

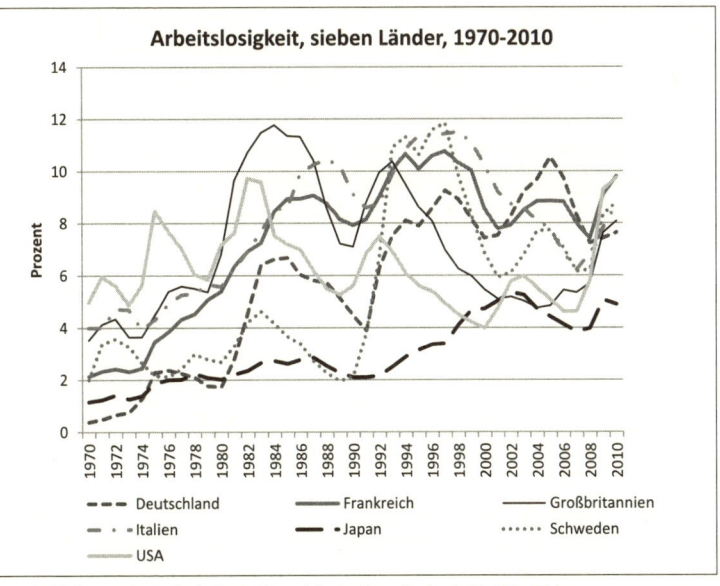

Arbeitslosigkeit, sieben Länder, 1970-2010

- - - Deutschland ——— Frankreich ——— Großbritannien
- · - Italien —— · Japan ······ Schweden
——— USA

OECD Economic Outlook: Statistics and Projections, laufende Veröffentlichungen

zunehmend Leistungen fällig wurden, die in den Jahrzehnten davor, oft im Tausch für lohnpolitische Mäßigung, versprochen worden waren. Obwohl sogleich »Reformen« zur Kürzung von Leistungsansprüchen eingeleitet wurden, konnten nicht alle der Sozialpolitik zugrunde liegenden Versprechungen oder impliziten Verträge auf einmal widerrufen werden. Hinzu kam, dass mit der Inflation auch die laufende Entwertung der vorhandenen Staatsschulden an ihr Ende gekommen war, wodurch die Schuldenlast der Staaten im Verhältnis zum Sozialprodukt zunahm. Da Steuererhöhungen politisch genauso riskant gewesen wären wie ein noch rascherer Abbau des Sozialstaats, retteten die Regierungen sich in die Verschuldung. Für die USA konnte Krippner zeigen, dass dies schon unter Reagan mit einer ersten Welle der Liberalisierung der Finanzmärkte einherging, die das nötige Kapital auch aus dem Ausland anlocken sollte und den Banken erlaubte, es rascher und öfter als bisher zu multiplizieren, damit der steigende Bedarf des Staates an geborgtem Geld gedeckt werden konnte (Krippner 2011).

Auch damit jedoch ließ sich der kapitalistische Frieden nur noch auf Zeit, aber nicht mehr auf Dauer verlängern. In den 1990er Jahren begannen die Regierungen sich über den wachsenden Anteil des Schuldendienstes an ihren Haushalten Sorgen zu machen, während ihre Gläubiger an der Fähigkeit der Staaten zu zweifeln begannen, ihre Schulden zurückzuzahlen. Erneut waren es die Vereinigten Staaten, die die Initiative ergriffen und unter der Regierung Clinton darangingen, vor allem durch Kürzungen der Sozialausgaben ihren öffentlichen Haushalt auszugleichen.[42] Die meisten anderen Staaten der westlichen Welt, auf Linie gebracht von internationalen Organisationen wie der OECD und dem Internationalen Währungsfonds, folgten nach und machten

---

42 Clinton hatte den Wahlkampf von 1991 mit einer Kampagne gegen das *double deficit* – in der Handelsbilanz und im Haushalt des Bundesstaats – gewonnen, das ihm von seinen Vorgängern Reagan und Bush I hinterlassen worden war.

Abb. 1.6 und 1.7

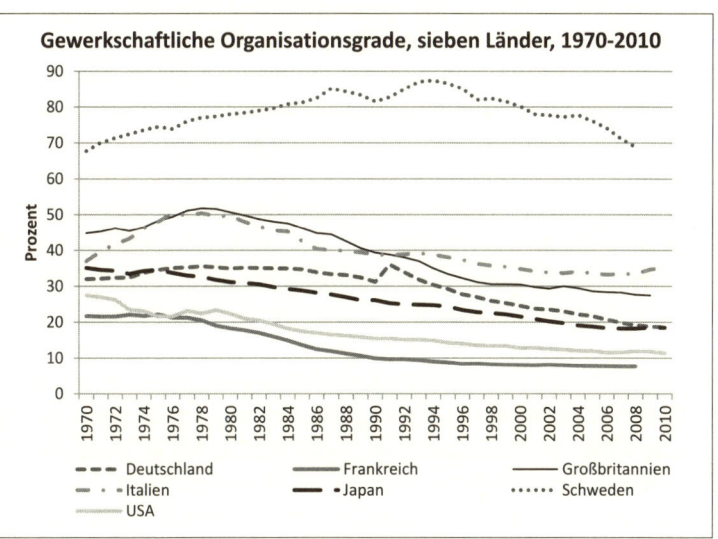

Amsterdam Instiтude for Advanced Labour Studies: ICTWSS Database 3, May 2011

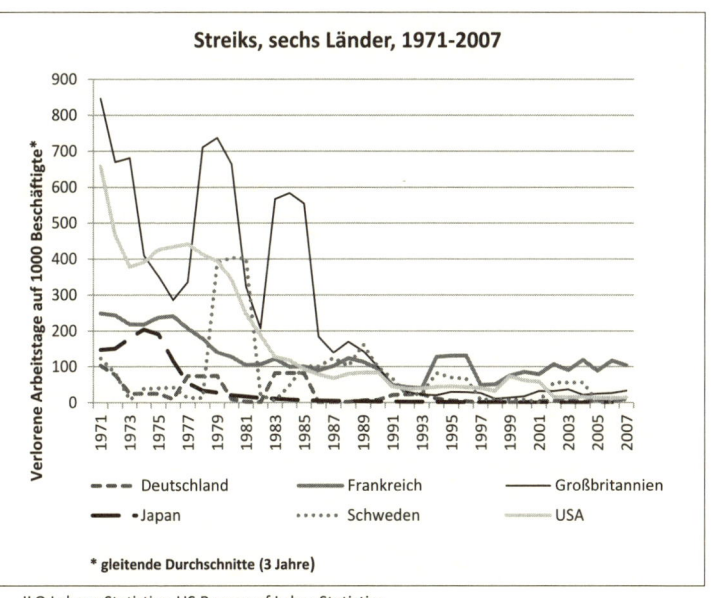

ILO Labour Statistics, US Bureau of Labor Statistics

mit.[43,44] Aber selbst zwei Jahrzehnte nach dem Aufbruch des Kapitalismus aus seinem Nachkriegsgehäuse bedurfte sein neoliberaler Entwicklungspfad noch immer der legitimierenden Absicherung durch Mobilisierung zusätzlicher, konfliktdämpfender Ressourcen – *nur dass diesmal das politisch Nötige mit dem neoliberal Wünschenswerten auf ideale Weise zur Deckung gebracht werden konnte.* Vor allem in den Vereinigten Staaten und in Großbritannien, jedoch auch in Skandinavien[45] drohte die Konsolidierung der öffentlichen Haushalte einen konjunkturell gefährlichen Rückgang der Nachfrage und legitimationsschädliche Einkommensverluste der privaten Haushalte zu bewirken. Die Antwort war eine weitere Injektion von vorgezogener Zahlungsfähigkeit durch eine zweite Welle der Liberalisierung der Kapitalmärkte, die eine rapide Erhöhung der Privatverschuldung ermöglichte und in Gang setzte. Die damit einsetzende Phase der kapitalistischen Entwicklung hat Colin Crouch als »privatisierten Keynesianismus« bezeichnet (Crouch 2009).

Privatisierter Keynesianismus ersetzt die staatliche Verschuldung durch Privatverschuldung als Mechanismus der Erweiterung des Vorrats der politischen Ökonomie an verteilbaren Ressourcen.[46] Er ist die dritte und bis jetzt letzte Variante

43 Abb. 1.1 lässt erkennen, dass das, was ich als die erste Phase der Haushaltskonsolidierung bezeichnen möchte, durchaus nicht ohne Erfolg war. Eine Ausnahme war Deutschland, das damals seine Wiedervereinigung zu finanzieren hatte, und zwar, wie von Kohl versprochen, ohne Steuererhöhungen.

44 Aus den 1990er Jahren stammt eine umfangreiche, von der Politik inspirierte und finanzierte institutionenökonomische Literatur über die Frage, wie man mit »Reformen« demokratischer Institutionen die angebliche Verschuldungstendenz der reichen Demokratien eindämmen oder beseitigen könnte (Molander 2000; Poterba und von Hagen 1999; Strauch und von Hagen 2000).

45 Zu Schweden siehe in Kürze Mehrtens (2013).

46 Dabei profitierten die betreffenden Länder auch von dem Wachstum der deregulierten Finanzindustrie im Zuge des »Strukturwandels« zur »Dienstleistungsgesellschaft«. In den USA und in Großbritannien wurden in den 1990er Jahren Wall Street und die Londoner City zu den wichtigsten nationalen Wirtschaftszweigen und Steuerzahlern. In den

der Schließung der Versprechenslücke des späten Nachkriegs-kapitalismus mit vorgezogener Kaufkraft. Bei ihr beschränkt der Staat sich darauf, durch eine entsprechende regulative Politik den privaten Haushalten zu ermöglichen, sich auf eigene Rechnung und eigenes Risiko zu verschulden, um Ausfälle bei ihren Einkommen aus Erwerbstätigkeit und staatlichen Sozialleistungen auszugleichen. Auch hier finden sich Parallelen zwischen Ländern, die üblicherweise unterschiedlichen oder gar entgegengesetzten »Spielarten« des Kapitalismus zugeordnet werden. So nahm nicht nur in den Vereinigten Staaten und in Großbritannien, sondern auch in Schweden (und man kann hinzufügen, in anderen skandinavischen Ländern ebenso) die Verschuldung der privaten Haushalte seit den 1990er Jahren so stark zu, dass der durch die Konsolidierungspolitik bedingte, mehr oder weniger zeitweilige Rückgang der Staatsverschuldung nicht nur konterkariert wurde, sondern auch die Gesamtverschuldung kräftig anstieg, auch wo sie bis dahin eher konstant geblieben war, nun allerdings statt vom Staats- vom privaten Haushaltssektor getrieben (Abb. 1.8).[47]

Die Ablösung der Staatsverschuldung durch Privatverschuldung wurde ideenpolitisch durch eine neue Theorie der Kapitalmärkte abgesichert, der zufolge diese sich selbst regulieren und staatlicher Regulierung nicht bedürfen, weil ihre Teilnehmer definitionsgemäß über alle erforderlichen Informationen verfügen, um das Auftreten systemischer Ungleichgewichte auszuschließen.[48] Damit schien eine Privatisierung der Da-

Vereinigten Staaten kamen vor der Krise von 2008 etwa 45 Prozent der Unternehmensgewinne aus dem Finanzsektor; Anfang der 1980er Jahre waren es noch knapp 20 Prozent gewesen (Krippner 2011, 33). Zum Ausmaß der Umverteilung zugunsten der Finanzwirtschaft bzw. der Ressourcenextraktion durch diese siehe Tomaskovic-Devey und Lin (2011).

47 Abb. 1.8 zeigt vier Länder, in denen der Kompensationseffekt besonders ausgeprägt war. Bemerkenswert ist, dass auch Schweden (neben anderen skandinavischen Ländern) in diese Gruppe gehört.

48 Einschlägig hier vor allem Eugene Fama als Vater der *efficient market hypothesis*, Merton H. Miller, Miterfinder des sogenannten Modigliani-Miller-Theorems, Harry Markowitz, Robert Merton, Myron Scholes, Fischer Black, unter anderen. Die meisten lehrten oder lehren

seinsvorsorge durch Kreditaufnahme möglich, mit welcher der Staat sich endgültig aus seiner nach dem Krieg übernommenen, dem Kapitalismus schon immer suspekten Verantwortung für Wachstum und soziale Sicherung hätte verabschieden und sie auf den Markt und die in ihm handelnden, axiomatisch rationalen Marktteilnehmer hätte zurückübertragen können. An dieser Stelle wäre die neoliberale Reform dann an ihr logisches Ende gekommen.

Wie bekannt, erwies sich diese Aussicht zunächst als trügerisch. Die gegenwärtige Dreifachkrise ist die Folge des Zusammenbruchs der Schuldenpyramide, die aus den kapitalisierten Versprechungen eines Wachstumskapitalismus bestand, der dies zumindest für die breite Masse der Bevölkerung, von deren Kooperation oder doch Duldung er mehr abhängt, als ihm lieb sein kann, schon lange nicht mehr war. Damit ist auch die Liberalisierung an einen kritischen Punkt geraten. Der drohende Kollaps des internationalen Bankensystems im Krisenjahr 2008 zwang die öffentliche Gewalt, die sich gerade aus der Wirtschaft hatte verabschieden wollen, ins Spiel zurückzukehren, aller Privatisierung und Deregulierung zum Trotz. Als Folge waren zugleich sämtliche unter hohen politischen Risiken erreichten Erfolge bei der Konsolidierung der öffentlichen Haushalte verloren. Seit 2008 stehen die Staaten mehr oder weniger ratlos vor der Aufgabe, das Trümmerfeld der Finanzkrise aufzuräumen und irgendeine Art von Ordnung wiederherzustellen – einer Aufgabe, die offenkundig nicht privatisierbar ist. Dabei erweist sich insbesondere in den Maßnahmen der Regierungen und ihrer Zentralbanken zur Rettung des privaten Bankensystems die Unterscheidung zwischen öffentlichem und privatem Geld als zunehmend unbrauchbar: Spätestens mit der Übernahme der faulen Kredite durch die Staaten musste sichtbar werden, wie nahtlos das eine in das andere übergeht. Heute ist es nahezu unmöglich, zu erkennen,

an der University of Chicago und erscheinen auf der Liste der Gewinner des sogenannten Nobelpreises in Ökonomie, der von der schwedischen Reichsbank verliehen wird.

Abb. 1.8

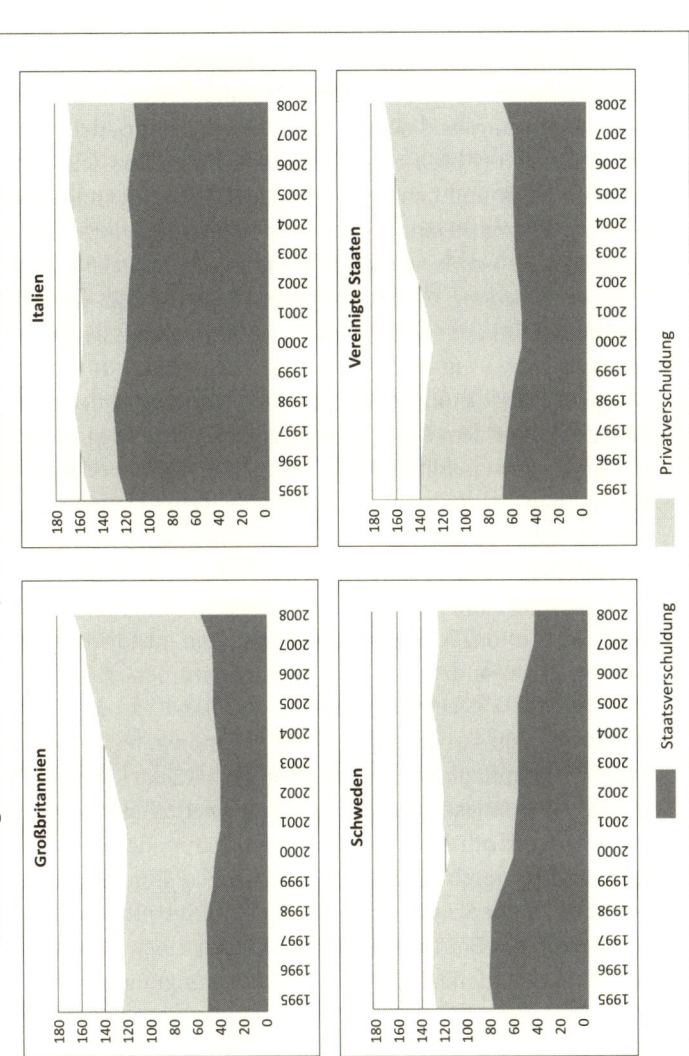

OECD National Accounts Statistics; OECD Economic Outlook: Statistics and Projections,
laufende Veröffentlichungen

was Staat ist und was Markt und ob die Staaten die Banken verstaatlicht oder die Banken den Staat privatisiert haben.[49]

Ich fasse zusammen. Gekaufte Zeit gab es in drei Formen und aufeinanderfolgenden Stufen. Paradigmatisch ist der Verlauf im Führungsland des modernen Kapitalismus, den Vereinigten Staaten (Abb. 1.9). Anfang der 1970er Jahre schoss die *Inflation* hoch und betrug 1980 nach starken Schwankungen rund 14 Prozent. Damit war der erste Wendepunkt erreicht: Die Inflation wurde unterdrückt, und an ihre Stelle trat die *Staatsverschuldung*, die bis 1993 rapide anstieg. Mit der Clintonschen Politik der Haushaltskonsolidierung ging sie dann in wenigen Jahren um mehr als zehn Prozentpunkte zurück; als Ausgleich beschleunigte sich der Anstieg der *Privatverschuldung*. Kurz vor dem Kollaps der Finanzindustrie begann dann eine erste Entschuldung der privaten Haushalte, bedingt vor allem durch Zahlungsunfähigkeit und begleitet von einem erneuten Anstieg der Staatsschulden bei einer gegen null gehenden Inflationsrate.

In Deutschland verlief die Krisensequenz wegen besonderer institutioneller Voraussetzungen und historischer Ereignisse etwas anders, folgte aber insgesamt derselben Logik (Abb. 1.10). Wie erwähnt hatte Deutschland in den 1970er Jahren nur sehr kurzzeitig eine hohe Inflationsrate; im Prinzip war hier die Inflation schon 1974, mit dem Rücktritt von Willy Brandt als Bundeskanzler, nach einem zweistelligen Lohnabschluss im öffentlichen Dienst beendet. Dafür stieg die Staatsverschuldung rasch an, mit der Folge, dass die Bundestagswahl 1980 bei einem Schuldenstand von allerdings nicht mehr als 30 Prozent des Sozialprodukts im Zeichen einer Staatsschuldendebatte stattfand. Nach der Wiedervereinigung Anfang der

---

49 Deutlich wurde dies unter anderem im Sommer 2012 in der Diskussion um das europäische Rettungspaket für die spanischen Banken. Die Doppelnatur des Geldes als Privateigentum und öffentliche Institution ist natürlich viel älter (Ingham 2004); sie liegt am Grund der Rätselhaftigkeit des Kapitalismus (Graeber 2011) und seiner letztendlichen Unbegreiflichkeit auch für seine Gewinnabhängigen.

Abb. 1.9

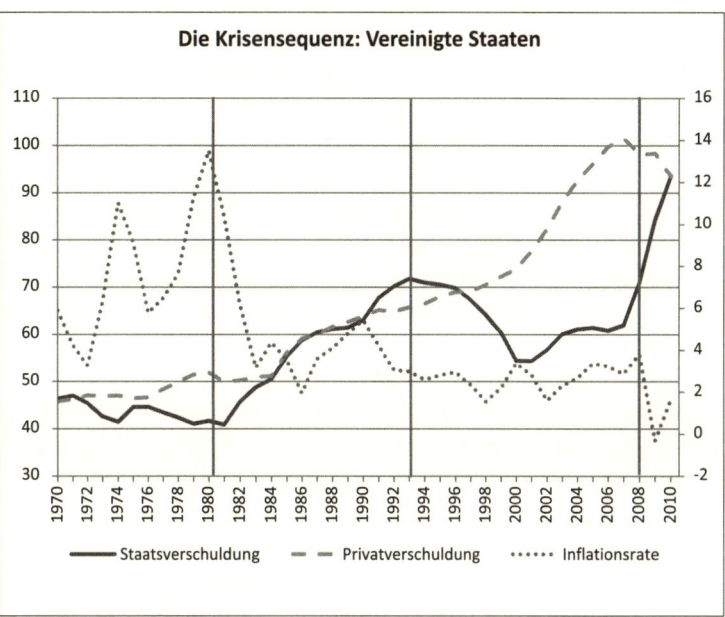

Die Krisensequenz: Vereinigte Staaten

—— Staatsverschuldung — — Privatverschuldung ⋯⋯ Inflationsrate

OECD National Accounts Statistics; OECD Economic Outlook: Statistics and Projections,
laufende Veröffentlichungen

1990er Jahre nahm die Staatsverschuldung weiter zu und mit ihr nun auch die Verschuldung der privaten Haushalte. Letztere ging zurück, als in den 2000er Jahren die Staatsverschuldung entgegen dem internationalen Trend nicht aufhörte zu steigen, und verhielt sich insofern weiterhin komplementär zu dieser. Allerdings nahm sie auch in den Jahren der insgesamt keineswegs erfolglosen Konsolidierungspolitik der Großen Koalition nach 2005 nicht zu, sondern sank im Gegenteil weiter.[50] Die Krise bewirkte wie in den USA einen erneuten Anstieg der Staatsverschuldung.

Auch in Schweden verhielten sich Inflation, Staatsverschuldung und Privatverschuldung über vier Jahrzehnte hinweg wie kommunizierende Röhren (Abb. 1.11). Der Rückgang der Inflation nach 1980 fiel mit einem Anstieg der Staatsverschuldung zusammen, der in der Mitte des Jahrzehnts in der ersten der zwei schweren Finanzkrisen des Landes nach dem Ende der Nachkriegszeit gipfelte. Die rasche Rückführung der Staatsschulden um mehr als 20 Prozentpunkte durch die konservative Regierung ließ freilich die Inflation neu aufleben und wurde zugleich durch diese ermöglicht. Ende der 1980er Jahre war wieder ein Wendepunkt erreicht, als bei sinkenden Inflationsraten die Staatsschulden von neuem rasch anstiegen. Die 1994 eingetretene zweite Finanzkrise mündete in eine lange Phase nachhaltiger Haushaltskonsolidierung bei konstant niedrigen Inflationsraten; Schweden wurde zum Vorbild der Konsolidierungsinternationale (Finansdepartementet 2001; Guichard et al. 2007; Henriksson 2007; Molander 2000; 2001). Als Ausgleich begann gleichzeitig ein langanhaltender Anstieg der Verschuldung der privaten Haushalte.

Alle drei nacheinander eingesetzten Methoden zur monetären Erzeugung von Wachstums- und Wohlstandsillusionen – Inflation, Staatsverschuldung und Privatverschuldung – funktionierten jeweils für eine begrenzte Zeit. Dann aber mussten sie aufgegeben werden, weil sie den Akkumulationsprozess

50 Zu den Besonderheiten des Verschuldungsverlaufs der deutschen Haushalte siehe in Kürze die Dissertation von Daniel Mertens (2013).

Abb. 1.10 und 1.11

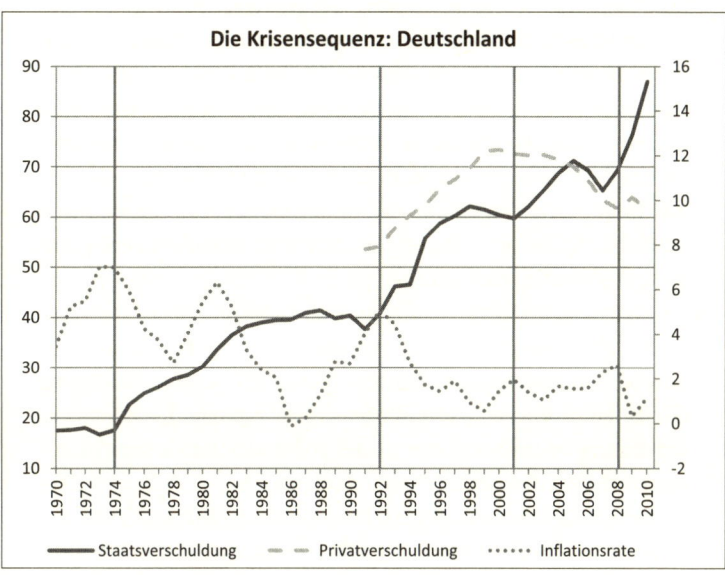

OECD National Accounts Statistics; OECD Economic Outlook: Statistics and Projections, laufende Veröffentlichungen

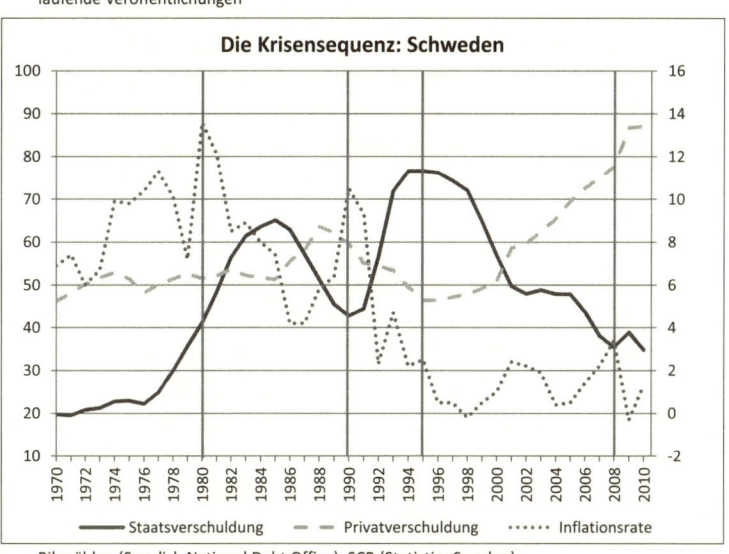

Riksgälden (Swedish National Debt Office), SCB (Statistics Sweden)

mehr zu behindern begannen, als dass sie ihn unterstützt hätten.[51] Unterdessen ging die neoliberale Revolution weiter und bestimmte die Bedingungen des jeweils nächsten Versuchs einer Reparatur der kapitalistischen Friedensformel. Jedes Mal, wenn ein solcher Versuch an sein Ende gekommen war, waren die Schäden beträchtlich, und die zu ihrer Behebung erforderlichen Maßnahmen wurden anspruchsvoller. Heute scheint, wie weiter unten zu diskutieren sein wird, die Lösung der noch immer anhaltenden Finanz- und Fiskalkrise nichts Geringeres zu erfordern als eine grundlegende Neubestimmung des Verhältnisses von Politik und Ökonomie mittels eines Totalumbaus des Staatensystems insbesondere in Europa, dem Herzland des modernen Wohlfahrtsstaats, wobei alles andere als sicher ist, ob derart tiefgreifende Veränderungen in der kurzen für eine Krisenlösung zur Verfügung stehenden Zeit überhaupt realisierbar sind.

Davon, wie die nächste Etappe aussehen könnte, kann man sich ein ungefähres Bild machen, wenn man sich den Entwicklungspfad des Nachkriegskapitalismus seit dem Ende der *trente glorieuses* noch einmal in Erinnerung ruft. Jeder der drei Übergänge zu einem neuen Modus der Legitimationsbeschaffung war mit Niederlagen der lohnabhängigen Bevölkerung verbunden, die es möglich machten, den Prozess der Liberalisierung weiter voranzutreiben: das Ende der In-

---

51 Inflation sowie Staats- und Privatverschuldung müssen nicht notwendig zu Krisen führen. Nominallohnsteigerungen im Vorgriff auf zukünftige Produktivitätszuwächse können als Produktivitätspeitsche wirken; Staatsschulden können Investitionen in Wachstum finanzieren, durch das sie dann zugleich abgezahlt und entwertet werden; und Kredit kann Wohlstand vorziehen, der anschließend erarbeitet wird. In allen drei Fällen hängt der Ausgang von der Reaktion der Eigentümer von Investitionskapital ab: Inflation kann zu galoppieren beginnen und dann Angst vor Vermögensverlusten und in ihrer Folge Kapitalflucht bewirken; Staatsverschuldung kann einen Punkt erreichen, an dem ihre Bedienung zweifelhaft wird; und dasselbe gilt für Privatverschuldung. Jedes Mal kommt es auf das »Vertrauen« der Kapitalgeber in die »Vernunft« der Akteure an – also in die Fähigkeit der Letzteren, sich in die »Psychologie« der Ersteren und ihre Gewinnerwartungen mitfühlend einzufühlen.

flation mit einer säkularen Schwächung der Gewerkschaften, der Beendigung ihrer Streikfähigkeit und dem Anfang einer bis heute anhaltenden strukturellen Dauerarbeitslosigkeit; die Konsolidierung der Staatsfinanzen in den 1990er Jahren mit tiefen Einschnitten in soziale Bürgerrechte, der Privatisierung öffentlicher Dienstleistungen und vielfältigen Formen der Kommerzialisierung der Daseinsvorsorge, bei denen private Versicherungsgesellschaften als Garanten sozialer Sicherheit an die Stelle von politischen Parteien und Regierungen traten; und das Ende des »Pumpkapitalismus« (Dahrendorf 2009) mit einem in seinen Ausmaßen noch nicht annähernd absehbaren Verlust von Ersparnissen und eingeplanten Kapitalerträgen sowie mit Arbeitslosigkeit, Unterbeschäftigung und weiteren Kürzungen staatlicher Leistungen im Zuge einer neuen Welle der Konsolidierung der öffentlichen Haushalte. Zugleich verlagerte sich die Arena des politisch-ökonomischen Verteilungskonflikts immer weiter weg von der Erfahrungswelt und den politischen Einwirkungsmöglichkeiten der Frau und des Mannes »auf der Straße«: vom jährlichen Lohnkonflikt im Betrieb zu periodischen Wahlen von Parlamenten und Regierungen hin zu privaten Kredit- und Versicherungsmärkten und schließlich zu einer vom Alltagsleben völlig abgehobenen internationalen Finanzdiplomatie, deren Gegenstände und Strategien für alle außer den unmittelbar Beteiligten und vielleicht selbst für diese ein Buch mit sieben Siegeln sind.

In der Verlängerung des Weges der letzten knapp vierzig Jahre liegt, wie ich zeigen werde, der Versuch einer endgültigen Freisetzung der kapitalistischen Wirtschaft und ihrer Märkte, nicht von den Staaten, auf die sie in vielfacher Weise zur Absicherung angewiesen bleiben, aber von der Demokratie als Massendemokratie, wie sie zum Regime des demokratischen Kapitalismus gehörte. Heute scheinen die Mittel zur Beherrschung von Legitimationskrisen durch Erzeugung von Wachstumsillusionen ausgeschöpft; insbesondere der mit Hilfe einer entfesselten Finanzindustrie produzierte Geldzauber der letzten beiden Jahrzehnte ist wohl endgültig zu gefährlich geworden, als dass man es noch einmal wagen könnte, mit ihm Zeit zu kaufen. Wenn nicht noch ein Wachstumswunder geschieht, wird der Kapitalismus der Zukunft ohne die Friedensformel eines auf Pump finanzierten Konsumerismus auskommen müssen. Die Utopie des gegenwärtigen Krisenmanagements ist denn auch die mit politischen Mitteln betriebene Vollendung der schon weit vorangekommenen Entpolitisierung der politischen Ökonomie, zementiert in reorganisierten Nationalstaaten unter der Kontrolle internationaler, gegen demokratische Beteiligung isolierter Regierungs- und Finanzdiplomatie, mit einer Bevölkerung, die in langen Jahren hegemonialer Umerziehung gelernt haben müsste, die Verteilungsergebnisse sich selbst überlassener Märkte für gerecht oder doch für alternativlos zu halten.

II.
Neoliberale Reform: Vom Steuerstaat zum Schuldenstaat

Die standardökonomische Theorie der Politik, nicht zu verwechseln mit der politischen Theorie der Ökonomie in der Tradition des Marxismus, erklärt die Krise der Staatsfinanzen durch ein Versagen der Demokratie. Sie ist eine mehr oder weniger formalisierte Version der konservativen Überforderungs- oder Unregierbarkeitsvariante der Theorie der Legitimationskrise. Ihre bevorzugte Erzählung ist die vom überbeanspruchten *common pool*: von der zugrunde gewirtschafteten Allmende (Alesina und Perotti 1999; Poterba und von Hagen 1999). Diese Denkfigur ist alt, wenn auch vielleicht nicht ehrwürdig. Erfunden wurde sie im 19. Jahrhundert zur Verteidigung der in der Regel gewaltsamen Privatisierung von mittelalterlichem Gemeineigentum im Zuge des Übergangs zum modernen Kapitalismus, von Marx als »ursprüngliche Akkumulation« beschrieben (Marx 1966 [1867], Kap. 24), für die sie eine effizienztheoretische Rechtfertigung liefert (North und Thomas 1973).

Finanzkrise durch Demokratieversagen?

Kurz zusammengefasst, laufen die zahlreichen Versionen der unendlichen Geschichte von dem, was auch *tragedy of the commons* – die »Tragödie der Allmende« – genannt wird (Hardin 1968), darauf hinaus, dass eine Ressource, die niemandem als Privateigentum gehört und auf die alle Mitglieder einer Gemeinschaft freien Zugriff haben, aus ebendiesem Grund sehr bald erschöpft sein wird – überweidet, überfischt, ausgeplündert von individuell rational handelnden Akteuren, die der Versuchung nicht widerstehen können, mehr aus dem gemeinsamen Vorrat zu entnehmen, als sie hineingeben und er auf Dauer hergeben kann. Öffentliche Finanzen erscheinen aus dieser Perspektive als *common pool* und die Demokratie als Lizenz für die Bürger, denselben nach Belieben auszubeuten. Da Politiker, die ihre Ämter durch Wahlen erringen, ebenso wie ihre Wähler rational im Sinne der Standardökonomie handeln, also egoistisch, geben sie dem Druck der Mehrheit nach und bedienen deren Forderungen, ohne sich um die Begrenztheit der verfügbaren Ressourcen zu kümmern. Lieber lassen sie sich im Kampf um Wählerstimmen dazu hinreißen, die Illusion zu kultivieren, dass die gemeinsamen Vorräte unerschöpflich seien. Ins Amt gekommen, verleitet sie ihr Wunsch nach Wiederwahl dazu, mehr auszugeben, als der Staat einnimmt. Die Folge sind chronische Haushaltsdefizite, die sich zu immer höheren Schuldenbergen auftürmen.

Aus Sicht der standardökonomischen Theorie ist die Krise der Staatsfinanzen Ergebnis ungeklärter Eigentums- und damit Verantwortungsverhältnisse. Diese wiederum sind einem Versagen der Demokratie zuzurechnen, genauer: der Erstreckung demokratischer Beschlussrechte auf Probleme, auf die sie nicht passen. Die Behebung der Fiskalkrise erfordere deshalb eine Abschirmung der öffentlichen Finanzen gegen demokratisch generierte Forderungen und letztlich eine Verkleinerung der durch Besteuerung eingerichteten gesellschaftlichen Allmende. Dies ist, wie deutlich werden wird, eine herrschende Lehre von erheblicher materieller Gewalt. Ich möchte ihr widersprechen, indem ich eine alternative und, wie ich meine, realitätsgerechtere Kausalgeschichte der gegenwärtigen Staatsverschuldung entwickele. Auch diese läuft am Ende auf eine Art von *Common-pool*-Theorie und eine Theorie des Demokratieversagens hinaus, allerdings werden beide sozusagen vom Kopf auf die Füße gestellt.

Leiden die öffentlichen Finanzen des demokratischen Kapitalismus an einem Zuviel an Demokratie? Verfolgt man die Entwicklung der Fiskalkrise von der Gegenwart aus zurück, so hat der dramatischste Verschuldungssprung seit dem Zweiten

Weltkrieg, der von 2008 und danach (Abb. 2.1), offenkundig überhaupt nichts mit einer demokratisch ermächtigten Anspruchsinflation bei den Wahlbürgern zu tun. Wenn gestiegene Ansprüche im Spiel waren, dann kamen sie von den in Schieflage geratenen Großbanken, denen es gelang, sich als »*too big to fail*« – als »systemrelevant« – und deshalb politisch rettungswürdig darzustellen, nicht zuletzt mithilfe ihrer zahlreichen Einflussagenten in den Staatsapparaten, wie des ehemaligen Goldman-Sachs-Chefs und Finanzministers von George W. Bush, Hank Paulsen.[1] Ausgenutzt haben sie dabei die Angst der Bürger und Regierungen vor einem Absturz der Realwirtschaft, die einem kostspieligen Rettungskeynesianismus den Weg bereitete, bei dem es statt um frivole Selbstbereicherung von Wählermassen aus herrenlosem Eigentum um die Verhinderung kollektiver Verarmung ging. Die dennoch eingetretenen Wachstumsverluste erhöhten die Schuldenquote zahlreicher Staaten noch über die zusätzlichen Ausgaben für Konjunkturprogramme und Bankenrettung hinaus. Dass die Verschärfung der Fiskalkrise nach 2008 nicht auf zu viel Demokratie zurückzuführen ist, sondern auf die Finanzkrise, zeigen übrigens quantitative Untersuchungen, die einen positiven Zusammenhang zwischen der Größe des Finanzsektors eines Landes und dem Ausmaß der Neuverschuldung nach der Krise gefunden haben (Schularick 2012).

Überhaupt hing, wie wir gesehen haben, die Wucherung der Finanzwirtschaft im letzten Drittel des 20. Jahrhunderts auf vielfache Weise mit der fiskalischen Krise der reichen Demokratien zusammen. Die Deregulierung und Aufblähung des Finanzsektors in den USA begannen in den 1980er Jahren, als die Reagan-Regierung mit einem Rückgang des Wirtschaftswachstums und den fiskalischen Folgen ihrer Steuersenkungen fertigwerden musste (Krippner 2011). Die Entfesselung

---

1 Zur »Anspruchsinflation des Wirtschaftssystems« siehe Beckert (2009). Die Literatur über die Bank Goldman Sachs füllt mittlerweile Regale. Ein gut recherchierter journalistischer Artikel ist Taibbi, *The Great American Bubble Machine* (2009). Siehe auch Streeck (2012b).

der Geldindustrie sollte zum einen für Kapitalimporte aus dem Ausland sorgen, die das schon damals chronische Leistungsbilanzdefizit der USA ausgleichen und dadurch den Lebensstandard der Bevölkerung kreditfinanziert sichern sollten.[2] Zum anderen sollte sie es dem Staat ermöglichen, seine eigenen Defizite zu finanzieren. Diese wiederum hingen zum Teil mit der Beendigung der Inflation zu Beginn der 1980er Jahre durch die Hochzinspolitik der amerikanischen Zentralbank zusammen, die der laufenden Entwertung der Staatsschulden ein Ende setzte und zugleich, als Folge der von ihr verursachten Wirtschafts- und Beschäftigungskrise, wachsende Forderungen an die Systeme der sozialen Sicherung auslöste. Im Übrigen versprach man sich von der Deregulierung der Finanzbranche eine Führungsrolle im »Strukturwandel« zur »Dienstleistungs-« und »Wissensgesellschaft«, verbunden mit gesamtwirtschaftlichem Wachstum und, nicht zuletzt, höheren Steuereinnahmen.

Weiter vorangetrieben wurde die Finanzialisierung dann durch die Regierung Clinton und deren spektakulär erfolgreiche Maßnahmen zur Konsolidierung der Staatsfinanzen (Stiglitz 2003). Dass der amerikanische Bundeshaushalt gegen Ende des Jahrhunderts für einen kurzen Zeitraum in der Tat einen Überschuss auswies, war unter anderem durch harte Einschnitte in die Sozialausgaben möglich geworden. Die verstärkt betriebene finanzielle Deregulierung ermöglichte das Stopfen der durch die staatliche Konsolidierungspolitik gerissenen Lücken mittels einer rapiden Ausweitung der Verschuldungsmöglichkeiten insbesondere der privaten Haushalte, wo sinkende oder stagnierende Arbeits- und Transfereinkommen sowie steigende Aufwendungen für »selbstverantwortliche« Eigenvorsorge die Hinnahme der Liberalisierung der Wirtschaft durch die Bevölkerung hätten gefährden können – eine

2 Dies begann schon unter Richard Nixon in Form von Bemühungen der US-Regierung, Länder wie Saudi-Arabien dafür zu gewinnen, ihre Überschüsse aus dem Ölgeschäft in den Vereinigten Staaten anzulegen (Spiro 1999).

Abb. 2.1

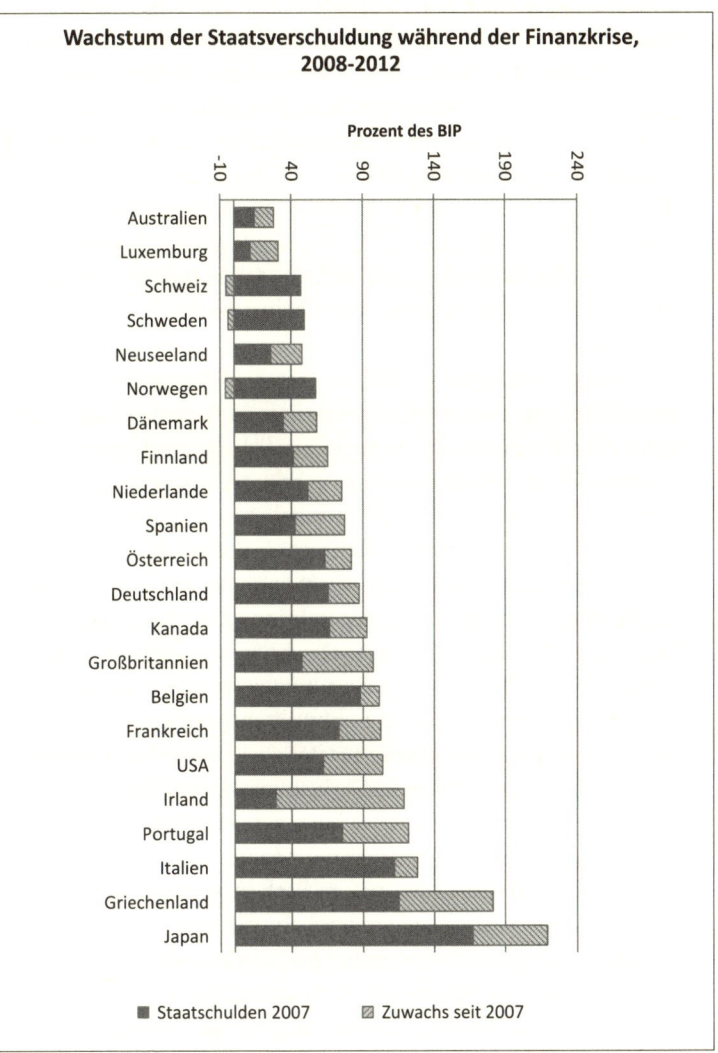

Wachstum der Staatsverschuldung während der Finanzkrise, 2008-2012

Prozent des BIP

-10 · 40 · 90 · 140 · 190 · 240

Australien
Luxemburg
Schweiz
Schweden
Neuseeland
Norwegen
Dänemark
Finnland
Niederlande
Spanien
Österreich
Deutschland
Kanada
Großbritannien
Belgien
Frankreich
USA
Irland
Portugal
Italien
Griechenland
Japan

■ Staatschulden 2007   ▨ Zuwachs seit 2007

OECD Economic Outlook: Statistics and Projections, laufende Veröffentlichungen

83

Wende in der Wirtschaftsgeschichte des demokratischen Kapitalismus, die unter Bush II in der Politik des lockeren Geldes nach dem 11. September und der Förderung von Hauseigentum auch für die Armen durch Vergabe von *subprime mortgages* – Gewährung von Immobilienkrediten an Personen, die diese mit hoher Wahrscheinlichkeit nicht würden abzahlen können – ihre Fortsetzung fand.

Kapitalismus und Demokratie in der neoliberalen Revolution

Vor diesem Hintergrund fällt es schwer, in der seit der zweiten Hälfte der 1970er Jahre gewachsenen Verschuldung der westlichen Demokratien ein Ergebnis demokratischen Drucks auf Parteien und Regierungen zu erkennen, wie von der *Common-pool*-Theorie suggeriert. Tatsächlich erweisen sich Auf-, Ab- und Wiederaufbau der öffentlichen Verschuldung als eng mit dem Sieg des Neoliberalismus über den Nachkriegskapitalismus verknüpft, der mit einer politischen *Entmachtung* der Massendemokratie einherging. Die ersten ernsthaften Haushaltsdefizite in den 1980er Jahren folgten auf die Disziplinierung der gewerkschaftlichen Lohnmilitanz und die Durchsetzung hoher Arbeitslosigkeit. Letztere wiederum legitimierte einschneidende Reformen der Arbeitsmärkte und der sozialen Sicherungssysteme, die im Zeichen einer angeblich überfälligen »Flexibilisierung« marktregulierender Institutionen auf eine Fundamentalrevision des Gesellschaftsvertrags der Nachkriegsjahrzehnte hinausliefen. Ich habe die hier angesprochenen Entwicklungen im ersten Teil in Umrissen skizziert.

Sichtbarster Ausdruck des durchschlagenden Erfolgs der neoliberalen Revolution ist der kontinuierliche Anstieg der Ungleichheit der Einkommen und Vermögen in den Ländern des demokratischen Kapitalismus. Wäre der Zuwachs der Staatsverschuldung Ergebnis massendemokratischer Ermächtigung, dann wäre nicht zu erklären, wie gleichzeitig eine radikale Umverteilung von Wohlstand und Wohlstandschancen von unten nach oben hat stattfinden können. Was etwa die Verteilung der Einkommen angeht, so ist diese über die Jahre hinweg nicht nur in Ländern mit relativ hoher Ungleichheit, wie Italien, Großbritannien und den Vereinigten Staaten, kontinuierlich ungleicher geworden, sondern auch in vergleichsweise egalitären Ländern wie Schweden und Deutschland (siehe oben, Abb. 1.3).[3] Für Deutschland habe ich plausibel zu machen versucht, dass diese Entwicklung eng mit der allmählichen Desintegration des überbetrieblichen Lohnfindungssystems und dem damit verbundenen Machtverlust der Gewerkschaften zusammenhing (Streeck 2009b, 41 ff.). Sehr viel präziser haben Bruce Western und Jake Rosenfeld den negativen Zusammenhang zwischen gewerkschaftlicher Verhandlungsmacht und Einkommensungleichheit am amerikanischen Fall nachgewiesen (Western und Rosenfeld 2011).

Thomas Kochan, einer der führenden Arbeitsmarktforscher der Vereinigten Staaten, spricht angesichts der Lohnentwicklung in den USA seit dem Ende der 1970er Jahre von einem Auseinanderbrechen des amerikanischen Gesellschaftsvertrags und verweist darauf, dass bis dahin Produktivität, Haushaltseinkommen und durchschnittliche Stundenlöhne im Gleichschritt zugenommen haben (1945 = 100, 1975 = 200). Danach jedoch stieg die Produktivität kontinuierlich in gerader Linie weiter und lag 2010 bei 400, während die durchschnittlichen Stundenlöhne bei rund 200, also auf dem Stand von 1975 bis 1980 verharrten. Zwar stiegen die Haushaltseinkommen auf knapp 250, aber nur, weil die Haushalte wegen der erhöhten weiblichen Erwerbsbeteiligung und längerer Arbeitszeiten eine höhere Stundenzahl an den Arbeitsmarkt

3 Abweichend verlief die Entwicklung nur in Frankreich, wo der Gini-Koeffizient von 1985 bis 1995 leicht zurückging und danach auf nur wenig höherem Niveau verharrte. Die derzeit unter dem Druck der »Märkte« anstehenden »Reformen« lassen jedoch erwarten, dass sich auch in Frankreich die Lage bald normalisieren wird, ungeachtet der parteipolitischen Herkunft von Präsident und Regierung.

abgaben (Kochan 2012a; b). Die Zahlen zeigen, dass die Haushalte der Arbeitnehmer in den Vereinigten Staaten seit den 1980er Jahren gemessen am Fortschritt der Produktivität so gut wie nichts hinzugewonnen haben, und zwar trotz gewachsenen Arbeitseinsatzes, höherer Arbeitsintensität, gestiegenen Flexibilitätsanforderungen und ständiger Verschlechterung der Beschäftigungsbedingungen.

Ganz anders stellt sich die Situation für die Residualeinkommen der Eigner und Verwalter großer Kapitalien dar. Am 26. März 2012 berichtete Steven Rattner in der *New York Times*, dass nicht weniger als 93 Prozent des im Jahr 2010 erwirtschafteten Zuwachses des Sozialprodukts – 288 Milliarden US-Dollar – an das oberste eine Prozent der Steuerzahler gegangen waren, und 37 Prozent des Zuwachses an die obersten 0,1 Prozent, deren Einkommen damit um 22 Prozent zunahm. Auch als Folge zahlreicher aufeinanderfolgender Steuersenkungen sei es dem obersten einen Prozent »in jeder wirtschaftlichen Aufschwungphase der letzten zwei Jahrzehnte immer besser« gegangen: »In der Wachstumsphase unter der Clinton-Regierung gingen 45 Prozent des gesamten Einkommenszuwachses an das oberste eine Prozent; in der Ära Bush waren es 65 Prozent; jetzt sind es 93 Prozent.«[4] Das inflationsbereinigte Nettovermögen der amerikanischen Durchschnittsfamilie, so die *New York Times* am 12. Juni, war dagegen 2010, nach dem Zusammenbruch des Häusermarktes, auf das Niveau von 1990 zurückgefallen.

Welche Zahlen man auch immer heranzieht, um die historisch beispiellose Umverteilung von unten nach oben zu beschreiben, die sich im Zuge der neoliberalen Revolution in den Vereinigten Staaten abgespielt hat, sie zeigen immer dasselbe. Wie Larry Mishel vom Economic Policy Institute berechnet hat, gingen 81,7 Prozent des Vermögenszuwachses in den Vereinigten Staaten zwischen 1983 und 2009 an die obersten fünf Prozent, während die unteren sechzig Prozent Vermögen

4 Etwas ältere, aber genauso erstaunliche Zahlen finden sich bei Hacker und Pierson (2010; 2011).

in Höhe von 7,5 Prozent des Vermögenszuwachses *verloren*. Was die Bezahlung der Unternehmensführer angeht, so lag laut *New York Times* vom 7. April 2012 im Krisenjahr 2011 die »Kompensation« der hundert höchstbezahlten Manager der USA im Mittel bei 14,4 Millionen Dollar, was dem 320fachen des amerikanischen Durchschnittseinkommens entsprach. Vergleichszahlen mit den 1970er Jahren sind nicht einfach zu beschaffen; es kann aber kein Zweifel daran bestehen, dass die Spitzeneinkommen in den Unternehmen in den letzten zwei bis drei Jahrzehnten geradezu explodiert sind, und dies nicht nur in den USA.[5]

Wie gründlich der neoliberal reformierte Kapitalismus dabei ist, den demokratischen Sozialstaatskapitalismus der 1960er und 1970er Jahre zu verdrängen, lässt sich daran erkennen, dass parallel zu seinem Vordringen auch die Beteiligung der Bürger an demokratischen Wahlen stetig und teilweise dramatisch zurückging, und zwar vor allem bei denen, die am meisten an staatlichen Leistungen und staatlich durchgesetzter wirtschaftlicher Umverteilung von oben nach unten interessiert sein müssten (Schäfer 2010; Schäfer und Streeck 2013). In allen westlichen Demokratien nahm die Wahlbeteiligung in den 1950er und 1960er Jahren zu, um dann bis heute um im Durchschnitt nicht weniger als zwölf Prozentpunkte zu fallen (Abb. 2.2). Der Trend ist universell, und es gibt keine Anzeichen für eine bevorstehende Wende. Mehr als die Hälfte der nationalen Wahlen mit der niedrigsten Beteiligung nach dem Krieg fanden nach 2000 statt. Je kürzer eine Wahl zurückliegt, desto wahrscheinlicher ist es, dass die Wahlbeteiligung die geringste der gesamten Nachkriegszeit war. Die Beteiligung an regionalen und lokalen Wahlen ist regelmäßig noch niedriger als an Wahlen auf nationaler Ebene und ist, wenigstens in Deutschland (Abb. 2.3), eher noch stärker zurückgegangen.

---

5 Siehe die Zahlen in Streeck (1997). Dass Deutschland auf dem besten Weg ist, zu den Vereinigten Staaten aufzuschließen, zeigt der Fall des Vorstandsvorsitzenden von Volkswagen, Martin Winterkorn, der sich für 2011 ein Gehalt von insgesamt 18,3 Millionen Euro bewilligen konnte.

Am niedrigsten ist die Beteiligung an den Wahlen zum Europäischen Parlament.

Anders als unter Berufung auf die revisionistischen Demokratietheorien der 1960er Jahre (Lipset 1963 [1960]) noch immer behauptet wird, bedeutet eine sinkende Wahlbeteiligung nicht, dass die Bürger mit dem Lauf der Dinge zufrieden wären und deshalb darauf verzichteten, sich in ihn einzumischen. Wie Armin Schäfer gezeigt hat (Schäfer 2010; 2011), ist die Wahlbeteiligung bei Wahlberechtigten mit niedrigem Einkommen und aus unteren sozialen Schichten am niedrigsten und ihr Rückgang am steilsten. So lässt sich überall eine starke negative Korrelation zwischen Wahlbeteiligung und regionaler Arbeitslosen- und Sozialhilfequote beobachten. In deutschen Großstädten hat die Streuung der Wahlbeteiligung zwischen Stadtvierteln bei allen Wahlen seit den 1970er Jahren stetig zugenommen und ist in sozioökonomisch zurückbleibenden Wohngebieten (mit hohem Einwandereranteil, hoher Arbeitslosigkeit, niedrigen Einkommen usw.) mittlerweile so niedrig, dass die Parteien zunehmend darauf verzichten, dort überhaupt noch Wahlwerbung zu betreiben[6] – was die Wahlbeteiligung am unteren Rand der Gesellschaft weiter senkt und die Wahlplattformen der Parteien weiter »zur Mitte« hin verschiebt.

Alles spricht dafür, dass die sinkende Wahlbeteiligung in den kapitalistischen Demokratien nicht durch Zufriedenheit zu erklären ist, sondern durch Resignation: Vor allem die Verlierer der neoliberalen Wende sehen nicht mehr, was sie sich von einem Wechsel der regierenden Parteien versprechen sollen. Die TINA-Politik der »Globalisierung« – *There Is No Alternative* – ist so längst am Boden der Gesellschaft angekommen: Wahlen machen, insbesondere in den Augen derjenigen, die auf politische Unterschiede angewiesen wären, keinen Unterschied mehr. Je weniger Hoffnung sie auf Wahlen setzen, desto weniger müssen die, die es sich leisten können, ihre Hoffnung

6 Für eine journalistische Darstellung dieses Zusammenhangs siehe Schlieben (2012).

Abb. 2.2 und 2.3

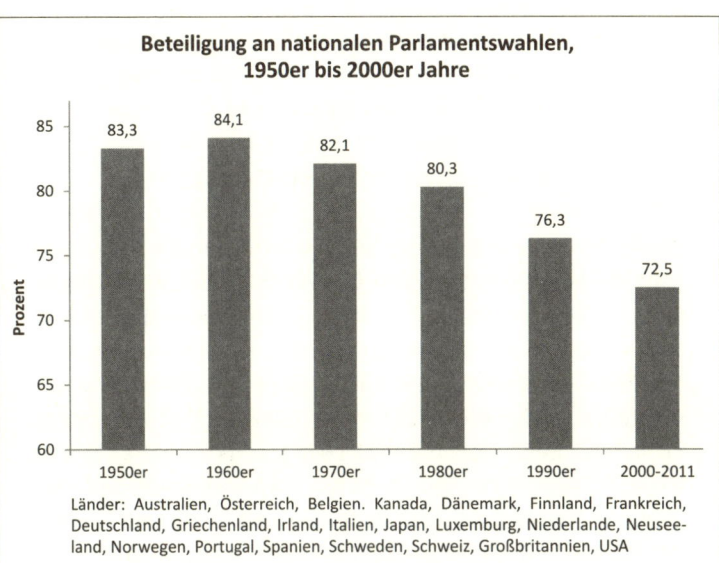

Beteiligung an nationalen Parlamentswahlen, 1950er bis 2000er Jahre

Länder: Australien, Österreich, Belgien. Kanada, Dänemark, Finnland, Frankreich, Deutschland, Griechenland, Irland, Italien, Japan, Luxemburg, Niederlande, Neuseeland, Norwegen, Portugal, Spanien, Schweden, Schweiz, Großbritannien, USA

International Institute for Democracy and Electoral Assistance (IDEA), Voter Turnout Database

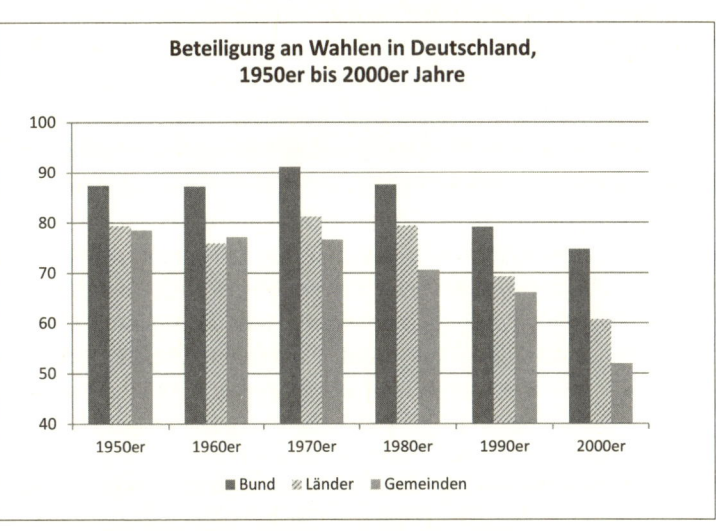

Beteiligung an Wahlen in Deutschland, 1950er bis 2000er Jahre

Armin Schäfer, Demokratie im Zeitalter wirtschaftlicher Liberalisierung, www.mpifg.de/projects/demokratie/Daten/Wahldaten

auf den Markt zu setzen, befürchten, dabei durch politische Eingriffe gestört zu werden. Die politische Resignation der Unterschichten schützt den Kapitalismus vor der Demokratie und stabilisiert die neoliberale Wende, auf die sie zurückgeht.

Exkurs: Kapitalismus und Demokratie

An dieser Stelle möchte ich einige allgemeine Überlegungen zum Verhältnis von Kapitalismus und Demokratie, von Märkten und demokratischer Politik und von Neoliberalismus und staatlicher Gewalt einschieben. Es ist oft gezeigt worden, dass der Neoliberalismus einen *starken* Staat braucht, der gesellschaftliche und insbesondere gewerkschaftliche Forderungen nach Eingriffen in das freie Spiel der Marktkräfte abzuwehren vermag. Dies wird in dem Buch von Andrew Gamble mit dem Titel *The Free Economy and the Strong State* (1988) am Beispiel der Thatcher-Regierung überzeugend herausgearbeitet. Mit einem *demokratischen* Staat dagegen ist der Neoliberalismus unvereinbar, sofern unter Demokratie ein Regime verstanden wird, das im Namen seiner Bürger mit öffentlicher Gewalt in die sich aus dem Marktgeschehen ergebende Verteilung wirtschaftlicher Güter eingreift – ein Regime also, wie es auch von der *Common-pool*-Theorie des fiskalischen Staatsversagens kritisch betrachtet wird.

Letztendlich geht es hier um nichts anderes als um ein sehr altes Spannungsverhältnis zwischen Kapitalismus und Demokratie. Zu Zeiten des Kalten Krieges war es ein Gemeinplatz des offiziellen politischen Diskurses, dass Demokratie ohne Kapitalismus – oder, was dasselbe war, ohne wirtschaftlichen Fortschritt – nicht möglich sei, ebenso wenig wie Kapitalismus ohne Demokratie.[7] In den Zwischenkriegsjahren hatte man

7 Ein prominenter Vertreter dieser Position, die eng mit der Theorie der »Modernisierung« zusammenhing, war Seymour Martin Lipset (1963 [1960]). Chile nach Allende sowie China seit Deng Xiaoping gehören zu den aktuelleren Gegenbeispielen.

das noch anders gesehen: Während das Bürgertum sich davor fürchtete, als natürliche Minderheit von einer demokratisch gewählten Mehrheitsregierung enteignet zu werden, die nichts anderes sein konnte als eine Arbeiterregierung, rechnete die radikale Linke jederzeit mit einem antidemokratischen Putsch einer Koalition aus Kapital, Militär und Aristokratie und sah die faschistischen Regime der 1920er und 1930er Jahre als Beweis einer grundsätzlichen Unvereinbarkeit von demokratischer Politik und kapitalistischer Wirtschaft. Praktisch ergab sich hieraus, spiegelbildlich zur »bürgerlichen« Lösung des Problems durch eine Diktatur von rechts, die Notwendigkeit einer Räte- oder Sowjetdemokratie, einer »Diktatur des Proletariats« oder einer »Volksdemokratie«, wobei die Bezeichnungen je nach theoretischer und politischer Konjunkturlage wechselten. Vor diesem Hintergrund erscheint die Tatsache alles andere als selbstverständlich, dass es in der Nachkriegszeit gelang, in den Ländern des Westens eine kapitalistische Wirtschaft mit einem demokratischen politischen System zu verbinden, und zwar mit einem, das seine Legitimität daraus herleitete, dass es zugunsten der lohnabhängigen Mehrheit seiner Bürger um demokratisch beschlossener kollektiver Ziele willen direkt und laufend in das Funktionieren der Marktwirtschaft intervenierte.

Der demokratische Kapitalismus der Nachkriegszeit zeichnete sich dadurch aus, dass in seiner politischen Ökonomie zwei konkurrierende Verteilungsprinzipien zugleich institutionalisiert waren, die ich als *Marktgerechtigkeit* und *soziale Gerechtigkeit* bezeichnen möchte. Unter *Marktgerechtigkeit* verstehe ich die Verteilung des Produktionsergebnisses nach der Bewertung der individuellen Leistungen der Beteiligten durch den Markt, ausgedrückt durch ihre relativen Preise. Maßstab marktgerechter Belohnung ist die Grenzproduktivität, also der Marktwert der letzten abgenommenen Leistungseinheit unter Wettbewerbsbedingungen (Böhm-Bawerk 1968 [1914]). *Soziale Gerechtigkeit* dagegen bemisst sich an kulturellen Normen und stützt sich auf Status- statt auf Vertragsrecht.

Sie folgt kollektiven Vorstellungen von Fairness, Billigkeit und Reziprozität, konzediert Ansprüche auf ein Mindestniveau der Lebenshaltung unabhängig von wirtschaftlicher Leistung und Leistungsfähigkeit und kennt Bürger- und Menschenrechte, etwa auf Gesundheit, soziale Sicherheit, Teilhabe am Leben der Gemeinschaft, Beschäftigungsschutz, gewerkschaftliche Organisierung usw.

Weder Markt- noch soziale Gerechtigkeit sind unkontrovers. Mit der Frage, welche Voraussetzungen erfüllt sein müssen, damit Wettbewerb fair ist und sein Ergebnis als gerecht gelten kann, hat sich schon Émile Durkheim beschäftigt (Durkheim 1977 [1893]). In der Praxis allerdings unterstellt die ökonomische Standardtheorie, dass die meisten Märkte hinreichend »perfekt« sind, damit das, was sich als ihr Ergebnis ergibt, als ebenso gerecht wie effizient gelten kann. Schwieriger ist es mit der sozialen Gerechtigkeit, deren Substanz »sozial konstruiert«, also in kulturellen und politischen Diskursen bestreitbar und historisch wandelbar ist. Was marktgerecht ist, entscheidet der Markt und drückt es in Preisen aus; was sozial gerecht ist, wird macht- und mobilisierungsgewichtet im politischen Prozess entschieden und findet seinen Ausdruck in formalen und informellen Institutionen. In dem Maße, wie eine Gesellschaft sich selbst durch die Brille der ökonomischen Standardtheorie sieht bzw. sich von dieser dazu überreden lässt, kann sie im Grenzfall Marktgerechtigkeit als soziale Gerechtigkeit akzeptieren und so die Spannung zwischen beiden aufheben.[8] Eine Variante dieser Lösung besteht darin, mit Friedrich von Hayek den Begriff der sozialen Gerechtigkeit als

8 Auf der individuellen Ebene bewirkt die an den Universitäten gelehrte Wirtschaftstheorie dies bei den meisten ihrer Adepten mit erstaunlicher Effektivität. Dasselbe Ziel verfolgt »die Wirtschaft« mit ihrer Forderung nach »Wirtschaftsunterricht« in den Schulen: also abprüfbare, mit Zeugnisnoten prämiierte moralische Umerziehung, inszeniert als Einweihung in positive, »wertfreie« Theorie. Siehe auch den Bericht in der *Frankfurter Allgemeinen Zeitung* vom 9. August 2012 über einen Vortrag von Ben Bernanke, dem Chef der amerikanischen Zentralbank, vor einer Gruppe ausgewählter Lehrer, mit dem Titel »Märkte sind wunderbar«.

solchen für unbrauchbar zu erklären[9] und politische und ökonomische Institutionen so einzurichten, dass Irritationen der Marktgerechtigkeit durch Forderungen nach sozialer Gerechtigkeit von vornherein ausgeschlossen sind.

Wie dem auch sei, aus der Perspektive der Marktgerechtigkeit liegt in der Möglichkeit, dass Vorstellungen von sozialer Gerechtigkeit sich auf dem Weg über demokratische Mehrheitsbildung der Staatsgewalt bemächtigen und dann mit deren Hilfe das Marktgeschehen laufend verzerren könnten, eine ständige Gefahr. Soziale Gerechtigkeit ist materialer, nicht formaler Art und kann deshalb aus Sicht der formalen Rationalität des Marktes nur als irrational, unberechenbar und willkürlich erscheinen – ein Gedanke, der sich schon bei Max Weber findet.[10] Politik, die von Forderungen nach sozialer Gerechtigkeit getrieben wird, bringt demzufolge den Marktprozess durcheinander, verunreinigt seine Ergebnisse, schafft falsche Anreize und *moral hazards*, unterminiert das Leistungsprinzip und ist generell »wirtschaftsfremd«. Andererseits ist aus der Perspektive der sozialen Gerechtigkeit der »demokratische Klassen-

---

9 »Womit wir es im Falle der sozialen Gerechtigkeit zu tun haben, ist einfach ein quasi-religiöser Aberglaube von der Art, daß wir ihn respektvoll in Frieden lassen sollten, solange er lediglich seine Anhänger glücklich macht, den wir aber bekämpfen müssen, wenn er zum Vorwand wird, gegen andere Menschen Zwang anzuwenden. Und der vorherrschende Glaube an soziale Gerechtigkeit ist gegenwärtig wahrscheinlich die schwerste Bedrohung der meisten anderen Werte einer freien Zivilisation« (Hayek 1981, 98).

10 »Dagegen ist der Begriff der materialen Rationalität durchaus vieldeutig. Er besagt lediglich dies Gemeinsame: daß eben die Betrachtung sich mit der rein formalen (relativ) eindeutig feststellbaren Tatsache: daß zweckrational, mit technisch tunlichst adäquaten Mitteln, gerechnet wird, nicht begnügt, sondern ethische, politische, utilitarische, hedonische, ständische, egalitäre oder irgendwelche anderen Forderungen stellt und daran die Ergebnisse des – sei es auch formal noch so ›rationalen‹, das heißt rechenhaften – Wirtschaftens wertrational oder material zweckrational bemißt. Der möglichen, in diesem Sinn rationalen, Wertmaßstäbe sind prinzipiell schrankenlos viele, und die unter sich wiederum nicht eindeutigen sozialistischen und kommunistischen, in irgendeinem Grade stets: ethischen und egalitären, Wertmaßstäbe sind selbstverständlich nur eine Gruppe unter dieser Mannigfaltigkeit« (Weber 1956, 60).

kampf« (Korpi 1983) eine unerlässliche Korrektur in einem System, das auf ungleichen Verträgen zwischen Lohn- und Gewinnabhängigen beruht und deshalb ständig kumulative Vorteile nach dem sogenannten Matthäus-Prinzip produziert: »Denn wer da hat, dem wird gegeben, dass er die Fülle habe; wer aber nicht hat, dem wird auch das genommen, was er hat« (Matthäus 25,29). Für die kapitalistische Praxis sind Korrekturen des Marktes nach Maßgabe lebensweltlich-politischer Gerechtigkeitsvorstellungen zwar störend, müssen aber so lange als unvermeidlich hingenommen werden, wie die Möglichkeit besteht, dass die geborenen Verlierer des Marktes sich weigern, weiter mitzuspielen: Ohne Verlierer kann es keine Sieger geben, und ohne Dauerverlierer keine Dauersieger.[11]

Im Übrigen konnte das Kapital, wie wir gesehen haben, immer schon auf soziale Eingriffe in den Markt, die ihm zu weit gingen, mit Krisen reagieren. Krisen entstehen, wenn diejenigen, die unentbehrliche Produktionsmittel kontrollieren, glauben befürchten zu müssen, am Ende nicht entsprechend ihren Vorstellungen von Marktgerechtigkeit entlohnt zu werden. An diesem Punkt sinkt ihr »Vertrauen« unter das für Investitionen erforderliche Minimum. Kapitalverfüger können ihr Kapital ins Ausland verschieben oder es irgendwo in der Geldwirtschaft zwischenparken und es dadurch für immer oder zeitweise dem Wirtschaftskreislauf einer nicht mehr ver-

11 Die politische Korrektur von Marktgerechtigkeit durch soziale Gerechtigkeit zum Zweck der Sicherung des sozialen Zusammenhalts hat interessante Vorläufer. Die Rechtslehre des englischen Mittelalters unterschied zwischen *justice* und *equity*. Die Produktion von *justice* oblag den Gerichten des *common law*. Allerdings konnten deren Urteile, auch wenn sie formal unangreifbar waren, in Widerspruch zu materialen Vorstellungen von Gerechtigkeit geraten. In solchen Fällen konnten die Betroffenen den *court of equity* anrufen, der bei der Kanzlei des Königshofs angesiedelt war und die Urteile von Common-Law-Gerichten aufheben oder abwandeln konnte. Diese Interventionen erschienen den Verteidigern des *common law* als systematisch unsauber, bis das *law of equity* Jahrhunderte später in das *common law* eingebaut wurde (Illmer 2009). Gegenüber dem Vertragsregime des freien Marktes spielt heute der Sozialstaat die Rolle eines *court of equity* oder tat dies in der auf Dekommodifizierung gestimmten Nachkriegszeit.

trauenswürdigen politischen Jurisdiktion entziehen – mit der
Folge von Arbeitslosigkeit und niedrigem Wachstum. Heute,
unter den Bedingungen entfesselter Kapitalmärkte, gilt dies
mehr denn je.

Auch Marktgerechtigkeit folgt insoweit normativen Standards, allerdings solchen der Eigner und Verwalter von Kapital, und ist soziale Gerechtigkeit, wenn auch eine, die sich mithilfe der standardökonomischen Theorie als Natur- statt als gesellschaftliche Gesetzlichkeit präsentiert. Dass das »*psychologische*« Vertrauen des Kapitals in die politischen Verhältnisse die wichtigste *technische* Voraussetzung für das Funktionieren einer kapitalistischen Ökonomie ist, setzt der Ergänzung von Marktgerechtigkeit durch demokratisch ermächtigte soziale Gerechtigkeit von vornherein enge Grenzen. Dabei besteht eine grundlegende Asymmetrie der kapitalistischen politischen Ökonomie darin, dass die Entlohnungsansprüche des »Kapitals« als empirische Funktionsbedingungen des Gesamtsystems gelten, die entsprechenden Ansprüche der »Arbeit« jedoch als Störfaktoren.

Bekanntlich befürchtete Max Weber, wie nach ihm auch Schumpeter und andere, eine fortschreitende Überlagerung der formalen Gerechtigkeit des Marktes durch materiale, substanzielle Gerechtigkeit, betrieben durch »die Bürokratie« und ihre politischen Helfershelfer, die Sozialisten und Sozialdemokraten. Dadurch würde der Kapitalismus am Ende untergehen und mit ihm die Freiheit des bürgerlichen Individuums (Offe 2006b). Die neoliberale Wende, wie wir sie seit den 1970er Jahren beobachten, hat diese Gefahr allerdings auf absehbare Zeit beseitigt. Heute hat die Liberalisierung des modernen Kapitalismus einen Punkt erreicht, an dem die endgültige oder doch langfristig gesicherte Freisetzung, oder Wiederfreisetzung, des Prinzips der Marktgerechtigkeit von seiner historischen Überformung durch soziale Gerechtigkeit immer näher rückt, erzwungen vom wahrscheinlichen Ende der Möglichkeit, durch Infusion fiktiver Ressourcen in den Verteilungskonflikt soziale Gerechtigkeit zu simulieren und zugleich Marktgerechtigkeit walten zu lassen. Hierauf werde ich weiter unten genauer eingehen.

Eine Immunisierung des Marktes gegen demokratische Korrekturen kann durch neoliberale Umerziehung der Bürger oder durch Abschaffung der Demokratie nach dem chilenischen Vorbild der 1970er Jahre stattfinden; das eine wird in Form öffentlicher Dauerindoktrination durch die standardökonomische Theorie laufend versucht, das andere steht zur Zeit nicht zur Verfügung. Die Auflösung der Spannung zwischen Kapitalismus und Demokratie sowie die Etablierung eines dauerhaften Primats des Marktes über die Politik müssen deshalb in erster Linie durch inkrementelle »Reformen« der politisch-ökonomischen Institutionen betrieben werden (Streeck und Thelen 2005): durch den Übergang zu einer regelgebundenen Wirtschaftspolitik, zu unabhängigen Zentralbanken und einer gegen Wahlergebnisse immunisierten Fiskalpolitik; durch Verlagerung von wirtschaftspolitischen Entscheidungen in Regulierungsbehörden und Gremien sogenannter »Experten«; sowie durch verfassungsförmig installierte Schuldenbremsen, mit denen Staaten sich und ihre Politik über Jahrzehnte, wenn nicht für immer, rechtlich binden sollen. Dabei sollen die Staaten des fortgeschrittenen Kapitalismus so umgebaut werden, dass sie das Vertrauen der Kapitaleigner und Kapitalbeweger dauerhaft verdienen, indem sie durch in ihnen institutionell fest verdrahtete Politikprogramme glaubhaft garantieren, dass sie nicht in »die Wirtschaft« intervenieren werden – oder wenn doch, dann nur zur Durchsetzung und Verteidigung von Marktgerechtigkeit in Gestalt einer angemessenen Rendite auf Kapitalinvestitionen. Als Voraussetzung dafür muss die Demokratie, verstanden im Sinne der sozialen Demokratie des demokratischen Kapitalismus der Nachkriegszeit, neutralisiert und die Liberalisierung als *hayekianische Liberalisierung*, das heißt als Immunisierung des Kapitalismus gegen massendemokratische Interventionen, betrieben und vollendet werden.

Rhetorisch und ideenpolitisch versuchen die Proponenten der Marktgerechtigkeit die Oberhand zu gewinnen, indem sie soziale Gerechtigkeit als »politisch« im Sinne von partikularistisch und damit als unsauber oder gar korrupt denunzieren. Im Gegensatz dazu wird für Marktgerechtigkeit wegen ihrer anscheinenden Unpersönlichkeit und behaupteten preistheoretischen Ausrechenbarkeit in Anspruch genommen, sie funktioniere politikfrei, also nach universalistischen Prinzipien und damit »sauber« im Sinne von unpolitisch. Unterscheidungen und Gleichsetzungen dieser Art sind längst tief in die Umgangssprache eingedrungen: Die Aussage, dass etwas »politisch« entschieden worden sei, reicht häufig schon aus, um die Entscheidung als Bereicherung irgendeiner wie immer definierten Interessengruppe erscheinen zu lassen.[12] Märkte, so die von der kapitalistischen Öffentlichkeitsarbeit unermüdlich forcierte Unterstellung, verteilen nach allgemeinen Regeln, Politik dagegen verteilt nach Macht und Beziehungen. Dass Märkte die ungleiche Anfangsausstattung ihrer Teilnehmer bei der Bemessung von Leistung und der Zumessung von Belohnungen ignorieren, kann, weil es durch Nichtentscheidung zustande kommt, offenbar leichter übersehen werden als Maßnahmen umverteilender Politik, die kontrovers diskutiert und aktiv durchgeführt werden müssen. Auch sind *politische Entscheidungen* bestimmten Entscheidern oder Institutionen zurechenbar, die man für sie zur Verantwortung ziehen kann, während *Marktentscheidungen* scheinbar ohne menschliches Zutun vom Himmel fallen – besonders wenn der Markt als Naturzustand vorausgesetzt wird – und als Schicksal, hinter dem sich womöglich ein nur Experten zugänglicher höherer Sinn verbirgt, hingenommen werden müssen und offenbar auch können.

Das Monster aushungern!

Wenn das Wachstum der öffentlichen Verschuldung nicht mit einer Zunahme massendemokratischer Mobilisierung korre-

12 Für Anhänger der Public-Choice-Weltanschauung ist das geradezu selbstverständlich, weil axiomatisch richtig.

liert, sondern im Gegenteil mit der neoliberalen Wende und der mit ihr einhergehenden Rückbildung politischer Beteiligung, was ist dann seine Ursache? Ich sehe in der staatlichen Finanzkrise der Gegenwart die zeitgemäße Ausformung eines schon zu Beginn des 20. Jahrhunderts diagnostizierten Funktionsproblems des modernen Staates, das darin besteht, dass dessen Fähigkeit, einer Gesellschaft von Privateigentümern die Mittel abzuringen, die er zur Erfüllung seiner – wachsenden – Aufgaben benötigt, tendenziell hinter dem Notwendigen zurückbleibt. Nicht *zu hohe Ausgaben* sind in dieser Perspektive Ursache der Staatsverschuldung, sondern *zu niedrige Einnahmen*, die darauf zurückzuführen sind, dass Wirtschaft und Gesellschaft, organisiert nach dem Prinzip des privaten Besitzindividualismus, ihrer eigenen Besteuerbarkeit Grenzen setzen, während sie zugleich vom Staat immer mehr verlangen.

In der Tat lässt sich beobachten, dass der Beginn der Verschuldung der reichen Demokratien in den 1970er Jahren mit einem Zurückbleiben des Anstiegs der Steuereinnahmen hinter dem der Staatsausgaben zusammenfällt. Waren die beiden bis dahin insgesamt im Gleichschritt gewachsen, so blieb spätestens seit Mitte der 1980er Jahre, bei zunächst weiter steigenden Ausgaben, das Gesamtniveau der Besteuerung im Wesentlichen konstant (Abb. 2.4) und ging in einer Reihe von Ländern, wie Schweden, Frankreich, Deutschland und den USA, mit dem Vormarsch des Neoliberalismus gegen Ende des Jahrhunderts sogar zurück (Abb. 2.5).[13] Auch hier verlief die Entwicklung im Großen und Ganzen gleichförmig, und

13 Japan hatte, auf sehr niedrigem Niveau, in den letzten Jahren einen Trendanstieg zu verzeichnen. Eine geringfügige Zunahme der Steuerbelastung fand auch in Großbritannien unter der Labour-Regierung statt; dort wird allerdings derzeit angestrengt an einer Trendumkehr gearbeitet. Für die Europäische Währungsunion lässt sich in den Jahren nach 2000 bis zur Krise ein Zusammenhang zwischen einer größeren Offenheit für ausländische Direktinvestitionen und einem Rückgang der Besteuerung sowohl von Kapital- als auch von Arbeitseinkommen nachweisen, im letzteren Fall als Ergebnis sinkender Löhne am unteren Ende des Arbeitsmarkts. Wegen der Defizitgrenzen des Stabilitätspakts hatte dies eine Senkung der Staatsausgaben zur Folge (Rademacher 2012).

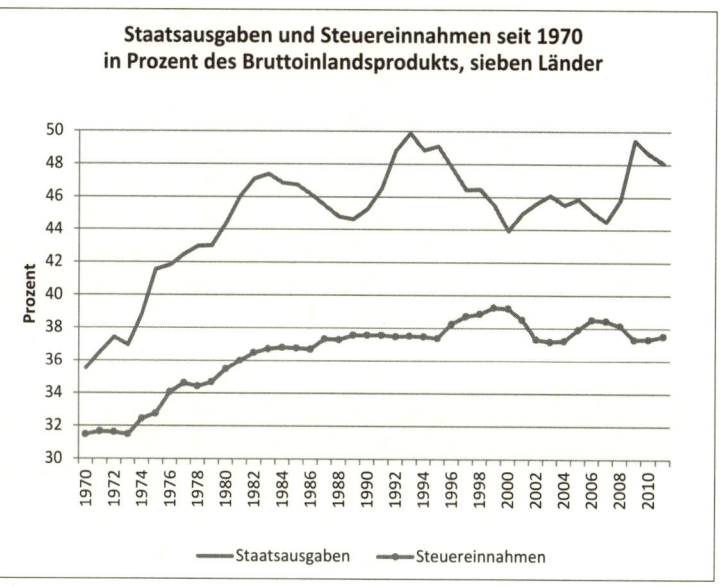

Abb. 2.4

**Staatsausgaben und Steuereinnahmen seit 1970
in Prozent des Bruttoinlandsprodukts, sieben Länder**

OECD Economic Outlook: Statistics and Projections, laufende Veröffentlichungen

Abb. 2.5

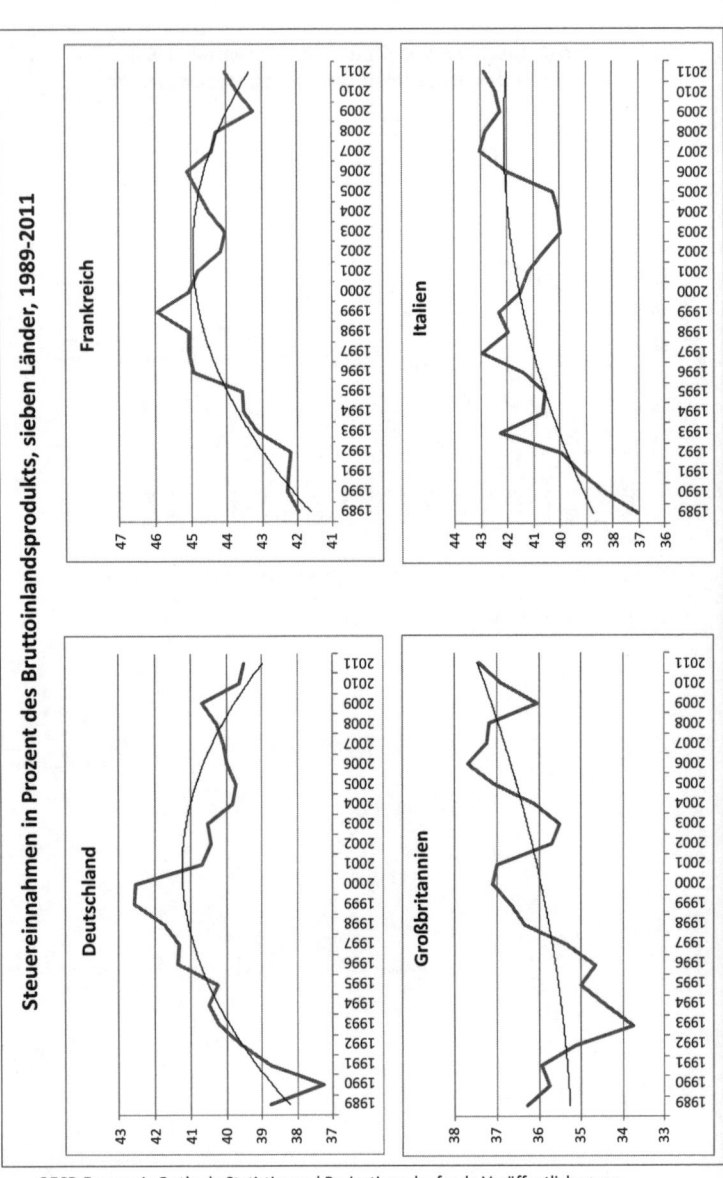

Steuereinnahmen in Prozent des Bruttoinlandsprodukts, sieben Länder, 1989–2011

Frankreich

Italien

Deutschland

Großbritannien

OECD Economic Outlook: Statistics and Projections, laufende Veröffentlichungen

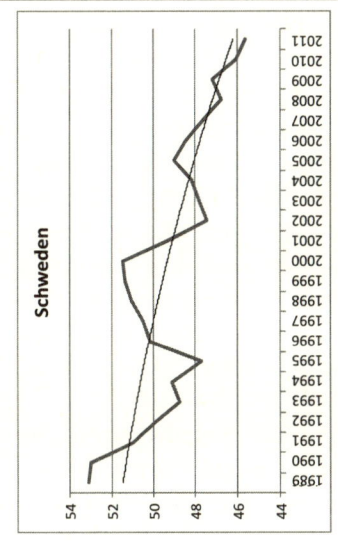

Schweden

Steuereinnahmen
polynomische Trendlinie

Japan

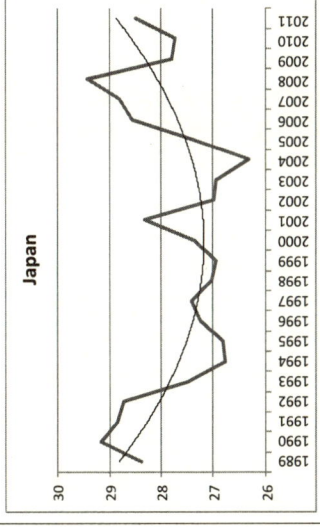

USA

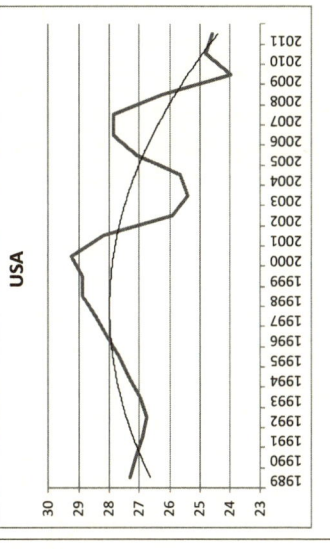

101

die Ursachen waren ähnlich. Das Ende der Wachstumsphase beendete die sogenannte kalte Progression, durch die die Steuerzahler in immer höhere Steuersätze bei der Einkommensbesteuerung aufrückten. Teilweise wurde dieser Effekt aus Sicht der Staatskassen durch die Inflation der 1970er Jahre kompensiert; sehr bald aber führten die so entstehenden realen Einkommensverluste insbesondere in der Mittelschicht zu wachsendem Steuerwiderstand (Block 2009; Citrin 1979; 2009; Steuerle 1992) sowie zu Forderungen nach Steuerreformen, etwa in Gestalt einer Indexierung der Steuersätze. Zusammen mit der erfolgreichen Geldwertstabilisierung bewirkte dies, dass die Einnahmen des Staates nur noch durch sichtbare statt durch politisch weniger riskante unsichtbare Steuererhöhungen wachsen konnten.

In den 1990er Jahren kamen weitere Faktoren hinzu. Die rasch zunehmende Internationalisierung der Wirtschaft eröffnete den großen Unternehmen bis dahin ungeahnte Möglichkeiten zur Verlagerung ihrer Steuerpflicht in weniger anspruchsvolle Länder. Auch wo ein Umzug der Produktionsstätten am Ende unterblieb, setzte dies die Nationalstaaten des demokratischen Kapitalismus einem verschärften Steuerwettbewerb aus und veranlasste ihre Regierungen weltweit, die Spitzensätze der Unternehmensbesteuerung zurückzunehmen (Ganghof 2004; Ganghof und Genschel 2008; Genschel und Schwarz 2013). Zwar geschah dies häufig zusammen mit einer sogenannten Verbreiterung der Steuerbasis durch Abschaffung von Steuerbefreiungen, was sich »aufkommensneutral« auswirken sollte; an eine *Erhöhung* der Besteuerung war unter diesen Umständen aber nicht mehr zu denken. Hinzu kam die um sich greifende neoliberale Lehre von der Notwendigkeit verbesserter »Leistungsanreize« zur Wiederbelebung des Wirtschaftswachstums – am unteren Ende der Einkommensverteilung durch Senkung der Löhne und Sozialleistungen, am oberen dagegen durch höhere Bezahlung bei niedrigeren Steuersätzen. Auch in dieser Hinsicht unterschieden sich die diversen »Spielarten« des Kapitalismus nur graduell: Was in Deutschland die von der rot-grünen Regierung Schröder durchgesetzte Kombination von Arbeitsmarktreform (Hartz IV!) und Steuerreform (Ganghof 2004, insb. 98-117) war, war in den Vereinigten Staaten Clintons Abschaffung von *welfare as we know it* in Verbindung mit den berüchtigten *tax cuts* der Bush-Regierung nach 2001.[14]

Dafür, dass die Ursache der staatlichen Finanzkrise zumindest ebenso sehr auf der Einnahmen- wie auf der Ausgabenseite der öffentlichen Haushalte zu suchen ist, liefert der amerikanische Fall eindrucksvolle Belege. Für die Strategen des auf die späten 1970er Jahre zurückgehenden organisierten Steuerwiderstands, der seine ersten, bis heute bleibenden Triumphe in Kalifornien feierte, diente die populäre Forderung nach niedrigeren Steuern dem weiter gehenden Ziel, dem Staat die Fortsetzung von ebenfalls populären Sozialprogrammen unmöglich zu machen. Der Slogan dieser enorm erfolgreichen Bewegung, propagiert von einer der bis heute einflussreichsten Figuren der amerikanischen Politik, dem Anti-Steuer-Aktivisten Grover Norquist (Kuttner 1980; Martin 2008; Tarschys 1983), lautete und lautet »starving the beast«: Das Monster aushungern! Dass es dabei nicht primär um einen ausgeglichenen Staatshaushalt geht, sondern vor allem um einen neoliberal zurückgebauten Staat, zeigt der Umstand, dass ihr politischer Bannerträger im ersten Jahrzehnt des neuen Jahrhunderts, George W. Bush, der von seinem Amtsvorgänger einen Haushaltsüberschuss übernommen hatte, nichts Eiligeres zu tun hatte, als diesen durch eine drastische Steuersenkung für die Superreichen erneut in ein (Rekord-)Defizit zu verwandeln – wobei er gleichzeitig zwei Kriege vom Zaun brach, die die Haushaltslücke auf der Ausgabenseite weiter vergrößerten.[15]

14 Der Beitrag immer neuer Steuersenkungen in den 1990er und 2000er Jahren zur Herausbildung der amerikanischen »Winner-Take-All«-Ökonomie einschließlich ihrer wachsenden Staatsverschuldung wird von Hacker und Pierson (2011) in eindrucksvollem Detail nachgezeichnet.

15 Die deutsche Situation ist insofern durchaus vergleichbar, als ohne die Schrödersche Steuerreform die öffentlichen Haushalte vor 2008

Auch dass nach den 1970er Jahren, als die Einnahmen der Staaten zu stagnieren begannen, deren Ausgaben zunächst weiter stiegen, bis gegen Ende des Jahrhunderts die erste, neoliberale Konsolidierungswelle einsetzte, muss nicht auf kollektive Selbstbedienung demokratisch ermächtigter unersättlicher Wählermassen zurückgeführt werden. Vielmehr spricht manches dafür, darin gut funktionalistisch den Ausdruck eines mit fortschreitender kapitalistischer Entwicklung einhergehenden steigenden Bedarfs an öffentlichen Leistungen kurativer ebenso wie investiver Art zu sehen – an Reparatur der von der Kapitalakkumulation verursachten Schäden einerseits sowie an Schaffung der Voraussetzungen weiteren Wachstums andererseits.[16] Als kurativ können dabei etwa die mit der Rückkehr der strukturellen Arbeitslosigkeit verbundenen, gestiegenen Aufwendungen für Arbeitslosenunterstützung und Sozialhilfe gelten,[17] ebenso wie die steigenden Kosten der öffentlichen

ausgeglichen gewesen wären. Es war diese Reform, die der neuernannte Finanzminister der Großen Koalition unter Angela Merkel (2005-2009) in einer Rede vor der Frankfurter Industrie- und Handelskammer im Januar 2006 meinte, als er die rot-grüne Vorgängerregierung dafür lobte, dass sie »die umfassendste Steuerreform in der Geschichte unseres Landes« durchgesetzt habe (Steinbrück 2006). Am Jahresanfang 2005 seien die Steuersätze der deutschen Einkommenssteuer so niedrig gewesen wie nie zuvor und die Steuerbelastung der deutschen Volkswirtschaft liege weit unter dem langjährigen Durchschnitt. Der damalige Finanzminister ist heute (2012) Kanzlerkandidat der – Sozialdemokratischen Partei Deutschlands (SPD).

16 Es gibt zahlreiche ähnliche Klassifikationen öffentlicher Ausgaben. O'Connor (1973) etwa unterscheidet zwischen *social capital expenditures*, wiederum unterteilt in *social investment* und *social consumption*, und *social expenses of production* sowie zwei Funktionen staatlicher Ausgaben, Legitimation und Akkumulation.

17 Deren Notwendigkeit, wie die jeder Maßnahme sozialer Gerechtigkeit, wiederum diskursiv bestreitbar und politisch verhandlungsbedürftig ist. Grundsätzlich könnte eine Gesellschaft ja zu dem neoliberalen Schluss kommen, dass Unterstützung für Nichtarbeitende ungerecht gegenüber den Arbeitenden ist, und auf diese Weise viel öffentliches Geld sparen. Allerdings gibt es auch die Erwägung, dass Sozialpolitik »sich auszahlt«, weil und insoweit sie die Arbeitsfähigkeit und den »guten Willen« der Lohnabhängigen erhält. Dann hörte sie auf, kurativ oder gar »dekommodifizierend« und »konsumtiv« zu sein und würde investiv. Es gibt

Gesundheitsversorgung und die im letzten Drittel des Jahrhunderts einsetzenden Ausgaben für Umweltreparaturen. Als investiv lassen sich dagegen die insgesamt ebenfalls steigenden staatlichen Aufwendungen für Ausbau und Erhaltung der physischen Infrastruktur, die Bildung von Humankapital und die wissenschaftlich-technische Forschung verstehen, die als unentbehrliche Voraussetzungen für erfolgreiche private Kapitalakkumulation gelten. Im weiteren Sinne gehören hierzu auch die öffentlichen Ausgaben für die sogenannte friedliche Nutzung der Kernenergie, ohne die die private Stromerzeugung mittels Atommeilern offenbar völlig unrentabel wäre; der Ausbau von staatlicher Kinderbetreuung als Voraussetzung für die um des Wirtschaftswachstums willen dringend erforderliche Ausweitung der weiblichen Erwerbstätigkeit; die Unterhaltung von Flugzeugträgern sowie die Entwicklung und der Einsatz von Drohnen und ähnlichen Technologien zum Zweck der Sicherung einer bezahlbaren Ölzufuhr; oder auch die, wie sich später herausstellte, hochgefährliche Deregulierung der privaten Finanzwirtschaft zur Aufblähung des Kreditvolumens als letztem verbliebenen Mittel zur Erzeugung wirtschaftlichen (Schein-)Wachstums.[18]

gesellschaftliche und kulturelle Umstände, wie zunehmend die unseren, in denen Sozialpolitik überhaupt nur noch so zu rechtfertigen ist.

18 Sozialpolitik ist investiv, wenn sie die Bereitschaft der abhängig Beschäftigten sichert, weiter abhängig beschäftigt zu bleiben und sich entsprechend den damit verbundenen Erwartungen zu verhalten. Kapitalismus kann ja nicht funktionieren, wenn die Arbeitnehmer sich so verhielten, wie es den Arbeitgebern erlaubt ist und geradezu von ihnen erwartet wird: nämlich unbedingt und radikal vorteilsmaximierend. (Die Erwartung verteilungspolitischer Bescheidenheit widerspricht dem Modell des *homo oeconomicus* und kann mit diesem nur durch die in der Arbeitsökonomie axiomatisch geltende Behauptung versöhnt werden, Arbeitnehmer seien »risikoavers«.) Ohne Lohnmäßigung als Gegenleistung für die Sicherheit eines Festlohns müsste das Arbeitgeber-Arbeitnehmer-Verhältnis auseinanderbrechen. In den 1970er Jahren wurde Lohnmäßigung durch dreiseitige Abkommen zwischen Staat, Arbeitgebern und Gewerkschaften erreicht (Schmitter und Lehmbruch 1979), wobei Staaten als Gegenleistung für gewerkschaftliche Lohnzurückhaltung oft Rentenerhöhungen gewährten, die erst später fällig wurden, dann aber aus öffentlichen Kassen zu bestreiten waren. Insofern war ein guter Teil der in

Die Krise des Steuerstaates

Es fällt schwer, sich angesichts dieser Aufzählung nicht an einen klassischen Topos der Finanzwissenschaft zu erinnern, der seit der Ablösung von *public finance* durch *public choice* in Vergessenheit geraten bzw. als nicht rigoros genug aus dem Gedächtnis der ökonomischen Theorie getilgt worden ist. Ich meine Adolph Wagners »Gesetz« zunehmender Staatstätigkeit und steigender Staatsquoten, das in den letzten Jahrzehnten des 19. Jahrhunderts formuliert wurde (für eine konzise Fassung siehe Wagner 1911) und noch für Richard Musgrave in den 1950er Jahren eine wichtige Inspiration war (Musgrave 1958). Wagner, Katheder- und Staatssozialist, Rektor der Berliner Universität, einer der wirtschafts- und sozialpolitischen Berater Bismarcks und ab 1910 Mitglied des Preußischen Herrenhauses, erwartete, dass der Anteil des Staates an einer modernen wachsenden Wirtschaft stetig zunehmen werde, sowohl zur Gewährleistung eines Anstiegs des allgemeinen Zivilisationsniveaus als auch zur Abdeckung dessen, was man heute die Externalitäten expandierender Märkte und einer privatwirtschaftlichen Produktionsweise nennen würde.[19] Die Anklänge an die Marxsche Denkfigur einer zunehmenden Vergesellschaftung der kapitalistischen Produktionsweise bei und trotz privater Organisation der Produktionsverhältnisse sind kaum zufällig, auch wenn bei Wagner die für Marx zentrale Idee der

den 1980er Jahren und danach anfallenden steigenden Sozialausgaben in Wahrheit eine vom Staat zur Entlastung der Arbeitgeber übernommene aufgeschobene Entlohnung – was erklärt, warum Gewerkschaften und Arbeitnehmer so schwer davon abzubringen waren, auf ihnen zu bestehen.

19 »Ferner kann erfahrungsgemäß aus der Geschichte fortschreitender Culturvölker, also aus zeitlichen Vergleichen sowohl als auch aus der Vergleichung der Staaten und Volkswirthschaften auf verschiedenen Entwicklungsstufen […] eine bestimmte Entwicklungstendenz oder ein sogen. ›Gesetz‹ der Entwicklung der Staatsthätigkeiten für Culturvölker abgeleitet werden: das Gesetz der wachsenden Ausdehnung der ›öffentlichen‹, bzw. der Staatsthätigkeiten bei fortschreitenden Culturvölkern« (Wagner 1892, 883 f.; siehe auch 892-908).

inneren Widersprüchlichkeit der kapitalistischen Entwicklung und ihrer auf die politische Tagesordnung drängenden revolutionären Aufhebung durch Anpassung der Produktionsverhältnisse an die Produktionsweise nirgends auftritt.

Umso wichtiger war dieser Gedanke dann für die sich entwickelnde Disziplin der *Finanzsoziologie* in der Zeit um den Ersten Weltkrieg. Rudolf Goldscheid, österreichischer Sozialist und in der Frühzeit der Deutschen Gesellschaft für Soziologie ein prominenter Gegenspieler Max Webers, sah die Entwicklung des feudalen Domänenstaats zum modernen »Steuerstaat« – einem Staat, der seine Ressourcen durch Besteuerung einer Gesellschaft von Privateigentümern gewinnt – als Begleiterscheinung kapitalistischen Fortschritts (Fritz und Mikl-Horke 2007; Goldscheid 1926; 1976 [1917]). Dabei erwartete er, gewissermaßen als finanzwissenschaftliche Umformulierung des Marxschen Theorems eines sich entfaltenden Widerspruchs zwischen Produktionsweise und Produktionsverhältnissen, dass die Fähigkeit des Steuerstaates, seinen Bürgern – oder genauer: einer besitzbürgerlich dominierten Zivilgesellschaft – die Mittel abzuringen, die er zur Erbringung der von ihm geforderten Leistungen benötigen würde, über kurz oder lang nicht mehr ausreichen werde. Wenn dieser Punkt erreicht sei, so Goldscheid, stoße der Steuerstaat an seine Grenze, weil er in einer kapitalistischen Wirtschafts- und Gesellschaftsordnung als »expropriierter Staat« nicht über die zur Erfüllung seiner Aufgaben erforderlichen Ressourcen verfügen könne. An diesem Punkt müsse eine »Rekapitalisierung« des Staates erfolgen, um die Finanzierung des allgemeinen Bedarfs von Steuern auf Einnahmen des Staates aus eigener unternehmerischer Tätigkeit umzustellen. Dass der Staat im öffentlichen Interesse funktioniere, könne, so die Zusammenfassung von Goldscheids Kernaussagen bei Fritz und Mikl-Horke (2007, 166), »nicht durch fiskalische Mittel erreicht werden«, da Steuern

> über den Staat als Durchzugskanal nur wieder den mächtigsten Kapitaleignern zugute kommen. Deren Macht würde weiter

steigen, jene des Staates als Sachwalter der gesellschaftlichen Bedürfnisse aber geschwächt. Die Mächtigen hätten Möglichkeiten zur Steuerabwälzung, die Masse des Volkes aber müsse die gesamte Steuerlast tragen. Selbst progressive Einkommensbesteuerung bewirke nur, dass der Staat verdeckte Interessen an der Aufrechterhaltung der Ungleichheit und der Konzentration der Gewinne entwickeln würde.

Goldscheid stand mit seinem fiskalpolitischen Pessimismus nicht allein. Die Möglichkeit einer »Krise des Steuerstaates« wurde vor allem unmittelbar nach dem Ersten Weltkrieg weithin diskutiert, besonders prominent und einflussreich von dem jungen Joseph Schumpeter in einem epochemachenden Vortrag vor der Österreichischen Gesellschaft für Soziologie (Schumpeter 1953 [1918]). Schumpeter kam zu dem Schluss, dass die historische Institution des Steuerstaates ihre Grenzen noch nicht erreicht hatte und dass insbesondere die Kriegsschulden Österreichs und Deutschlands sich auch ohne allgemeine Sozialisierung würden bewältigen lassen. Auf längere Sicht jedoch schloss er nicht aus *und erwartete sogar*, dass der Steuerstaat und mit ihm die kapitalistischen Produktionsverhältnisse als ganze sich irgendwann überleben würden.[20] Zwar wurde dieser Gedanke in den Folgejahren in die Katakomben der wirtschaftswissenschaftlichen Dogmengeschichte verbannt, insbesondere nach 1945, als ein sozialstaatlich-keynesianisch domestizierter Kapitalismus eine neue Epoche der Wirtschaftsgeschichte zu eröffnen schien. Hier und da jedoch meldete er sich wieder zu Wort, in jeweils mehr oder weniger neuer Formulierung, nicht zuletzt in der fiskalischen Krisentheorie des Marxisten James O'Connor (1973) und, an diese

20 »Nach und nach wird durch die Entwicklung der Wirtschaft und die Ausweitung des Kreises sozialer Sympathie, die sie mit sich bringt, die Privatunternehmung ihren sozialen Sinn verlieren. Das kündigt sich an und lag in der Richtung der Tendenzen der zweiten Hälfte des 19. Jahrhunderts, deren vielleicht letzte Abirrung alles das war, was im Weltkrieg gipfelte. Über Privatunternehmung und Steuerstaat wächst – nicht infolge, sondern trotz des Krieges – die Gesellschaft hinaus: *Das* ist auch sicher« (Schumpeter 1953 [1918], 57 f.).

anschließend, in den pessimistischen Betrachtungen eines Daniel Bell (1976b, 220-282) über die Zukunft des Kapitalismus in den 1970er Jahren.

Vom Steuerstaat zum Schuldenstaat

Lokalisiert man die von O'Connor und Bell erneut vorhergesagte fiskalische Krise des modernen Staates auf dessen Einnahmen- statt auf seiner Ausgabenseite – definiert man sie also als Krise des Steuerstaates im Sinne Goldscheids und Schumpeters –, dann fallen zwei Entwicklungen aus den letzten Jahrzehnten ins Auge, die in ihrer Bedeutung von niemandem vorhergesehen wurden. Die erste ist die Transformation des *Steuerstaates* in einen *Schuldenstaat* – einen Staat, der einen großen und womöglich steigenden Teil seiner Ausgaben durch Kreditaufnahme statt durch Steuern bestreitet und als Folge einen Schuldenberg auftürmt, für dessen Finanzierung er einen immer größeren Anteil seiner Einnahmen aufwenden muss. Dass *diese* mögliche Antwort auf das Finanzierungsproblem moderner Staaten in früheren Diskussionen eine so geringe Rolle spielte – bei O'Connor zum Beispiel ist von ihr nur am Rande die Rede[21] –, dürfte auch daran liegen, dass für eine routinemäßige Schuldenfinanzierung des Staates erst eine ausreichend leistungsfähige Finanzwirtschaft aufgebaut und durch Deregulierung der Finanzmärkte die »Finanzialisierung« des Kapitalismus in Gang gebracht werden musste. Die Finanz-

21 »Steigende Staatsverschuldung führt normalerweise nicht zu einer Verschärfung der Fiskalkrise, mildert sie aber auch nicht. Staatliche und kommunale Schulden verschwinden zum Teil von selber [...] Die Schulden des (amerikanischen; WS) Bundestaates sind teilweise für sich selbst aufgekommen, in Zeiten, als die tatsächliche Wirtschaftsleistung hinter der möglichen zurückblieb, indem sie das Kreditvolumen und das Niveau der aggregierten Nachfrage, der Produktion, der Beschäftigung und des Einkommens und damit das Steueraufkommen erhöhten« (O'Connor 1973, 179 f.). Geschrieben 1973, als der Keynesianismus noch lebte und die Staatsverschuldung der Vereinigten Staaten noch niedrig war (42,6 Prozent des Sozialprodukts, im Vergleich zu 89,6 Prozent im Jahr 2010).

märkte wiederum mussten international integriert werden, um den gigantischen Kreditbedarf der reichen Industriegesellschaften, insbesondere der USA, befriedigen zu können. Diese Entwicklung war, wie gesagt, spätestens seit den 1980er Jahren weltweit im Gang.

Die Herausbildung des Schuldenstaates kann sowohl als retardierendes Moment in der Krise des Steuerstaates als auch als Entstehung einer neuartigen politischen Formation mit eigenen Gesetzmäßigkeiten aufgefasst werden. Im Folgenden werde ich vor allem von der zweiten Perspektive Gebrauch machen. Vorauszuschicken ist jedoch, dass auch die Entstehung des Schuldenstaates von einer *entgegenwirkenden Ursache* gehemmt wurde, die in der neoliberalen Staatsreform der 1990er und 2000er Jahre mit ihren Bemühungen um eine Konsolidierung der Staatsfinanzen durch *Privatisierung* öffentlicher, dem Staat im Sinne Wagners im Laufe des 20. Jahrhunderts zugewachsener Aufgaben bestand. Dies war die andere historische Entwicklung, die in den 1970er Jahren und für die damaligen Krisentheorien noch unvorstellbar gewesen war. In ihrem Kern bestand sie darin, dass immer mehr Staatsfunktionen an die Gesellschaft, insbesondere die Marktwirtschaft, ganz oder teilweise rückübertragen wurden – von der Alterssicherung über die Gesundheitsversorgung und Ausbildung bis hin zur Verantwortung für das Beschäftigungsniveau. Wie erwähnt ließ sich dies am besten dadurch bewerkstelligen, dass man den privaten Haushalten zugleich neue Spielräume zur Verschuldung auf eigene Rechnung eröffnete. Zum Teil wurde die *Entstaatlichung* weiter Teile der Daseinsvorsorge durch das gestiegene Wohlstands- und Konsumniveau der reichen Gesellschaften ermöglicht und gerechtfertigt. Dabei verlief die Ablösung der sozialen Bürgerrechte der Nachkriegsära durch Privatisierung und Vermarktlichung parallel zur Herausbildung einer neuartigen Form von Demokratie, von Crouch »Postdemokratie« genannt (Crouch 2004), bei der politische Beteiligung zu Unterhaltung umdefiniert und von politischen und insbesondere politisch-ökonomischen Entscheidungen abgekoppelt wird.[22] Die gegenwärtigen Bemühungen auf nationaler und internationaler Ebene um eine dauerhafte Konsolidierung der Staatsfinanzen durch Kürzung der Staatsausgaben sind, so gesehen, im Kern nichts anderes als eine Fortsetzung der neoliberalen Reformen der 1990er und 2000er Jahre mit einem einfallsreich ausgebauten Werkzeugkasten.

Bevor ich mich der politischen Anatomie des zeitgenössischen Schuldenstaates zuwende, möchte ich mein Argument bis hierhin zusammenfassen. Dieses besteht darin, dass ich für die *Common-pool*-Erklärung der Staatsverschuldung wie auch für die Erklärung durch Demokratieversagen vorschlage, sie umzudrehen, anstatt sie zu verwerfen. Was die *Common-pool*-Theorie angeht, so möchte ich behaupten, dass die Finanzkrise des Staates nicht darauf zurückgeht, dass die Masse der Bevölkerung, verleitet durch ein Übermaß an Demokratie, für sich zu viel aus den öffentlichen Kassen herausgeholt hätte; vielmehr haben diejenigen, die am meisten von der kapitalistischen Wirtschaft profitiert haben, zu wenig und in der Tat immer weniger in die öffentlichen Kassen eingezahlt. Wenn es eine »Anspruchsinflation« gegeben hat, durch welche die Staatsfinanzen in ein strukturelles Defizit geraten sind, dann hat diese bei den Oberschichten stattgefunden, deren Einkommen und Vermögen in den letzten zwanzig Jahren rapide gestiegen sind, nicht zuletzt aufgrund von Steuersenkungen zu ihren Gunsten, während Löhne und Sozialleistungen am unteren Rand der Gesellschaft stagnierten oder gar sanken – eine Entwicklung, die, wie dargelegt, durch mittels Inflation, Staatsverschuldung und »Pumpkapitalismus« erzeugte Geldillusionen überdeckt und jeweils auf Zeit legitimiert wurde.

Damit wird sichtbar, worin das tatsächliche *Demokratieversagen* in den Jahrzehnten der neoliberalen Wende bestand. Versagt haben Demokratie und demokratische Politik, als sie versäumt haben, die Konterrevolution gegen den Sozialkapitalismus der Nachkriegsära als solche zu erkennen und sich ihr

22 Weiter unten beschreibe ich diese Abkoppelung als Übergang von einer keynesianischen zu einer hayekianischen politischen Ökonomie.

zu widersetzen; als sie in der Scheinblüte der 1990er Jahre darauf verzichtet haben, den ins Kraut schießenden Finanzsektor zu regulieren; als sie dem Gerede von einer ins Haus stehenden demokratiefreundlichen und sozialverträglichen Ablösung von »hartem« *government* durch »weiche« *governance* bereitwillig Glauben geschenkt haben (hierzu überzeugend Offe 2008); als sie darauf verzichtet haben, die Nutznießer des Wachstums der kapitalistischen Ökonomie so zu besteuern, dass sie die sozialen Kosten ihrer Gewinne hätten mittragen müssen;[23] und als sie die wachsende Ungleichheit zwischen oben und unten nicht nur hinnahmen, sondern sie im Namen des kapitalistischen Fortschritts durch »anreizkompatible« Steuer- und Sozialstaatsreformen auch noch förderten. Zusätzlich beteiligt war demokratische Politik an der Herausbildung des Schuldenstaates dadurch, dass es ihr nicht gelang, die politische Partizipation jener Schichten der Bevölkerung zu stabilisieren, die ein Interesse daran gehabt hätten, Steuersenkungen für die Besserverdienenden zu verhindern. Stattdessen macht die sich nach oben verschiebende Zusammensetzung der Wählerschaft Steuererhöhungen immer schwerer durchsetzbar.

Ich lasse offen, ob und mit welchen Mitteln es national organisierter demokratischer Politik in einer immer internationaler gewordenen Wirtschaft überhaupt hätte gelingen können, Entwicklungen wie diese unter Kontrolle zu bringen. Ganz offensichtlich hat die gestiegene internationale Mobilität des Industrie- und Finanzkapitals dessen Reservationsgewinn[24] ebenso erhöht wie die Abhängigkeit der Staaten vom »Vertrauen«

23 In Deutschland begann eine Diskussion über höhere Spitzensätze der Einkommenssteuer, eine höhere Erbschaftssteuer und diverse Vermögensabgaben erst im Sommer 2012, nach der französischen Präsidentschaftswahl und auf Druck der Linkspartei. Als Beispiel siehe Bach (2012). Eine realistische Aussicht auf Steuererhöhungen bei den Wohlhabenden bestand und besteht allerdings nicht.

24 Ich verwende diesen Begriff in Analogie zu dem des »Reservationslohns«, der in der Arbeitsmarktökonomie für den Lohn steht, unterhalb dessen ein Arbeitnehmer nicht bereit ist, eine Beschäftigung anzutreten. Der Reservationsgewinn ist dann die Mindestprofitrate, mit der ein Unternehmer rechnen können will, wenn er sein Geld investieren soll.

potenzieller Investoren. Die Politik der Liberalisierung, der sich spätestens in den 1990er Jahren alle Regierungen der kapitalistischen Welt, ob konservativ oder sozialdemokratisch, angeschlossen hatten, versprach sich von einer umfassenden Anpassung der Gesellschaft an die vom Kapital geforderten neuen Produktionsbedingungen einen gemeinsamen Weg in eine auf unabsehbare Zeit gesicherte Prosperität. Sie übersah die eng begrenzte und überhaupt nur bei strenger und wirksamer Regulierung gegebene Demokratiekompatibilität des Kapitalismus. Strukturelles und ideologisches Demokratieversagen kamen auf diese Weise zusammen. Das Ergebnis ist seit 2008 zu besichtigen.

Schuldenstaat und Verteilung

Ein weiteres Demokratieversagen im Übergang zum Schuldenstaat liegt darin, dass dessen verteilungspolitische Konsequenzen in der öffentlichen Diskussion so gut wie völlig unbeachtet geblieben sind. In der tagespolitischen Auseinandersetzung gelten konservative und bürgerliche Parteien als weniger verschuldungsgeneigt als sozialdemokratische. Vergleichende statistische Analysen bestätigen dies nicht unbedingt (Wagschal 1996; 2007); allerdings ist ihr Erkenntniswert aus zahlreichen Gründen gering. Rhetorisch mag es in der Tat der Fall sein, dass Verschuldungskritik als Topos bei konservativen Parteien traditionell eine größere Rolle spielt als bei den Parteien der Linken. Dies lässt sich aber auch so erklären, dass es den über Geldvermögen verfügenden, von den bürgerlichen Parteien vertretenen bessergestellten Schichten weniger um Schuldenfreiheit geht als um die Fähigkeit der Staaten, ihre bei ihren wohlhabenderen Bürgern aufgenommenen Schulden verlässlich zu bedienen und zurückzuzahlen – eine Sorge, wie sie in der gegenwärtigen Schuldenkrise von den »Märkten« machtvoll vorgetragen wird.

Der politische Zusammenhang zwischen Staatsverschuldung und Vermögensverteilung erschließt sich erst dann, wenn man die Schuldenfinanzierung der Staaten zur Zeit der neoliberalen Wende als Folge einer zu niedrigen Besteuerung der besitzenden Gesellschaftsschichten versteht. Je weniger das Steuersystem das Eigentum der Besserverdienenden und ihrer Erben für die Allgemeinheit in Anspruch nimmt,[25] desto ungleicher wird die Verteilung der Vermögen, was sich unter anderem in einer hohen Sparrate am oberen Rand der Gesellschaft ausdrückt. Damit entsteht für diejenigen, denen die staatliche Steuerpolitik erlaubt, privates Überschusskapital zu bilden, das Problem, für dieses Anlagemöglichkeiten zu finden – womit der Keynessche Rentier, der doch eigentlich einer politischen Euthanasie zum Opfer hätte fallen sollen (Keynes 1967 [1936], Kap. 24), machtvoll in die Ökonomie zurückkehrt. Bei seiner Suche nach sicheren Anlagemöglichkeiten für sein Erspartes kommen ihm die nicht zuletzt wegen seines erfolgreichen Steuerwiderstands auf Kreditfinanzierung

25 Wobei es an grotesken Beispielen nicht fehlt. So enthält die griechische Verfassung eine Bestimmung, die den Besitzern von Schiffen, also Familien wie Onassis und Niarchos, Steuerfreiheit gewährt. Die Steuerfreiheit für Reeder wurde 1967 in die unmittelbar nach dem Militärputsch von der Junta erlassene Verfassung eingefügt. 1972 wählten die griechischen Schiffbesitzer den Diktator Papadopoulos als Dank zum Präsidenten der Reedervereinigung auf Lebenszeit. Zur heutigen Lage der griechischen Schiffbesitzer, die etwa 15 Prozent der Welthandelsflotte ihr Eigen nennen, siehe »Insecurity Touches the Tycoons of Greece«, in The New York Times vom 24. Mai 2012. Dort heißt es, dass Versuche, die Steuerfreiheit der Reeder zu beenden, lediglich bewirken würden, dass diese ihr Vermögen und ihre Geschäfte ins Ausland verlagern. Wie viel die reichen Familien Griechenlands besitzen, lasse sich nicht feststellen, »because much of the money exists offshore, secreted away in Swiss bank accounts or invested in real estate in London and Monaco.« Auch deshalb, und wegen ihrer umfangreichen Beteiligungen an griechischen Banken hätten die griechischen »Oligarchen« jeden Grund, in der Währungsunion bleiben zu wollen. Statt Steuern zu zahlen, stiften einige der reichen Familien für philanthropische Zwecke, wohl nach amerikanischem Vorbild. Andere hätten zusätzlich »bolstered their already tight security forces by hiring more bodyguards«. Ähnlich »Greece's super-rich maintain lavish lifestyles and low profiles«, in The Guardian vom 13. Juni 2012. Auch der Gutwillige sollte sich fragen, warum derartige Berichte in der deutschen Presse fast völlig fehlen.

angewiesenen Staaten gerade recht: Nicht nur ist die Armut des Staates sein Reichtum, sondern sie bietet ihm zugleich eine ideale Gelegenheit, diesen gewinnbringend zu investieren.

Der, soweit ich sehen kann, einzige Ökonom, der auf diesen Zusammenhang aufmerksam gemacht hat, ist Carl Christian von Weizsäcker, auch wenn und vielleicht gerade weil er ihn affirmativ wendet. Anders als fast alle anderen deutschen Wirtschaftswissenschaftler tritt Weizsäcker für eine *Erhöhung* der Staatsverschuldung ein, zumindest in Ländern, die eine positive Leistungsbilanz aufweisen.[26] Er begründet dies mit einem säkularen Kapitalüberschuss in reichen Gesellschaften wie Deutschland, den er auf ein gestiegenes »Vorsorgebedürfnis« einer älter werdenden Bevölkerung zurückführt. Damit diese nicht in »Anlagenotstand« gerät, müsse der Staat bereit sein, ihre Ersparnisse als Kredit aufzunehmen, zumal der Zweck der Vorsorge riskantere Anlagen ausschließe und die Anlagemöglichkeiten in einer sich zur Wissensökonomie entwickelnden Realwirtschaft wegen deren verändertem Kapitalbedarfs nicht ausreichten. Weizsäcker geht nicht darauf ein, dass dem Anlagenotstand auch abgeholfen werden könnte, indem die überschüssigen Ersparnisse durch höhere Besteuerung (»Konfiskation«) in reguläre Staatseinnahmen verwandelt würden – ebenso wie das Fürsorgebedürfnis statt individuell durch Ansparen privater Vermögen ja auch kollektiv auf dem Weg über eine Umlagefinanzierung abgedeckt werden könnte, beides mit tendenziell egalitären Konsequenzen.[27] Allerdings lässt

26 Nachzulesen etwa in seinem Aufsatz in der *Frankfurter Allgemeinen Zeitung* vom 5. Juni 2010 mit dem Titel »Das Janusgesicht der Staatsschulden«.

27 Höhere Steuern zur Vermeidung von Staatsschulden würden auch die kitschige Konsolidierungsrhetorik obsolet machen, wonach »wir« nicht auf Kosten »unserer Kinder« leben dürfen – wenn das Problem in Wahrheit darin besteht, dass die »Besserverdienenden« auf Kosten der Allgemeinheit leben, indem sie sich von einer Beteiligung an den bei der Pflege ihrer Jagdgründe anfallenden gesellschaftlichen Gemeinkosten weitgehend freistellen lassen. Im Übrigen würde ein angemessener Mindestlohn für private Dienstleistungen ebenfalls zur Senkung der Sparrate der Mittelschichten und damit zur Behebung ihres »Anlagenotstands«

Weizsäcker keinen Zweifel daran, dass er die von ihm vorge-
zogene Lösung nicht aus technischen, sondern aus politischen
Gründen favorisiert, weil »das explizite und implizite private
Vermögen aus Vorsorgegründen und aus Vererbungsgründen
[…] eine Art ›Strukturparameter‹ ist, der nicht ohne massive
Eingriffe in […] die bürgerliche Sozialstruktur unserer Gesellschaft geändert werden kann« (Weizsäcker 2010).

Weizsäckers Analyse macht deutlich, dass, solange auf die
Zahlungsfähigkeit der Staaten gegenüber ihren Kreditgebern
Verlass ist, eine dauerhafte Teilfinanzierung der Staatstätigkeit durch Verschuldung durchaus im Interesse der Besitzer
von Geldvermögen liegt. Die Sieger im Verteilungskampf am
Markt und mit dem Finanzamt müssen, wenn ihr Sieg vollständig sein soll, das Kapital, das sie Staat und Gesellschaft
abgewonnen haben, sicher und gewinnbringend anlegen können. Ihnen liegt deshalb an einem Staat, der ihnen ihr Geld
nicht nur als Eigentum belässt, sondern es ihnen anschließend
als Kredit wieder abnimmt, es für sie sicher verwahrt, ihnen
für das von ihnen Geborgte-statt-Konfiszierte obendrein noch
Zinsen zahlt und ihnen zu guter Letzt die Möglichkeit gibt, es
in ihrer Familie an die nächste Generation weiterzureichen –
zu Erbschaftssteuern, die längst zu Bagatellsteuern geworden
sind.[28] Damit trägt der Staat als Schuldenstaat zur Perpetuie-
rung der gesellschaftlichen Schichtungsverhältnisse und der
ihnen innewohnenden sozialen Ungleichheit nachhaltig bei.
Zugleich unterwirft er sich und seine Tätigkeit der Kontrolle
durch seine als »Märkte« in Erscheinung tretende Gläubiger.
Diese tritt neben die demokratische Kontrolle durch seine
Bürger, mit der Möglichkeit, sie zu überlagern oder sie gar,
wie sich gegenwärtig abzeichnet, im Übergang vom Schulden-
zum Konsolidierungsstaat zunehmend auszuschalten.

---

beitragen – und sich, wie bei Keynes nachzulesen, zugleich konsum- und
wachstumsfördernd auswirken.

28 Zur Erbschaftssteuer siehe die Arbeiten von Jens Beckert (unter
anderem 2004).

Die Politik des Schuldenstaates

Die gegenwärtige Fiskalkrise und der Übergang vom Steuer- zum Schuldenstaat haben eine neue Phase im Verhältnis zwischen Kapitalismus und Demokratie eingeleitet, die in den herkömmlichen Demokratietheorien nicht vorgesehen ist. Die Krise nach 2008 hat die Verschuldung der reichen Demokratien auf ein Niveau steigen lassen, auf dem ihre Gläubiger sich nicht mehr ohne weiteres darauf verlassen wollen, dass die Staaten in Zukunft willens und in der Lage sein werden, ihren Zahlungsverpflichtungen nachzukommen. Als Folge bemühen sich die Kreditgeber zur Sicherung ihrer Ansprüche weit mehr als in der Vergangenheit um Einfluss auf die staatliche Politik. Damit tritt im Schuldenstaat eine zweite Klasse von Anspruchsträgern und Ermächtigungsgebern neben die Bürgerschaft, die im demokratischen Steuerstaat und in der etablierten Demokratietheorie die einzige Referenzgruppe des modernen Staates gebildet hatte.

Auf bemerkenswerte Weise gleicht der Aufstieg der Gläubiger zu einer zweiten *constituency*[29] des modernen Staates dem Eintritt aktivistischer Anteilseigner in die Welt der kapitalistischen Großunternehmen der 1980er und 1990er Jahre unter dem Vorzeichen der Shareholder-Value-Doktrin (Rappaport 1986). Ebenso wie damals die Vorstände der börsennotierten Aktiengesellschaften gegenüber den »Märkten für Unternehmenskontrolle«, so sehen sich heute die Regierungen der Schuldenstaaten im Verhältnis zu den »Finanzmärkten« gezwungen, einen zusätzlichen Interessenkomplex zu bedienen, dessen Ansprüche aufgrund seiner gewachsenen Durchsetzungsfähigkeit in liquider gewordenen Märkten plötzlich ge-

---

29 Die einzige deutsche Übersetzung des ausgesprochen zweckmäßigen englischen Worts *constituency* ist »Wahlkreis«. Dies deckt aber nur einen sehr kleinen Teil seines semantischen Gehalts ab. *The New Shorter Oxford* definiert *constituency* als »a body of customers, supporters, etc.« Mit Hegel könnte man die *constituency* eines Staates vielleicht als dessen »moralische Wurzel« bezeichnen; der Schuldenstaat hätte dann deren zwei.

stiegen sind. Wie den Kapitalmärkten in der Transformation der *corporate governance,* so muss den Kreditmärkten in der Transformation der Demokratie daran liegen, durch Einsatz ihrer neu gewonnenen Marktmacht, insbesondere der Möglichkeit, durch Verkauf ihrer Anteile auszusteigen, den Einfluss rivalisierender Ansprüche auf die jeweilige Exekutive – den der Belegschaft auf die Unternehmensvorstände im einen Fall und den der Bürger auf die von ihnen gewählten Regierungen im anderen – zu ihren eigenen Gunsten zurückzudrängen. Dabei geht es in beiden Fällen um einen Verteilungskonflikt: in den Unternehmen um die Ausschüttung von Überschüssen an die Anteilseigner statt an die Belegschaft bzw. statt ihrer Thesaurierung zur Absicherung des Managements, und in den Schuldenstaaten um die Erhaltung dessen, was man den *bondholder value* der staatlichen Schuldverschreibungen nennen könnte. Ebenso wie die Steigerung des *shareholder value* von den Unternehmensvorständen verlangt, dass sie ihre Belegschaften entweder niederkämpfen oder sie – noch besser – in gemeinsame Anstrengungen zur Erhöhung des Kurswerts einbinden, so erfordert die Sicherung des Vertrauens der Kreditgeber, dass die Regierungen ihre Bürger dazu überreden oder zwingen, ihre Ansprüche an den öffentlichen Haushalt zugunsten der »Finanzmärkte« zurückzuschrauben.

Im Folgenden möchte ich ein stilisiertes Modell des gegenwärtigen Schuldenstaates als Adressat und Mandatar zweier unterschiedlich konstituierter Kollektive und als intermediäres System zwischen zwei miteinander in Widerstreit liegenden Umwelten vorschlagen. Diese funktionieren nach tendenziell unvereinbaren Logiken, denen staatliche Politik dennoch möglichst gleichzeitig gerecht werden muss: die Bevölkerung (das *Staatsvolk*) auf der einen Seite und die »Märkte« (das *Marktvolk*) auf der anderen (Abb. 2.6).[30] Ein Staatsvolk ist na-

---

30 Das Modell erinnert an die Beschreibung von Interessenverbänden als soziale Systeme, die in zwei Umwelten mit unterschiedlichen Handlungslogiken gleichzeitig überleben müssen: der Umwelt ihrer Mitgliederbasis mit der sie regierenden »Mitgliedschaftslogik« und der des

tional organisiert und besteht aus Bürgern, die als Staatsbürger an einen Staat gebunden sind, dem gegenüber sie unveräußerliche Bürgerrechte geltend machen können. Zu diesen gehört, dass sie als Wähler in periodisch abgehaltenen Wahlen ihren Willen ausdrücken können. Zwischendurch beeinflussen sie die Entscheidungen ihrer verfassungsmäßigen Repräsentanten, indem sie sich durch Erheben ihrer Stimme an der Bildung einer »öffentlichen Meinung« beteiligen. Dafür, dass sie dies dürfen, schulden sie dem demokratischen Staat Loyalität, einschließlich der Abführung von Steuern, deren Verwendung prinzipiell der freien Entscheidung der zuständigen Staatsorgane überlassen bleibt. Staatsbürgerliche Loyalität kann als Gegenleistung für den Beitrag des Staates zur Daseinsvorsorge, insbesondere die Gewährleistung demokratisch begründeter sozialer Bürgerrechte, gesehen werden.

Der von seinen Bürgern regierte und, als *Steuerstaat*, von ihnen alimentierte demokratische Staat wird zum demokratischen *Schuldenstaat*, sobald seine Subsistenz nicht mehr nur von den Zuwendungen seiner Bürger, sondern in erheblichem Ausmaß auch von dem Vertrauen von Gläubigern abhängt. Anders als das Staatsvolk des Steuerstaates ist das Marktvolk des Schuldenstaates transnational integriert. An den jeweiligen Nationalstaat sind die Mitglieder des Marktvolkes lediglich vertragsrechtlich gebunden, als Investoren statt als Bürger. Ihre Rechte dem Staat gegenüber sind nicht öffentlicher, sondern privater Art: nicht aus einer Verfassung resultierend, sondern aus dem Zivilrecht. Statt diffuser und politisch erweiterbarer Bürgerrechte haben sie gegenüber dem Staat spezifische, vor Zivilgerichten grundsätzlich einklagbare und durch Vertragserfüllung ablösbare Forderungen. Eine Regierung, die ihnen nicht gefällt, können sie als Gläubiger nicht abwählen; wohl aber können sie ihre Schuldscheine verkaufen oder davon ab-

politischen Institutionensystems und seiner »Einflusslogik«. Hier wie dort geht es darum, dass eine Organisation darauf angewiesen ist, Ressourcen aus zwei Umwelten zu mobilisieren, die widersprüchliche Anforderungen an ihr Verhalten stellen (Schmitter und Streeck 1999).

sehen, an den Auktionen neuer Schuldscheine teilzunehmen. Die sich bei diesen herausbildenden Renditen, die das von den Investoren geschätzte Risiko abbilden, ihre Einlage nicht oder nicht vollständig zurückzuerhalten, sind die »öffentliche Meinung« des Marktvolkes – die, weil in quantifizierter Form vorliegend, weit präziser formuliert und lesbarer ist als die des Staatsvolks. Wo der Schuldenstaat von seinem Staatsvolk Loyalität als Bürgerpflicht erwarten kann, muss er gegenüber seinem Marktvolk darauf bedacht sein, dessen »Vertrauen« zu erwerben und zu erhalten, indem er seine Schulden zuverlässig bedient und glaubhaft macht, dass er dies auch in Zukunft wird tun können und wollen.

Versucht man die Funktionsweise des demokratischen Schuldenstaates zu verstehen, so muss zunächst erstaunen, dass niemand zu wissen scheint, wer die für ihn so wichtigen »Märkte« eigentlich sind. Auch darüber, wie die Preise gefunden werden, die von den Staaten für ihnen gewährte Kredite gezahlt werden müssen, findet sich wenig in der Literatur, zumindest in der sozialwissenschaftlichen, und fast nichts in der Tages- und Wochenpresse.[31] Was man weiß, ist, dass jeder Staat mehrmals im Jahr Schuldverschreibungen verkauft, überwiegend zur Refinanzierung seiner Altschulden; das bedeutet, dass praktisch jederzeit irgendwo auf der Welt eine Auktion stattfindet. Die Wirtschaftstheorie scheint als selbstverständlich zu unterstellen, dass der Markt für Staatsschulden ein perfekter Markt ist, und möchte dies nicht in Zweifel gezogen wissen; Daten über die Struktur der Nachfrageseite lassen sich wohl nicht zuletzt deshalb kaum finden. Dies ist umso bemerkenswerter, als in den meisten anderen Wirtschaftssektoren,

31 Dabei erscheint beispielsweise die hohe Volatilität der Risikoaufschläge für Staatsanleihen als durchaus erstaunlich und erklärungsbedürftig – bleiben doch die Fundamentaldaten kurzfristig dieselben. Ebenso rätselhaft muss erscheinen, warum Länder mit hoher Verschuldung, wie zum Beispiel Belgien, Japan und die USA, sich zu relativ günstigen Konditionen verschulden können, während ein Land wie Spanien, dessen Verschuldungsrate eher niedrig ist, hohe Zinsen zahlen muss, um an Kredite zu kommen.

Abb. 2.6

**Der demokratische Schuldenstaat
und seine zwei Völker**

Staatsvolk	Marktvolk
National	International
Bürger	Investoren
Bürgerrechte	Forderungen
Wähler	Gläubiger
Wahlen (periodisch)	Auktionen (kontinuierlich)
Öffentliche Meinung	Zinssätze
Loyalität	„Vertrauen"
Daseinsvorsorge	Schuldenbedienung

ob auf nationaler oder globaler Ebene, Statistiken über Markt-
anteile und Konzentrationsraten leicht zugänglich sind. Man
kennt die Namen von ein paar großen im Staatsschuldenmarkt
tätigen Fonds wie Calpers und PIMCO.[32] Man weiß aber nicht,
ob es wie in anderen Märkten auch hier so etwas wie Markt-
und Preisführerschaft einer kleinen Gruppe von Großunternehmen gibt. Bekannt ist, dass die Finanzminister zahlreicher
Staaten gerne bei PIMCO um einen Termin ersuchen, um sich
von dessen Vorstandsvorsitzendem Rat für ihre Haushaltspolitik zu holen.[33] Ein Kartellrecht, das Vereinbarungen zwischen
den Marktführern oder das öffentliche Signalisieren geplanter

32 PIMCO ist das Akronym für Pacific Investment Management
Company. Das Unternehmen dürfte die weltgrößte auf öffentliche An-
leihen spezialisierte Verwaltung von Investmentfonds sein. PIMCOs
Total-Return-Fonds allein hat einen Umfang von 263 Milliarden Dollar.
Der Präsident und Gründer von PIMCO, William H. Gross, bezog 2011
ein Einkommen von 200 Millionen Dollar, sein Chief Executive Officer
und designierter Nachfolger, Mohamed A. El-Erian, musste sich mit 100
Millionen zufriedengeben. In den fünf Krisenjahren von 2007 bis 2011
erzielte Total Return jährlich im Durchschnitt eine Rendite von etwa 9,5
Prozent (»The Bond Market Discovers a New Leading Man«, *The New
York Times,* 29. Juli 2012).

33 In der englischen Ausgabe des *Spiegel* erschien am 2. August 2011
ein Interview mit dem Vorstandsvorsitzenden von PIMCO, El-Erian. In
ihm findet sich die folgende Passage:
SPIEGEL: Pimco is in regular contact with governments around the
world. How would you advise, for example, a Spanish finance minister?
EL-ERIAN: I think it was my colleagues in London who met with him
and his delegation, and they did so at the request of the Spanish au-
thorities.
SPIEGEL: How many finance ministers have called you recently?
EL-ERIAN: Some do, as do some central bankers from around the
world. The typical question we get asked is this: »What does it take for
Pimco to make long-term investments in our country.« The answer is
always the same: an outlook of high and sustainable growth.
SPIEGEL: And your people then tell the Spanish finance minister:
»Sorry, but your bonds are too risky for us.«
EL-ERIAN: We are very cautious about exposures to Greece and Ire-
land. Spain is under more active discussion, with a lot depending on
how they deal with the problem of the cajas (savings banks).
Siehe ⟨http://www.spiegel.de/international/business/spiegel-interview-
with-pimco-ceo-el-erian-germany-finds-itself-in-a-very-delicate-
situation-a-744297.html⟩, letzter Zugriff am 26. November 2012.

Kauf- bzw. Nichtkaufentscheidungen verbieten würde, gibt es auf internationaler Ebene nicht; anders als Preisabsprachen zwischen Herstellern von Zement oder Unterwäsche wäre es nicht strafbar, wenn die führenden Fonds der Welt etwa in einer Telefonkonferenz übereinkämen, der nächsten Versteigerung von französischen Staatspapieren fernzubleiben.[34]

Demokratische Schuldenstaaten müssen zwischen ihren zwei Klassen von *stakeholders* manövrieren, um beide wenigstens so weit zufriedenzustellen, dass diese ihnen ihre Loyalität oder ihr Vertrauen, je nachdem, nicht gänzlich aufkündigen. Dabei müssen sie darauf achten, sich von keiner der beiden Seiten zu stark vereinnahmen zu lassen, weil dies eine Krise im Verhältnis zu der anderen Seite auslösen kann. Ein demokratischer Schuldenstaat kann seine Gläubiger nur zufriedenstellen, wenn seine Bürger noch mit ihm zusammenarbeiten; erscheint er in deren Augen als verlängerter Arm seiner Kreditgeber, besteht die Gefahr, dass sie ihm die Gefolgschaft verweigern. Gleichzeitig kann ein derartiger Staat seine Legitimität gegenüber seinen Bürgern – und insbesondere zu seinen ihm trotz Internationalisierung verbliebenen Steuerbürgern – nur dann behaupten, wenn seine Kreditgeber bereit sind, seine Schulden zu für ihn und seine Bürger tragbaren Bedingungen zu finanzieren und zu refinanzieren. Diese Bereitschaft wird dann abnehmen oder verschwinden, wenn ein Staat zu weit auf die Wünsche seiner Bürger eingeht und dabei Ressourcen bindet,

34 Auch über die Rolle der Rating-Agenturen im Markt für Staatsschulden ist wenig bekannt. Anders als in den Märkten für Verbriefungen wird das Rating von staatlichen Schuldverschreibungen von niemandem und jedenfalls nicht von den ausgebenden Staaten bezahlt. Ob Zahlungen von den Käufern von Schuldverschreibungen geleistet werden, ist nicht sicher. Eine Zeitlang wurden die Ratings der großen drei Agenturen (Standard and Poor's, Fitch und Moody's) von den europäischen Regierungen und den beteiligten internationalen Organisationen ungeduldig und manchmal in Panik erwartet, und »die Märkte« reagierten auf sie wie auf Kommando. Dies scheint in jüngster Zeit nicht mehr der Fall zu sein. Ob und, falls ja, wie die Rating-Agenturen ihr Verhalten mit der Gläubigerseite der internationalen Kreditmärkte abstimmen, muss derzeit offenbleiben.

die ihm später womöglich beim Schuldendienst fehlen. Nach welcher der beiden Seiten ein Schuldenstaat sich vor allem orientiert, hängt von deren relativer Macht ab. Diese wiederum bemisst sich danach, wie wahrscheinlich und schmerzhaft ein angedrohter Vertrauens- bzw. Loyalitätsentzug für den Staat und seine Regierung wäre.

Der die Politik des demokratischen Schuldenstaates prägende Konflikt zwischen seinen beiden um die Kontrolle über ihn ringenden Anspruchsgemeinden ist ein neuartiges, sich erst noch entfaltendes und so gut wie unerforschtes Phänomen. Vieles spricht dafür, im Auftreten des Finanzkapitals als zweites Volk – als mit dem Staatsvolk rivalisierendes Marktvolk – eine neue Stufe im Verhältnis zwischen Kapitalismus und Demokratie zu sehen, auf der das Kapital seinen Einfluss auf die Politik nicht mehr nur indirekt ausübt – durch Investieren oder Nichtinvestieren in nationale Volkswirtschaften –, sondern zusätzlich auch direkt: durch Finanzierung oder Nichtfinanzierung des Staates selber. Die kritische Demokratieforschung der 1960er und 1970er Jahre hatte untersucht, wie es den demokratischen Staaten der Nachkriegsära mehr oder weniger gut gelingen konnte, ihre demokratische Legitimität trotz der faktischen Sonderstellung jener Bürger zu sichern, die über Produktions- und Investitionsmittel verfügten. Der rapide und mit starker klassenpolitischer Schlagseite versehene Rückgang demokratischer Organisation und Beteiligung im Prozess der Liberalisierung sowie die fortschreitende Beschränkung des politischen Handlungsspielraums im Verlauf der Krisensequenz der letzten vier Jahrzehnte könnten bedeuten, dass Ähnliches nach dem Übergang vom Steuer- zum Schuldenstaat nicht mehr ohne weiteres möglich sein wird.

Ich möchte nun einige stilisierte Beobachtungen zur Politik des Schuldenstaates und zu den in ihm wirksamen Interessenkonstellationen zusammentragen, auch wenn diese angesichts des unterentwickelten Forschungsstandes gegenwärtig nicht mehr sein können als Impressionen auf der Grundlage laufender Zeitungslektüre.

1. Die langfristige Zunahme der Verschuldung der reichen Demokratien hat schon vor einiger Zeit deren faktische Souveränität zu beschneiden begonnen, indem sie die Politik der Regierungen immer mehr der Disziplin der Finanzmärkte unterwarf. Bereits im April 2000 schrieb der damalige Chef der Deutschen Bank, Rolf Breuer, in einem vielbeachteten Artikel in der Wochenzeitung *Die Zeit*, dass Politik im 21. Jahrhundert »mehr denn je auch mit Blick auf die Finanzmärkte formuliert werden« müsse: »Wenn man so will, haben die Finanzmärkte quasi als ›fünfte Gewalt‹ neben den Medien eine wichtige Wächterrolle übernommen.« Das müsse man nicht notwendig bedauern: »Wenn die Politik im 21. Jahrhundert in diesem Sinn im Schlepptau der Finanzmärkte stünde, wäre dies vielleicht so schlecht nicht.« Schließlich habe

> die Politik [...] zu den von ihr zuweilen schmerzhaft verspürten Handlungsrestriktionen [...] selbst beigetragen. Regierungen und Parlamente haben das Instrument der Staatsverschuldung übermäßig genutzt. Dies impliziert – wie bei anderen Schuldnern auch – eine Rechenschaftspflicht gegenüber den Gläubigern. Je höher die Staatsverschuldung, desto mehr sind Staaten dem Urteil der Finanzmärkte ausgesetzt. Wenn Regierungen und Parlamente sich also gezwungen sehen, heute auf die Bedürfnisse und Präferenzen der internationalen Finanzmärkte stärker Rücksicht zu nehmen, dann ist das auch auf die Fehler der Vergangenheit zurückzuführen.[35]

Nur wenige Jahre später war es möglich, denselben Sachverhalt unverblümter auszudrücken. Im September 2007 antwortete der damalige Präsident der amerikanischen Zentralbank, Alan Greenspan, in einem Interview mit dem Züricher *Tages-Anzeiger* (19.9.2007) auf die Frage, welchen der Kandidaten für die Präsidentschaft der Vereinigten Staaten er unterstütze, wie folgt:

---

35 Rolf-E. Breuer, »Die fünfte Gewalt«, ⟨http://www.zeit.de/2000/18/ 200018.5._gewalt_.xml⟩, letzter Zugriff am 26. November 2012.

Wir haben das Glück, dass die politischen Beschlüsse in den USA dank der Globalisierung größtenteils durch die weltweite Marktwirtschaft ersetzt wurden. Mit Ausnahme des Themas der nationalen Sicherheit spielt es kaum eine Rolle, wer der nächste Präsident wird. Die Welt wird durch Marktkräfte regiert.«[36]

Die Einschränkung der Souveränität der Nationalstaaten durch die »Marktkräfte« kommt einer Einschränkung der demokratischen Entscheidungsfreiheit ihrer Staatsvölker und einer entsprechenden Ermächtigung des für ihre Finanzierung zunehmend unentbehrlichen Marktvolks gleich. Demokratie auf nationaler Ebene setzt nationalstaatliche Souveränität voraus; diese aber steht von Finanzmärkten abhängig gewordenen Schuldenstaaten immer weniger zur Verfügung. Der Organisationsvorsprung global integrierter Finanzmärkte gegenüber nationalstaatlich organisierten Gesellschaften und die daraus resultierende politische Macht wurde zum ersten Mal dramatisch deutlich, als der Finanzier George Soros im September 1992 so viel Geld zusammenbringen konnte, dass er mit ihm erfolgreich gegen die Bank of England zu spekulieren und dadurch das damalige Europäische Währungssystem zu sprengen vermochte. Sein Gewinn aus der Operation soll sich auf rund eine Milliarde Dollar belaufen haben.

2. Hauptziel der Gläubiger der Staaten im Konflikt mit deren Bürgern muss sein, für den Krisenfall die Vorrangigkeit ihrer Ansprüche gegenüber denen des Staatsvolks – der Schuldenbedienung gegenüber der Daseinsvorsorge – zuverlässig zu sichern. Dies erreichen sie am besten durch im Idealfall verfassungsmäßig verankerte Institutionen wie die »Schuldenbremse«, die die Souveränität der Wähler und zukünftiger Regierungen über die öffentlichen Finanzen einschränken. Die Schaffung solcher Institutionen kann durch Androhung höherer Risikoaufschläge auf Staatsanleihen erzwungen bzw. durch niedrigere Aufschläge belohnt werden. Im Prinzip geht es dabei um ein Kernproblem des Konkursrechts, projiziert

36 Zitiert nach Thielemann (2011).

auf die staatliche Finanzpolitik: Welche Forderungen haben im Konkursfall gegenüber welchen anderen Forderungen Vorrang? Aus Sicht der Kreditgeber muss dafür gesorgt sein, dass ein allfälliger »*haircut*« nicht bei ihnen stattfindet, sondern bei Rentnern und Krankenversicherten – dass also Staaten ihre Souveränität nur gegenüber ihren Staats- und nicht gegenüber ihren Marktvölkern ausüben. Ruft man sich die Diskussionen der letzten Jahre in Erinnerung, so sieht man, dass dieses Prinzip tatsächlich schon selbstverständlich geworden ist: dass eine »Beunruhigung der Märkte« – der *Rentiers* – um jeden Preis vermieden werden muss,[37] ist ein Gemeinplatz durch das gesamte politische Spektrum hindurch, ebenso wie, dass eine mögliche Beunruhigung der *Rentner* im Namen des Allgemeinwohls hinzunehmen wäre.

3. Im Ringen um das »Vertrauen der Märkte« müssen Schuldenstaaten glaubhaft machen, dass sie bemüht sind, jederzeit in der Lage zu sein, ihren zivilrechtlichen und vertraglichen Verpflichtungen nachzukommen. In Krisenzeiten gelingt Vertrauensbildung dieser Art am ehesten mittels entschlossener Durchsetzung von Sparmaßnahmen gegen die eigene Bevölkerung, am besten unter Beteiligung der Opposition und durch Schaffung ausgabenbegrenzender Institutionen mit Ewigkeitsgarantie. Solange die Wähler nämlich noch die Möglichkeit haben, eine kapitalmarktdienliche Regierung abzuwählen,

37 Zur Illustration eignet sich ein längeres Zitat aus einem Artikel des Wirtschaftsethikers Ulrich Thielemann. Im September 2011 hatte der deutsche Wirtschaftsminister Philipp Rösler in einem Namensartikel in der *Welt* geschrieben, es dürfe keine »Denkverbote« geben und man müsse »die Möglichkeit einer geordneten Staateninsolvenz« prüfen. Was dann geschah, berichtet Thielemann wie folgt: »Finanzminister Wolfgang Schäuble reagierte sofort. Er sei ›strikt dagegen, dass über eine Insolvenz öffentlich diskutiert wird‹, denn dies könne zu ›unkontrollierbaren Reaktionen auf den Finanzmärkten‹ führen. ›Die Märkte‹ dürften, so Schäuble ein paar Tage zuvor, ›keine Zweifel an der Handlungsfähigkeit Europas haben‹ […]. Die Opposition nutzte die Gelegenheit, um das, was gemeinhin ›Wirtschaftskompetenz‹ genannt wird, zu markieren. Röslers Äußerungen seien, so der Fraktionsvorsitzende der Grünen, Jürgen Trittin, ›amateurhaft‹ und zeigten, dass da ein ›Praktikant im Wirtschaftsministerium sitze. ›Die Börsen reagieren‹« (Thielemann 2011, 820).

kann das Marktvolk seiner Sache nie ganz sicher sein. Schon das bloße Vorhandensein einer potenziell regierungsfähigen Opposition mit weniger kapitalmarktkompatiblen Vorstellungen kann einen Staat Vertrauen und damit Geld kosten. Der beste Schuldenstaat ist deshalb einer mit Großer Koalition, zumindest in der Finanz- und Fiskalpolitik, sowie mit erprobten Techniken zur Ausbürgerung abweichender Positionen aus dem gemeinsamen Haus der nationalen Verfassung. Die Bundesrepublik Deutschland kommt diesem Zustand schon sehr nahe.

4. Ein schwieriges Problem für »die Märkte« ist, dass die Kürzung von Ausgaben für das Staatsvolk, wenn sie zu weit getrieben wird, das Wachstum der nationalen Wirtschaft beeinträchtigen kann. Wachstum senkt die Schuldenquote und erleichtert Staaten die Bedienung ihrer Schulden,[38] Stagnation oder gar Schrumpfung der Wirtschaft dagegen erhöhen die Wahrscheinlichkeit eines Zahlungsausfalls. Die Aufgabe, Austerität mit Wachstum zu verbinden, ähnelt der Quadratur des Kreises; niemand weiß wirklich, wie sie zu bewältigen wäre.[39] Dies liegt auch dem nicht enden wollenden Streit zwischen verschiedenen Schulen der Ökonomie über den richtigen Weg zur Lösung der staatlichen Finanzkrise zugrunde. Während die einen auf die Angebotsseite, das heißt auf Steuersenkungen und ein Zurückschneiden der Staatstätigkeit mit dem Ziel einer Wiederbelebung der Privatwirtschaft, setzen, fordern die anderen eine Stärkung der öffentlichen und privaten Nachfrage als Voraussetzung für neue Investitionen in die Realwirtschaft.

5. Weitere Komplikationen ergeben sich daraus, dass ein

---

38 Angeblich aber nur unterhalb eines bestimmten bereits erreichten Verschuldungsniveaus. Eine einflussreiche Expertenmeinung sieht die Schwelle, jenseits derer die bestehende Staatsverschuldung zukünftiges Wachstum *verhindert*, bei 80 Prozent des Sozialprodukts (Reinhart und Rogoff 2010). Wenn dies zuträfe – wie alle ökonometrisch berechneten »Gesetze« ist auch dieses mit Vorsicht zu genießen –, wären zahlreiche entwickelte Volkswirtschaften schon heute wachstumsunfähig.

39 Hierzu einige Gedanken in den Schlussbemerkungen.

wachsender Teil des Marktvolks auch einem Staatsvolk als Normalbürger angehört und sich sein Interesse nicht nur auf die sichere Bedienung der Staatsschulden erstreckt, sondern auch, und möglicherweise noch mehr, auf eine intakte öffentliche Daseinsvorsorge. Diese Gruppe hat mit der Privatisierung von Teilen der sozialen Sicherung, etwa in Gestalt von Zusatzrenten, und dem Anstieg der Sparguthaben der Mittelschicht in den letzten Jahren stark zugenommen. Für sie stellt sich die Frage, was ihr mehr schaden würde: ein staatlicher Zahlungsausfall gegenüber »den Märkten«, der ihre investierten Ersparnisse reduzieren würde, oder eine Kürzung von Sozialleistungen zur Verhinderung eines solchen Zahlungsausfalls. Politisch wäre sie vermutlich für eine Politik sowohl der Austerität, die ihr Kapital, als auch der Verweigerung von Austerität, die den Sozialstaat schützt, zu gewinnen. Sie könnte soziologisch als eine neue Art von unter widersprüchlichem Interessendruck stehender Zwischengruppe angesehen werden.

6. Wenig weiß man über die Machtverhältnisse zwischen Staatsvölkern und Marktvolk und wie sie sich auf die laufende Aushandlung der zwischen ihnen geltenden *terms of trade* auswirken. Die Macht der Anleger speist sich vor allem aus ihrer fortgeschrittenen internationalen Integration und dem Vorhandensein effizienter globaler Märkte; beide ermöglichen es ihnen, rasch aus einer Anlage in die andere zu wechseln, wenn ihnen das »Vertrauen« abhandenkommt. Darüber hinaus helfen ihnen unter Umständen die Rating-Agenturen, sich zu koordinieren und als einiges Marktvolk (»die Märkte«) gemeinsam Druck auf Staaten auszuüben, deren Bürger oder Regierungen ihren Wünschen nicht entsprechen wollen. Andererseits scheinen die Besitzer von Geldvermögen darauf angewiesen zu sein, zur Absicherung ihrer Portfolios mindestens einen Teil ihres Kapitals in Staatsanleihen anlegen zu können. Auch können Staaten »die Märkte« durch regulative Maßnahmen zwingen, in Staatsschulden zu investieren, etwa indem sie das Niveau der gesetzlich geforderten Risikovorsorge bei Ban-

ken und Versicherungen heraufsetzen.[40] Des Weiteren können sie ihre Schulden grundsätzlich nach eigenem Ermessen einseitig »umstrukturieren«, da sie als »souveräne« Schuldner bisher keiner Konkursordnung unterliegen.[41] Dabei können sie ihren Gläubigern einen Schuldenschnitt auferlegen und im äußersten Fall sogar jegliche Schuldenbedienung einstellen. In der Tat ist dies ein ständiger Albtraum der Gläubigerseite.[42] Da eine Zahlungseinstellung die zukünftige Kreditwürdigkeit eines Staates beschädigen würde, greifen Staaten allerdings nur dann zu diesem Mittel, wenn sie keinen anderen Ausweg sehen. Im Prinzip aber ist die einseitige Entschuldung eine gefährliche Waffe staatlicher Schuldner zur Verteidigung der Ansprüche ihrer Bürger auf staatliche Daseinsvorsorge. Solange es diese Waffe gibt und ihr Einsatz einigermaßen glaubwürdig angedroht werden kann, können sich die Gläubiger eines Schuldenstaates veranlasst sehen, bei der Durchsetzung ihrer Interessen Zurückhaltung zu üben.[43]

40 In Verbindung mit niedrig gehaltenen Zinsen, Kapitalverkehrskontrollen und erhöhten Inflationsraten kann dies eine Strategie zum Abbau der Staatsverschuldung darstellen. Der Terminus technicus ist »finanzielle Repression« (Reinhart und Sbrancia 2011).

41 Die Schaffung einer Konkursordnung für Staaten wird immer wieder vorgeschlagen. Die Gläubiger versprechen sich von ihr eine Begrenzung der Handlungsfreiheit der Schuldnerstaaten bei einem Zahlungsausfall. Allerdings können sie nicht sicher sein, ob sie die Staaten dazu bringen können, sich in diese Richtung zu binden. Im Gegenteil könnte eine Konkursordnung dazu führen, dass staatliche Insolvenzen normalisiert und dadurch häufiger würden.

42 Die angestrengt nach Mitteln sucht, sich gegen diese Eventualität zu schützen. Im Januar 2012 berichtete die *New York Times* über einen Hedgefonds, der dabei war, die Möglichkeit zu prüfen, Griechenland wegen der »Gläubigerbeteiligung« an seiner mittlerweile als unzureichend erkannten Sanierung im Jahr 2011 vor dem Europäischen Gerichtshof für Menschenrechte wegen Verletzung von Eigentumsrechten zu verklagen. Ein Investor wird mit dem Satz zitiert: »What Europe is forgetting is that there needs to be respect for contract rights.« Siehe: »Hedge Funds May Sue Greece if It Tries to Force Loss«, in *The New York Times* vom 19. Januar 2012.

43 Etwa bei der Erhöhung der Risikoaufschläge auf Staatsanleihen. Allgemein scheint Übereinstimmung zu bestehen, dass jenseits eines Zinsniveaus von ungefähr sieben Prozent Staaten ihre Schulden nicht

7. »Die Märkte« können die »Staatengemeinschaft« und ihre Organisationen für die Sicherung ihrer Ansprüche gegen Schuldenstaaten in Dienst nehmen. Dabei können sie sich auf ihren Organisationsvorsprung gegenüber dem in globale Märkte eingebetteten, aber nach wie vor national basierten Staatensystem stützen. In international verflochtenen Finanzmärkten hat der Kollaps eines Schuldenstaates eine Vielzahl von externen Effekten für die anderen Staaten, die in Art und Ausmaß nicht sicher vorhersehbar sind. Beispielsweise könnten ausländische Finanzinstitute so stark geschädigt werden, dass sie von »ihren« Regierungen mit hohem fiskalischem Aufwand gerettet werden müssten.[44] Auch können die privatisierten Teile der Altersversorgung der Bevölkerung zusammenbrechen, oder das Vertrauen der »Märkte« in Staatsanleihen als solche kann leiden, was die Zinssätze, die auch die übrigen Staaten für die Refinanzierung ihrer Schulden aufbringen müssen, herauftreiben würde. Ein gefährdeter Staat wird deshalb dem Druck der anderen Staaten und der internationalen Organisationen ausgesetzt sein, seine Verpflichtungen gegenüber seinen Gläubigern zu erfüllen, und sei es um den Preis der Nichterfüllung seiner Verpflichtungen gegenüber seinen Bürgern. Zugleich können die anderen Staaten unter Druck geraten, dem betrof-

mehr bedienen können. Allerdings werden die Schulden eines Staates immer nur in Tranchen finanziert oder refinanziert, so dass es eine Weile dauert, bis ein gestiegener Zinssatz für einen so großen Teil des Schuldenbestands gilt, um die Möglichkeit einer Zahlungsunfähigkeit akut werden zu lassen. Eigentlich dürften die Gläubiger eines Staates am Eintreten dieses Zustands nicht interessiert sein, wenn sie die Hühner, die für sie goldene Eier legen, nicht schlachten wollen – es sei denn, sie könnten darauf rechnen, dass bei vorzeitigem Ableben eines der Hühner die anderen für es einspringen würden. Ihnen dies zu versichern, könnte natürlich ein gefährliches *moral hazard* schaffen.

44 Freilich weiß man nicht wirklich, wie die Finanzinstitute verschiedener Länder genau miteinander verflochten sind. Wie erwähnt, können gerade auch von internationalen Organisationen veranstaltete sogenannte »Stresstests« darüber nichts aussagen, einmal weil sie nur mit den Daten rechnen können, die der Finanzaufsicht vorliegen und die diese weitergibt, und zum anderen, weil sie von vornherein so gestaltet werden müssen, dass ihre Ergebnisse auch im schlimmsten Fall keine Panik auslösen.

fenen Staat im Namen »internationaler Solidarität« zur Seite zu stehen, um mittels Krediten und Transferleistungen einen Zahlungsausfall zu verhindern. Grundsätzlich könnten sich natürlich die Staaten auch gegen die Märkte verbünden, etwa indem sie sich gemeinsam weigerten, auf Austeritätsforderungen einzugehen. Hier bestehen jedoch klassische Probleme kollektiven Handelns, die unter anderem auf Unterschiede in den Interessen und Ausgangsbedingungen der beteiligten Länder zurückgehen. So könnte ein Land wie Großbritannien, das wie kein anderes von der wirtschaftlichen Gesundheit seines Finanzsektors abhängt, kaum einer zwischenstaatlichen Vereinbarung beitreten, den »Finanzmärkten« gemeinsam einen Schuldenschnitt abzuverlangen, es sei denn, es erhielte dafür von anderen Staaten Ausgleichszahlungen.

Schuldenpolitik als internationale Finanzdiplomatie

Die Politik des modernen Schuldenstaates wird zugleich kompliziert und demokratischem Zugriff entrückt, indem sie zu einem erheblichen Teil als internationale Politik – in der Gestalt von zwischenstaatlicher Finanzdiplomatie – stattfindet, vor allem in Europa. Dabei wird der Verteilungskonflikt zwischen Staatsvölkern und Marktvolk, der selbst eine abgeleitete Version des Verteilungskonflikts zwischen Lohn- und Profitabhängigen ist, auf eine neue Ebene projiziert, auf der er bis zur Unkenntlichkeit verzerrt erscheint und die sich als ideale zusätzliche Bühne für Aufführungen der Postdemokratie anbietet. Auf ihr haben die Öffentlichkeiten der europäischen Nationalstaaten nun schon jahrelang atemlos ein Verwirrspiel mit den überraschendsten Wendungen verfolgen können, die denen im Wunderland der kleinen Alice an Bizarrerie in nichts nachstehen.

Allerdings ist das, worum es in der Schuldenpolitik geht, viel ernster. Die Beauftragung internationaler *governance* mit der fiskalischen Überwachung und Regulierung nationaler

Regierungen droht den Konflikt zwischen Kapitalismus und Demokratie durch Enteignung der politischen Produktionsmittel der Staatsvölker auf lange Zeit, wenn nicht ein für alle Mal, zugunsten des Ersteren zu entscheiden. Wenn die 2012 beschlossenen Pläne zur Neuordnung des europäischen Staatensystems mit Hilfe eines »Fiskalpakts« an ihr Ziel kommen sollten, werden die Nationalstaaten sich und ihre Politik unter dem Druck der Finanzmärkte und internationalen Organisationen völker- und verfassungsrechtlich an die Grundsätze der Marktgerechtigkeit gebunden und sich die Möglichkeit weitgehend versperrt haben, diese im Namen sozialer Gerechtigkeit zu modifizieren.[45] An diesem Punkt wird dann die Liberalisierung des modernen Kapitalismus mit einer nachhaltigen Immunisierung seiner Märkte gegen diskretionäre politische Interventionen an ihrem Ziel angekommen sein.

Die Internationalisierung von Fiskalkrise und Schuldenpolitik versteckt die politischen und wirtschaftlichen Akteure des demokratischen Kapitalismus hinter dem Konstrukt einer Welt von Nationen mit einheitlichen, voneinander unterschiedenen und gegensätzlichen Interessen. Staaten erscheinen wie Fußballmannschaften als Teilnehmer an einem Turnier um führende Plätze in einer Rangliste, bei der es um wirtschaftliche Leistung, Wettbewerbsfähigkeit, das Ausmaß an Korruption und politischen Klientelismus und dergleichen geht.[46] Zugleich werden sie zu Trägern kollektiver Rechte und Pflichten im Verhältnis untereinander stilisiert, etwa hinsichtlich von Ansprüchen auf solidarische Unterstützung im Notfall. Die Folge ist eine erstaunlich populäre Reformulierung von Schuldenpolitik in nationalistischen Begriffen mit hohem demago-

45 Mehr hierzu in Kapitel III, im Zusammenhang der Diskussion der Europäischen Union als internationaler Konsolidierungsstaat.
46 In den Sozialwissenschaften wird diese Perspektive von der vergleichenden Politikforschung gepflegt, die fast immer einen agonalen Unterton hat: Welches Land oder welche Gruppe von Ländern ist »besser« bei Wirtschaftswachstum, in der Umweltpolitik, in der Gesundheit, der Zufriedenheit seiner Bevölkerung, dem Ausmaß der politischen Beteiligung usw.

gischem Potential sowie eine rapide Renationalisierung und nationalistische Moralisierung des internationalen politischen Diskurses, während gleichzeitig die Respektierung von Ansprüchen auf staatliche Souveränität vom Wohlverhalten eines Landes gegenüber den globalen Finanzmärkten und internationalen Organisationen bzw. der Einhaltung der von diesen erlassenen Verhaltensregeln abhängig gemacht wird.

In der Rhetorik der internationalen Schuldenpolitik erscheinen monistisch konzipierte Nationen als ganzheitliche moralische Akteure mit gemeinschaftlicher Haftung. Interne Klassen- und Herrschaftsverhältnisse bleiben außer Acht. Dies ermöglicht diskursive Unterscheidungen zwischen Nationen, die »ihr Haus in Ordnung« haben, und solchen, die es versäumt haben, »ihre Hausaufgaben zu machen«, und sich deshalb nicht beklagen dürfen, wenn auf sie »durchgegriffen« wird. »Faule« Länder müssen sich die Solidarität der rechtschaffenen Länder dadurch verdienen, dass sie sich nach deren Bild reformieren oder dies jedenfalls so gut es geht versuchen. Umgekehrt erwarten notleidende Länder, dass ihre glücklicheren und dadurch bessergestellten Nachbarn ihnen aus moralischer Verpflichtung solidarische Hilfe leisten; tun sie dies nicht oder nicht im gewünschten Umfang, gelten sie als kollektiv arrogant und hartherzig. Die entsprechenden nationalistischen Klischees finden sich in Deutschland paradigmatisch in dem Buch von Thilo Sarrazin, *Europa braucht den Euro nicht* (2012), und in Ländern wie Italien und Griechenland in Darstellungen der deutschen Bundeskanzlerin in der Tagespresse als geistige Nachfolgerin Adolf Hitlers.[47]

47 Siehe »Antideutsche Stimmung kocht in Italien hoch«, in *Frankfurter Allgemeine Zeitung* vom 7. August 2012: »In der italienischen Eurodebatte wird der Ton gegenüber Deutschland immer aggressiver. Den vorläufigen Gipfel der Kampagne bildete am vergangenen Freitag die Schlagzeile ›Viertes Reich‹ auf der Titelseite des ›Giornale‹, im gemeinschaftlichen Besitz von Silvio Berlusconis Bruder Paolo und dem börsennotierten, von Silvio beherrschten Verlag Mondadori. Nach zwei Weltkriegen mit Millionen von Toten hätten die Deutschen immer noch nicht genug, schreibt dort Chefredakteur Alessandro Sallusti. ›Jetzt kehren sie

In politisch-ökonomischer Perspektive dagegen erscheint internationale Schuldenpolitik als Zusammenarbeit zwischen nationalen Regierungen zum Schutz von Finanzinvestoren gegen Verluste, mit dem Ziel, die Risikoaufschläge auf staatliche Kreditaufnahmen allgemein niedrig zu halten und sich gegen die Gefahr abzusichern, die jeweils »eigenen« nationalen Banken für Verluste entschädigen oder durch Rekapitalisierung vor einem Zusammenbruch retten zu müssen. Damit schützen die Staaten zugleich ihre bessergestellten Bürger, die ihre Ersparnisse in Staatsschulden und ähnliche Finanzinstrumente investiert haben. »Märkte« wie Regierungen sind mit allen Mitteln bemüht, in Gefahr geratene Schuldenstaaten davon abzuhalten, von ihrer Souveränität Gebrauch zu machen und ihre Zahlungen einzustellen. Erste Priorität der internationalen Gemeinschaft der Schuldenstaaten ist die möglichst vollständige Bedienung einmal aufgenommener Schulden durch jedes ihrer Mitglieder, auch die schwächeren.

Zum Konflikt zwischen Staatsvölkern und Marktvolk gehört, dass die Bürger der Länder, zu denen die Finanzmärkte noch Vertrauen haben, von ihren Regierungen und denen anderer Länder ebenso wie von den internationalen Organisationen und den Finanzinvestoren selber[48] aufgefordert werden, »Soli-

zurück, nicht mehr mit Kanonen, sondern mit Euro. Die Deutschen sehen sie als ihre Sache an, wir müssen alles hinnehmen, uns dem neuen Kaiser namens Angela Merkel unterwerfen, die nun auch bei uns zu Hause kommandieren will.‹ Schlimm sei, dass Italien nicht reagiere, so wie die alliierten Mächte 1938 gegenüber Hitler, schreibt Sallusti auf der ersten Seite von Berlusconis Zeitung [...] Zuletzt hatte Italiens Ministerpräsident Mario Monti im Gespräch mit dem Nachrichtenmagazin ›Spiegel‹ vor antideutschen Ressentiments in Italien gewarnt und die Bedeutung nationaler Parlamente geringgeschätzt. Letzteres stieß in Deutschland auf viel Kritik. Vor diesem Hintergrund hat das rechtspopulistische Blatt ›Libero‹ in der Internetausgabe vom Montag noch eine Steigerung der italienischen Angriffe gefunden: ›Die Nazideutschen wollen uns Lektionen in Demokratie geben‹.«

48 Besonders öffentlichkeitswirksam immer wieder von dem Großspekulanten George Soros. Der *Frankfurter Allgemeinen Zeitung* vom 26. Januar 2012 zufolge warnte Soros beim Weltwirtschaftsforum in Davos vor der »Gefahr, dass der Euro den politischen Zusammenhalt der EU

darität« mit Ländern zu üben, die zahlungsunfähig zu werden drohen. Da es in Wahrheit darum geht, nicht Länder, sondern die Portfolios der Gläubiger derselben zu retten und dadurch den globalen Markt für Staatsschulden zu stabilisieren, kommt es nicht darauf an, ob das Pro-Kopf-Einkommen eines Geberlandes niedriger ist als das des Empfängerlandes.[49] Aus demselben Grund ist es auch kein Widerspruch, wenn die geleistete Unterstützung gar nicht erst in dem betreffenden Land, sondern direkt bei dessen ausländischen Gläubigern ankommt.[50]

untergräbt [...]. Deutschland trage hier die Hauptverantwortung [...]. Um die Gefahrenherde einzudämmen, empfahl Soros den Europäern eine strikte Finanzdisziplin und strukturelle Reformen [...]. Ein Mittel hierzu seien Eurobonds.« Soros lässt seine Appelle gerne durch von ihm geförderte Wirtschafts- und Sozialwissenschaftler in der Form wissenschaftlicher Politikberatung zur europäischen Einigung verbreiten. Siehe den Aufruf »Breaking the Deadlock: A Path Out of the Crisis« vom 23. Juli 2012, verbreitet von dem von Soros 2009 gegründeten Institute for New Economic Thinking, ⟨http://ineteconomics.org/council-euro-zone-crisis/statement⟩, letzter Zugriff am 26. November 2012.

49 So wurde selbstverständlich erwartet, dass sich die Slowakei an den Hilfeleistungen für Irland beteiligt, obwohl ihr Pro-Kopf-Einkommen weit unter dem irischen liegt (das vor der Krise höher war als das deutsche). Was die geforderte deutsche »Solidarität« etwa mit Griechenland betrifft, so wird als moralische Begründung auf das höhere Pro-Kopf-Einkommen in Deutschland verwiesen. In der öffentlichen Rhetorik fehlt dabei jeder Hinweis darauf, dass es nicht wenige Griechen gibt, die weit reicher sind als fast alle Deutschen, und immer mehr Deutsche, deren Lebensstandard unterhalb dem der griechischen Mittelschicht liegt. Der Beitrag dieser Deutschen zur Rettung des griechischen Staates, in Gestalt vor allem von gekürzten Sozialhaushalten aller Art, bewahrt die der griechischen Oberschicht gehörenden Banken vor Verlusten und subventioniert die Nichtbesteuerung der großen griechischen Vermögen. 2005 erzielte Griechenland aus seiner Einkommenssteuer einen Ertrag in Höhe von vier Prozent des Bruttoinlandsprodukts, im Vergleich zu zehn Prozent in den 15 westeuropäischen EU-Ländern. Alle Steuern zusammen machten 29,7 Prozent des Sozialprodukts aus; bei den EU15 waren es mit 39,7 Prozent ein Drittel mehr (Grözinger 2012). Im Jahr 2001, dem Jahr des griechischen Beitritts zur Währungsunion und des Beginns der großen Staatsverschuldung mit Hilfe billiger Kredite, senkte Griechenland die Höchstrate der Gewinnbesteuerung von 40 auf 20 Prozent (Markantonatu 2012).

50 »Its membership in the euro currency union hanging in the balance, Greece continues to receive billions of euros in emergency assis-

Länder, die von anderen Ländern »gerettet« werden, müssen dennoch oder gerade deshalb ihren Bürgern tiefe Einschnitte in deren Lebensstandard zumuten, zur langfristigen Vertrauensbildung gegenüber den Finanzmärkten, aber auch zur Beruhigung der Bürger der Geberstaaten, die ja ebenfalls zur Finanzierung der Solidarität der Staatengemeinschaft mit den »Märkten« Einschnitte in ihre öffentlichen Haushalte und Sozialleistungen hinzunehmen haben.[51] So gelingt es, auf beiden Seiten, bei »Gebern« und »Empfängern«, den gemeinsam zu entrichtenden Tribut an die Finanzmärkte als gegenseitige Erpressung unterschiedlich »reicher« bzw. unterschiedlich reichtumswürdiger Länder oder Bevölkerungen erscheinen zu lassen.

Internationale Solidarität, die in der Praxis auf Bestrafung durch eine international von außen und oben verordnete Austeritätspolitik hinausläuft, nimmt die Bürger eines zahlungsunfähig gewordenen Schuldenstaates für ihre früheren Regierungen in Gesamthaftung. Dies wird damit gerechtfer-

tance from the so-called troika of lenders overseeing its bailout. But almost none of the money is going to the Greek government to pay for vital public services. Instead, it is flowing directly back into the troika's pockets. The European bailout of 130 billion euros that was supposed to buy time for Greece is mainly servicing only the interest on the country's debt – while the Greek economy continuous to struggle [...]. On the face of it, the situation seems absurd. The European authorities are effectively lending Greece money so Greece can repay the money it borrowed from them [...].« Siehe »Most Aid to Athens Circles Back to Europe«, in *The New York Times* vom 30. Mai 2012.

51 Im holistisch-nationalistischen Weltbild der internationalen Finanzdiplomatie zwischen Schuldenstaaten zahlen griechische Arbeiter, denen im Zuge ausländischer Rettungsmaßnahmen die Rente gekürzt wird, für »ihre« Banken. Für den Gedanken, zur Rettung der griechischen Banken zunächst deren Anteilseigner und diejenigen heranzuziehen, die in den letzten Jahren die im Bankengeschäft reichlich angefallenen Gewinne, Wertzuwächse, Gehälter und Boni kassiert haben, findet sich in dem längst hegemonial gewordenen Sprachspiel eines neoliberal neuerweckten nationalen Holismus keine Formulierung. Zweifellos reflektiert dies auch die Machtlosigkeit der nur noch scheinsouveränen Staaten gegenüber den internationalen Finanzmärkten nach der neoliberalen Wende.

tigt, dass sie diese ja demokratisch gewählt haben. Demokratie dient so dazu, eine Identität zwischen Bürgern und Regierung, zwischen dem Wahlvolk als Prinzipal und der Regierung als Agent zu konstruieren, die tief genug ist, um von den Bürgern verlangen zu können, dass sie die in ihrem Namen aufgenommenen Kredite aus ihrer Tasche zurückzahlen – gleichgültig, wen sie gewählt haben und ob von dem geborgten Geld jemals etwas bei ihnen angekommen ist. Dabei bleibt ihnen als Staatsbürgern verwehrt, was ihnen als Wirtschaftsbürgern leicht möglich wäre, nämlich so etwas wie eine Pfändungsgrenze geltend zu machen, etwa gestützt auf die Europäische Menschenrechtskonvention.

Während im neonationalistischen öffentlichen Diskurs nationale Überschuldung darauf zurückgeführt wird, dass die Bürger eines Landes sich auf Kosten der Bürger anderer Länder ein bequemes Leben gemacht haben (was es dann rechtfertigt, ihnen Solidarität-als-Strafe zukommen zu lassen), haben Schuldenstaaten in Wahrheit Schulden aufgenommen, um Steuern zu ersetzen, die sie von ihren Bürgern, allen voran den reichsten, nicht kassieren konnten oder um des sozialen Friedens willen nicht kassieren wollten oder durften. Dies macht die internationale Unterstützung für einen Schuldenstaat zu Solidarität nicht nur mit dessen Kreditgebern, sondern auch mit seiner niedrig und im Neoliberalismus immer niedriger besteuerten Oberschicht; Solidarität subventioniert im Ergebnis eine schiefe Einkommensverteilung, auch weil sie es den Bürgern des unterstützten Staates erspart, sich für deren Korrektur politisch zu organisieren und die damit verbundenen Konflikte und Risiken auf sich zu nehmen. Dass die »Besserverdienenden« ihrer Steuerpflicht heute leichter denn je entkommen und dadurch ihre Heimatländer zur Schuldenaufnahme zwingen können, ist im Übrigen eine Folge der Liberalisierung der Kapitalmärkte in den letzten Jahrzehnten. Länder wie die USA, Frankreich, Großbritannien und Deutschland haben von der Kapitalflucht aus Weichsteuerstaaten mit ungleicher Einkommensverteilung in hohem Maße profitiert, insbesondere ihre reicheren Bürger in Form von steigenden Preisen für Luxusimmobilien. Die Rechnung hierfür wird heute den Bürgern jener Staaten präsentiert, deren Regierungen dem Kapital unter dem Beifall der »Finanzmärkte« Verkehrsfreiheit gegeben haben oder unter dem Druck der »internationalen Gemeinschaft« geben mussten.

In der verkehrten Welt der in die internationalen Finanzmärkte eingebetteten zwischenstaatlichen Finanz- und Fiskaldiplomatie wird die Abtretung von nationaler Souveränität an supranationale Institutionen und werden internationale Hilfeleistung ebenso wie grenzüberschreitende Regulierung zu Instrumenten nicht nur der Einlagensicherung und Schuldeneintreibung für Finanzinvestoren, sondern auch der Entdemokratisierung des Kapitalismus durch Schutz der »Märkte« gegen politische Eingriffe im Namen marktkorrigierender sozialer Gerechtigkeit. Nationale Souveränität – eine zentrale Voraussetzung nationaler Demokratie – wird als Gelegenheit zum Schuldenmachen auf Kosten anderer Länder delegitimiert und, nicht selten unter dem Applaus der zu vergemeinschafteter Schuldendeckung herangezogenen Staatsvölker, zugunsten demokratisch gehörloser supranationaler Diszplinierungsagenturen abgeschafft – nicht allein in den überschuldeten Schuldenstaaten, sondern allgemein, unter Berufung auf Werte wie internationale Solidarität und die friedliche Überwindung des Nationalismus durch supranationale Integration.

III.
Die Politik des Konsolidierungsstaates: Neoliberalismus in Europa

Im Gefolge der Finanz- und Fiskalkrise ist der Schuldenstaat, der den Steuerstaat abgelöst hat, dabei, sich in einen *Konsolidierungsstaat* zu verwandeln und den neoliberalen Abschied des europäischen Staatensystems und seiner politischen Ökonomie von seiner keynesianischen Gründungsphase zu vollenden. Der sich herausbildende Konsolidierungsstaat konstituiert sich als internationales Mehrebenenregime, und das nicht zufällig. Dass zwischen Internationalisierung und Denationalisierung einerseits und Liberalisierung andererseits ein Zusammenhang bestehen könnte, war spätestens seit den Diskussionen über die politischen Konsequenzen der »Globalisierung« im öffentlichen Bewusstsein präsent. Aber niemand hat diesen Zusammenhang so früh und klar ausbuchstabiert wie Friedrich von Hayek in seinem Aufsatz »The Economic Conditions of Interstate Federalism«, erschienen zeitgleich mit dem Beginn des Zweiten Weltkriegs im September 1939 in der Zeitschrift *New Commonwealth Quarterly* (Hayek 1980 [1939]).

Integration und Liberalisierung

Hayeks Aufsatz beginnt, den Umständen seiner Entstehung entsprechend, mit der Frage nach den Bedingungen der Möglichkeit einer stabilen internationalen Friedensordnung. Diese sei, so Hayek, auf Dauer nur mittels einer zwischenstaatlichen Föderation zu gewährleisten, die stark genug sein müsse, um nach innen Konflikte zwischen ihren Mitgliedstaaten zu schlichten und nach außen deren kollektive Sicherheit zu garantieren. Erforderlich dafür sei eine gemeinsame Ver-

141

teidigungs- und Außenpolitik, die in den Händen einer Zentralregierung liegen müsse. Dabei könne man es aber nicht belassen; es gebe »kein historisches Beispiel von Ländern mit einer gemeinsamen Außen- und Verteidigungspolitik ohne eine gemeinsame Wirtschaftsordnung« (Hayek 1980 [1939], 256).[1] Ließe man innerhalb einer Föderation unterschiedliche Wirtschaftsordnungen und -politiken zu, so bewirkten diese eine »Solidarität der Interessen« nach Teilstaaten und hätten zur Folge, dass die wirtschaftlichen Konfliktlinien zwischen den Bürgern der Konföderation stets entlang der Grenzen ihrer Teilstaaten verliefen (ebd., 257). Im Ergebnis träfen dann immer wieder dieselben Gruppen aufeinander und nicht Gruppen wechselnder Zusammensetzung. Für die Einheit des Ganzen sei es jedoch nötig,

> dass die Gruppen, zwischen denen es zu Konflikten kommt, nicht immer dieselben sind, und vor allem, dass sich die unterschiedlichen Interessengruppierungen territorial überlappen und niemals dauerhaft mit den Bewohnern einer bestimmten Region identisch werden (ebd., 258).

Wenn aber für den Zusammenhalt einer Föderation ein einheitliches Wirtschaftsregime erforderlich ist, damit Solidarität nicht national gebunden bleibt, wie kann ein solches Regime aussehen? Die folgenden zwei Schritte bilden den Kern des Hayekschen Arguments. Zunächst zeigt Hayek, dass eine gemeinsame Wirtschaftsordnung ohne Binnenzölle und mit Freizügigkeit für Menschen und Kapital – eine Union mit einem »single market« (ebd.) – die Reichweite und Eingriffstiefe der Wirtschaftspolitik jedes ihrer Mitgliedstaaten eng beschränken muss. Daran anschließend, zweitens, legt er dar, dass die politischen Eingriffe in den Markt, die auf einzelstaatlicher Ebene ausgeschlossen werden müssten, nicht auf die Ebene der Föderation verlagert werden könnten, um dort gewissermaßen ersetzt zu werden – dass also »bestimmte wirtschaftliche Zuständigkeiten, die heute im Allgemeinen

---

1 Hier und im Folgenden Übersetzung von mir, WS.

von den Nationalstaaten ausgeübt werden, weder von der Föderation noch von den Einzelstaaten ausgeübt werden könnten«. Das bedeute, »dass es insgesamt *weniger Regierung* geben müsste, *wenn eine Föderation praktisch möglich sein soll*« (ebd., 266; Hervorhebung von mir, WS).

Was den ersten Punkt angeht, so verweist Hayek darauf, dass bei Verkehrsfreiheit von »Menschen, Gütern und Kapital« (ebd., 260) einzelstaatliche Eingriffe in den Markt, etwa zur Förderung einheimischer Produkte, zu weit gehende Auswirkungen auf die Föderation als ganze haben würden, als dass sie geduldet werden könnten. Auch sei es nicht möglich, dass die Mitgliedstaaten eine eigene Geldpolitik betrieben:

> Tatsächlich erscheint es zweifelhaft, ob es in einer Union mit einem einheitlichen Geldsystem weiterhin unabhängige nationale Zentralbanken geben könnte. Wahrscheinlich müssten sie in einer Art von Federal-Reserve-System zusammengefasst werden (ebd., 259).

Des Weiteren werde der Wettbewerb dafür sorgen, dass kein Staat seine Wirtschaft allzu stark mit Regulierungen belasten könne:

> Sogar die gesetzliche Beschränkung von Kinderarbeit oder die Regulierung der Arbeitszeit werden den Einzelstaaten schwerfallen (ebd., 260).

Darüber hinaus erschwere es die Freizügigkeit innerhalb der Union den Einzelstaaten, ihre Bürger zu besteuern: Zu hohe direkte Steuern würden Menschen und Kapital außer Landes treiben, und der Wegfall von Grenzkontrollen werde die indirekte Besteuerung zahlreicher Waren erschweren. Ähnlichen Restriktionen wie die Einzelstaaten würden auch deren Wirtschaftsverbände und Gewerkschaften unterliegen:

> Wenn erst einmal die Grenzen geöffnet sind und Bewegungsfreiheit gesichert ist, verlieren alle nationalen Organisationen dieser Art, ob Gewerkschaften, Kartelle oder Berufsverbände, ihre monopolistische Stellung und ihre Fähigkeit, qua nationale Organisationen das Angebot ihrer Dienstleistungen oder Produkte zu kontrollieren (ebd., 261).

Aber warum sollte, zweitens, auf internationaler Ebene nicht ersetzt werden können, was auf nationaler Ebene um des Zusammenhalts der Föderation willen aufgegeben werden muss? Der Grund ist, dass in einer Föderation von Nationalstaaten die Vielfalt der Interessen größer, das Gefühl einer gemeinsamen Identität, das Interessenkonflikte überbrücken könnte, aber schwächer ist als in einem Nationalstaat. Schutzzölle für einzelne Industrien beispielsweise verlangen Opfer von der Wirtschaftsgesellschaft als ganzer in Gestalt höherer Preise. Unter Landsleuten mögen diese akzeptabel sein; in einer Föderation aber ist das anders:

> Ist es wahrscheinlich, dass der französische Bauer bereit ist, für seinen Dünger einen höheren Preis zu zahlen, um der britischen chemischen Industrie zu helfen? Wird der schwedische Arbeiter mehr für seine Orangen bezahlen, um den kalifornischen Produzenten zu unterstützen? Oder der Angestellte im Londoner Bankenviertel mehr für seine Schuhe oder sein Fahrrad, aus Solidarität mit dem amerikanischen oder belgischen Arbeiter? Oder der südafrikanische Bergmann mehr für seine Sardinen, um dem norwegischen Fischer behilflich zu sein? (Ebd., 262 f.)

Dasselbe gilt für viele andere wirtschaftspolitische Eingriffe:

> Sogar Gesetze zur Begrenzung der Arbeitszeit oder eine Pflichtversicherung gegen Arbeitslosigkeit oder der Schutz irgendeiner anderen Annehmlichkeit wird in armen und reichen Regionen in unterschiedlichem Licht gesehen werden und könnte in den Ersteren sogar gerade denjenigen schaden und ihren heftigen Widerstand hervorrufen, die derartige Maßnahmen in den reicheren Regionen fordern und von ihnen profitieren (ebd., 263).

Strukturelle Homogenität, bedingt durch geringe Größe, und gemeinsame nationale Traditionen und Identitäten ermöglichen Eingriffe in das soziale und wirtschaftliche Leben von einer Tiefe, die in umfassenderen und – schon deshalb – heterogeneren politischen Einheiten nicht akzeptiert würden. *Föderation bedeutet deshalb unvermeidlich Liberalisierung:*

Dass Engländer oder Franzosen die Sicherung ihres Lebens, ihrer Freiheit und ihres Eigentums – kurz, die Funktionen eines liberalen Staates – einer überstaatlichen Organisation anvertrauen könnten, kann man sich vorstellen. Aber dass sie bereit sein sollten, der Regierung einer Föderation die Macht zu übertragen, ihr wirtschaftliches Leben zu regulieren – zu entscheiden, was sie produzieren oder konsumieren sollen –, ist weder wahrscheinlich noch wünschenswert. Zugleich gilt, dass in einer Föderation den Nationalstaaten keine derartigen Zuständigkeiten verbleiben können. Daraus ergibt sich, dass Föderation bedeutet, dass keine von beiden Regierungen das Recht haben kann, das Wirtschaftsleben sozialistisch zu planen (ebd., 263 f.).

Das von Hayek entwickelte Argument beginnt als Darlegung der wirtschaftlichen Voraussetzungen einer internationalen Friedensordnung und endet, indem es begründet, warum eine Föderation von Staaten, wenn sie zusammenhalten soll, notwendigerweise wirtschaftspolitisch liberal sein muss.[2] Nationalstaaten, die Frieden wollen, müssen sich zu einer Föderation zusammenschließen; das aber verlangt von ihnen, nicht nur ihre eigenen Wirtschaftsordnungen zu liberalisieren, sondern auch die der Föderation von vornherein liberal zu gestalten. Mit dem Nationalismus muss so zugleich auch der Sozialismus überwunden werden und zusammen mit beiden die für Demokratie und Rechtsstaat so bedrohliche Verbindung zwischen ihnen (ebd., 271). Die einzige Art von Demokratie allerdings, die auf diese Weise verwirklicht werden kann, kann nur eine strikt liberale, die Freiheit der Märkte respektierende sein, weil nur eine solche den inneren und äußeren Frieden innerhalb einer Föderation von Staaten zu bewahren vermag:

Wenn sich herausstellen sollte, dass Demokratie auf internationaler Ebene nur dann möglich ist, wenn die Aufgaben der internationalen Regierung auf ein im Wesentlichen liberales Pro-

2 Und warum umgekehrt »der Verzicht auf nationale Souveränität und die Schaffung einer wirksamen internationalen Rechtsordnung eine notwendige Ergänzung und die logische Vollendung des liberalen Programms« ist (ebd., 269).

gramm begrenzt sind, so würde dies lediglich die Erfahrung auf nationaler Ebene bestätigen, wo es täglich offenkundiger wird, dass Demokratie nur funktionieren kann, wenn wir sie nicht überfordern und wenn Mehrheiten davon absehen, ihre Fähigkeit zur Einmischung in die Freiheit des Individuums zu missbrauchen. Aber wenn der Preis, den wir für eine internationale demokratische Regierung zu zahlen haben, in der Begrenzung von deren Macht und Reichweite besteht, dann ist er gewiss nicht zu hoch (ebd., 271).

Hayeks Aufsatz von 1939 liest sich wie ein Konstruktionsplan für die Europäische Union von heute, und dies nicht nur, was den rhetorischen Gebrauch des Friedensthemas angeht. Zwar hat die Integrationspolitik der Nachkriegsperiode den europäischen Einigungsprozess zunächst als Aufbau einer transnationalen *mixed economy* konzipiert (Shonfield und Shonfield 1984), und zu jener Zeit wären Hayeks Argumente für den aus seiner Sicht erfreulich unvermeidlichen Liberalismus einer supranational integrierten politischen Ökonomie den meisten wohl als absurd erschienen.[3] Mit der Zeit aber wuchs die europäische Integration aus ihren keynesianischen und planifikatorischen Illusionen heraus, und je weiter der Integrationsprozess vorankam und begann, in das Zentrum der europäischen politischen Ökonomie vorzudringen, desto mehr folgte er den Hayekschen Intuitionen von 1939: über die Notwendigkeit einer wirtschaftlichen Neutralisierung von demokratischen Institutionen in einer Föderation und einer Abtretung von Allokationsentscheidungen an freie Märkte; über den Sachzwang eines Verbots marktverzerrender staatlicher Interven-

3 Abgesehen von den Ordoliberalen um den westdeutschen Wirtschaftsminister Ludwig Erhard, die in der seinerzeitigen EWG schon früh die Chance sahen, eine Wettbewerbs- und Wirtschaftspolitik nach ihrem Geschmack auf dem Umweg über Brüssel auch nach Deutschland zu bringen. Siehe Gerber (1988; 1994). Wenn sie Hayeks Föderalismus-Aufsatz von 1939 nicht selber gelesen hatten, was unwahrscheinlich ist – Hayek war zu diesem Zeitpunkt Professor an der Universität Freiburg –, dann hatten sie den von ihm analysierten Zusammenhang jedenfalls völlig verstanden.

tionen in den Mitgliedstaaten, einschließlich der Abschaffung nationaler Währungen; und über die politischen Hindernisse, die einer über Marktschaffung und Marktbefreiung hinausgehenden Integration auf Föderationsebene – aus Hayeks Sicht: glücklicherweise – im Wege stehen.

In der Tat erwies sich die in Europa nach dem Zweiten Weltkrieg zunächst um der Friedenssicherung willen entstandene zwischenstaatliche Föderation aufgrund der ihr inhärenten, von Hayek vorwegnehmend beschriebenen politischen und wirtschaftlichen Logik langfristig als zuverlässiger und über die Zeit immer kraftvollerer Motor einer liberalen Transformation der ihr angeschlossenen Volkswirtschaften und eines Zurückstutzens der unterschiedlichen nationalen Entwürfe einer an der Durchsetzung sozialer Gerechtigkeit gegen die Gerechtigkeit des Marktes orientierten Demokratie. Es ist, als habe Hayeks Aufsatz die Feldlinien berechnet, entlang deren sich die Institutionen der europäischen Einigung mit der Zeit anordnen würden, auch wenn sie ursprünglich ganz anders geplant waren. Besonders deutlich wurde dies im Zuge der nach dem Ende der 1970er Jahre einsetzenden neoliberalen Wende und noch deutlicher im Verlauf der gegenwärtig in Gang befindlichen Institutionalisierung dessen, was ich als Konsolidierungsstaat bezeichne. Heute und mehr denn je seit der Verlagerung des kapitalistisch-demokratischen Verteilungskonflikts auf die Ebene der internationalen Finanzdiplomatie stützen sich die Kräfte des »Marktes«, deren Ziel die Freisetzung des kapitalistischen Akkumulationsprozesses von politischen Korrekturen ist, vor allem anderen auf die von Hayek 1939 vorhergesehene institutionelle Dynamik. Die Transformation der Europäischen Union in ein Vehikel der Liberalisierung des europäischen Kapitalismus hat nicht erst 2008 begonnen; sie ist Wesen und Resultat eines kontinuierlichen Wandlungsprozesses, der die europäische Spielart und Verkörperung des seit den 1980er Jahren auf dem Weg befindlichen globalen Liberalisierungsprozesses bildet. Diesen Prozess – die gegenwärtig rapide voranschreitende parallele *Entdemokratisierung der Ökonomie* und *Entökonomisierung der Demokratie* mit dem Ziel einer institutionalisierten *Hegemonie der Marktgerechtigkeit über die soziale Gerechtigkeit* – könnte man als *Hayekisierung* des europäischen Kapitalismus bezeichnen, in Erinnerung an ihren lange vergessenen, dann aber umso folgenreicher wiederentdeckten theoretischen Vordenker.[4]

Die Europäische Union als Liberalisierungsmaschine

Schon früh ist der Europäischen Union ein »demokratisches Defizit« bescheinigt worden, zusammen mit einer fehlenden »sozialen Dimension« (Commission of the European Communities et al. 1988). Was das Erstere angeht, so wurde dieses zwar

4 Hayek selber hatte, als er zum globalen Ideologen des Kampfes gegen die Demokratie im demokratischen Kapitalismus heranreifte, genaue Vorstellungen darüber entwickelt, wie eine politische Demokratie einzurichten sei, die anders als »die heute praktizierte Form der Demokratie« kein »Synonym für den Prozeß des Stimmenkaufs und für das Schmieren und Belohnen von unlauteren Sonderinteressen« sei und kein »Auktionssystem, in dem alle paar Jahre die Macht der Gesetzgebung denen anvertraut wird, die ihren Gefolgsleuten die größten Sondervorteile versprechen [...]« (Hayek 1980). Demokratie sei nur dann mit Freiheit, vor allem wirtschaftlicher Freiheit, vereinbar, wenn staatliches Handeln, insbesondere solches wirtschaftspolitischer Art, strikt an allgemeine Regeln gebunden und gesichert sei, dass es nicht »willkürlich« stattfinden könne. Vor allem müsse Demokratie daran gehindert werden, der ständigen Versuchung nachzugeben, in die Resultate freier Märkte korrigierend einzugreifen. Dies sei durch eine entsprechende Verfassung sicherzustellen (Hayek 1971). Konkret schlug Hayek vor, die Gesetzgebung einer »Legislativen Versammlung« zu übertragen, deren Mitglieder einmalig für 15 Jahre gewählt würden. Jeder Bürger sollte nur einmal in seinem Leben wählen dürfen, und zwar im Alter von 45 Jahren, wobei jeder Jahrgang aus seiner Mitte ein Fünfzehntel der Sitze in der Legislativen Versammlung besetzen würde. Partei- und Interessenvertreter (Gewerkschaftsfunktionäre!) sollten vom passiven Wahlrecht ausgeschlossen sein; eine großzügige Altersversorgung sollte die Unabhängigkeit der Abgeordneten stärken. Die Mittel, mit denen heute versucht wird, den kapitalistischen Markt gegen demokratisch-interventionistische Politik zu immunisieren, sind natürlich andere, auch wenn die Europäische Kommission und die Leitung der EZB noch weniger gewählt sind als die Hayeksche Versammlung.

auch der geringen Kompetenzausstattung des Europäischen Parlaments zugeschrieben, in der sich politisch das Nichtvorhandensein oder Nochnichtvorhandensein eines europäischen Staatsvolks reflektiert. Noch wichtiger aber war und ist wohl die Stärkung der nationalen Exekutiven durch ein sich herausbildendes internationales Mehrebenenregime, in dem die Regierungen der Mitgliedstaaten sich in Brüssel mit international bindenden Mandaten ausstatten und dadurch innenpolitische Opponenten, insbesondere auch organisierte Interessen wie die der Arbeitnehmer, ins Leere laufen lassen können (Moravcsik 1997). So konnte das demokratische Kräftespiel in den Einzelstaaten immer wieder umgangen werden, etwa bei der Privatisierung von staatlichen Unternehmen.

Auch hinsichtlich der »sozialen Dimension« kann im Rückblick von einer Entwertung nationaler ohne Ausgleich durch entsprechende internationale Institutionen gesprochen werden. In den 1980er Jahren, noch unter dem Eindruck der Arbeiterunruhen von 1968, war das proklamierte Ziel der damaligen Europäischen Gemeinschaft der Aufbau eines supranationalen Sozialstaats im Wesentlichen nach dem seinerzeitigen westdeutschen Muster. Mit dem Ende der sozialdemokratischen Dominanz in den Mitgliedstaaten und den Attacken der von Margaret Thatcher geführten britischen Regierung auf die in den Brüsseler Gemeinschaftsorganen noch nachhängende, praktisch aber längst obsolet gewordene sozialdemokratische Restprogrammatik begann der Integrationsprozess zu stagnieren, auch weil die mittlerweile auf Liberalisierung gestimmten organisierten Arbeitgeber drohten an der Gemeinschaft das Interesse zu verlieren. Es oblag den beiden von Jacques Delors geführten Kommissionen, den Trend zu wenden. Erreicht wurde dies durch das Binnenmarktprogramm, das den Unternehmen die gewünschte Marktexpansion in Gestalt der »vier Freiheiten« bescherte, während den Beschäftigten die sozialpolitische Einbettung des Binnenmarktes als etwas in Aussicht gestellt wurde, das aus dessen Verwirklichung zwangsläufig folgen werde. Dazu kam es wegen des anhaltenden Widerstands der Arbeitgeber und der britischen Regierung jedoch nicht (Streeck 1995) – ungeachtet der Versuche der von der Brüsseler Kommission finanzierten, mittlerweile als Subdisziplin der Politikwissenschaft fest etablierten »Europaforschung«, die »soziale Dimension« allen entgegenstehenden empirischen Beobachtungen zum Trotz herbeizubehaupten.

Was entstand, war ein bis heute stabiles Muster »negativer« ohne »positive« Integration (Scharpf 1996), bei zunehmender Überlagerung und Suspendierung der Rechtsordnungen, politischen Kräfteverhältnisse und demokratischen Willensbildung der Nationalstaaten durch grenzüberschreitende Märkte und Marktfreiheiten. Hauptakteur der *Integration durch supranationale Liberalisierung* bzw. der *Liberalisierung durch internationale Integration* wurde der Europäische Gerichtshof, dessen Entscheidungen für die Einzelstaaten und ihre Bürger immer unangreifbarer wurden, zumal Mehrheiten für soziale Schutzregeln unter den mit dem Beitritt Osteuropas immer heterogener gewordenen Mitgliedstaaten nicht mehr zu finden waren (Höpner und Schäfer 2010). War es in den 1990er Jahren vor allem die Kommission, die mit dem Mittel des Wettbewerbsrechts erfolgreich die Privatisierung weiter Bereiche des öffentlichen Sektors betrieb,[5] so stellte im darauffolgenden Jahrzehnt der Europäische Gerichtshof in verschiedenen Entscheidungen unter anderem das Streik- und Mitbestimmungsrecht der Arbeitnehmer im Namen ungehinderten Dienstleistungs- und

5 Die Ersten, die die Möglichkeit erkannt hatten, durch europäisches Wettbewerbsrecht umgestaltend in die politischen Ökonomien der europäischen Nationalstaaten einzugreifen, waren die Berater Ludwig Erhards, die so ihre Niederlage im Kampf um das deutsche Kartellgesetz rückgängig machen wollten. Die damals eingerichtete institutionelle Maschinerie war fast fünfzig Jahre später in der Tat in der Lage, unter Führung des EU-Kommissars Mario Monti mit ihrem wettbewerbsrechtlichen Instrumentarium das deutsche öffentliche Bankensystem zu zerschlagen, das den Privatbanken schon immer ein Dorn im Auge gewesen war (Seikel 2012). Noch im Gange ist der auf die Kapitalverkehrsfreiheit gestützte Angriff der Kommission auf die starke Stellung der niedersächsischen Landesregierung und der Arbeitnehmer im VW-Konzern (Werner 2012).

Kapitalverkehrs in Frage. Insgesamt wurde die EU auf diese Weise zur Liberalisierungsmaschine des europäischen Kapitalismus, mit deren Hilfe Regierungen marktkonforme Reformen der verschiedensten Art gegen den Widerstand ihrer Bürger durchsetzen konnten, wenn sie nicht gar von den europäischen Behörden zu ihnen gezwungen wurden.

Die Europäische Währungsunion bildet den vorläufigen Höhepunkt der langjährigen Entwicklung der sich herausbildenden europäischen Föderation zu einem Mechanismus der Freisetzung der kapitalistischen Ökonomie von demokratischer Marktverzerrung. Es ist nützlich, sich daran zu erinnern, dass die Währungsunion zu einem Zeitpunkt beschlossen wurde, als die reichen Demokratien des Westens erstmals versuchten, ihre öffentlichen Finanzen zu konsolidieren. Haushaltsdisziplin auf nationaler Ebene war von Anfang an Teil des Pakets: Für alle Mitgliedstaaten galt, dass ihre jährlichen Haushaltsdefizite drei und ihr Schuldenstand 60 Prozent des Sozialprodukts nicht übersteigen durften. Zugleich schloss die Währungsunion definitionsgemäß aus, dass Länder mit weniger wettbewerbsfähigen Volkswirtschaften die euphemistisch als *level playing field* beschriebene Wettbewerbsordnung des gemeinsamen Markts durch Abwertung politisch neu justieren konnten, etwa um innenpolitische Verteilungskonflikte zu vermeiden oder zu befrieden. Auf diese Weise sollte der Anspruch produktiverer, auf Exporte angewiesener Länder auf Marktgerechtigkeit davor geschützt werden, durch Ausnutzung nationalstaatlicher Souveränität für Zwecke national-partikularer sozialer Gerechtigkeit Nachteile zu erleiden. Ländern, die in der gemeinsamen Währungsunion wirtschaftlich nicht mitkamen, sollte zur Anpassung allein eine sogenannte *innere Abwertung* offenstehen, also Lohnsenkungen, »anreizkompatible« Kürzungen der Sozialleistungen und »Flexibilisierung« der Arbeitsmärkte – in anderen Worten: die flächendeckende innenpolitische Vollendung des mit der gemeinsamen Währung verbundenen Liberalisierungsprogramms.

Keines dieser Ziele wurde im ersten Anlauf erreicht. Zur

Durchsetzung einer regelgebundenen Haushaltspolitik waren die von der Währungsunion vorgegebenen Regeln weder eindeutig noch sanktionsbewehrt genug; den Nationalstaaten blieb immer noch ausreichend Spielraum, sich marktungerechten Forderungen ihrer Staatsvölker zu beugen. Französische Vorstellungen, durch Bildung einer »Wirtschaftsregierung« das Regelwerk flexibel anwendbar zu machen und auf gesamteuropäischer Ebene neuen Raum für diskretionäre politische Intervention zu schaffen, scheiterten vor allem an den Interessen und der Innenpolitik des deutschen Bündnispartners. So wurden die Regeln, als unter anderem Frankreich und Deutschland nicht anders zu können glaubten, mehrmals straflos gebrochen. Zugleich erwiesen sich diejenigen Staaten, die den für sie neuen Hartwährungsbedingungen nicht gewachsen waren (Streeck 1994), als unfähig oder unwillig, ihre Gesellschaften und deren Ansprüche an soziale Gerechtigkeit marktkonform zu »modernisieren«. Um nicht in den Ruin getrieben zu werden, bedienten sie sich aus den nach der Währungsumstellung reichlich und preiswert sprudelnden Kreditquellen, die ihnen von der internationalen Geldindustrie bereitwillig zugänglich gemacht wurden.[6] Ein weiteres, vielleicht letztes Mal wurde Zeit gekauft – bis die Finanz- und Fiskalkrise dem ein vorläufiges Ende machte.

Die gegenwärtigen Auseinandersetzungen über einen europäischen Stabilitätspakt liegen auf der Linie der seit den 1990er Jahren in Europa in Gang befindlichen Entwicklung und verlängern sie; sie können als Versuch gesehen werden, die neu eingerichteten oder reformierten politisch-ökonomischen Institutionen so zu verstärken, dass sie die Liberalisierung des europäischen Kapitalismus auch tatsächlich vollenden und dauerhaft sicherstellen können. Zwar ist der Fiskalpakt unmittelbar durch die Krise motiviert, programmatisch aber ist er viel älter und gehört schon lange zur strategischen Grundausstattung der neoliberalen Wende in Europa. Dies

6 Hierzu weiter unten mehr.

wird auch daran deutlich, dass er zwar als politische Lösung der dreifachen Finanz- und Fiskalkrise vermarktet wird, gerade als solche aber wegen seiner allenfalls langfristigen Wirkung nicht taugt.

Es ist unmöglich und unnötig, hier auf die zahlreichen neuen Regelwerke, Institutionen und Instrumente detailliert einzugehen, die seit dem Beginn der Krise vom Europäischen Rat in rascher Folge behandelt und beschlossen wurden. Zwischen dem Inkrafttreten des »Sixpack« – sechs europäische Gesetze zur Reform des Stabilitäts- und Wachstumspakts von Maastricht – am 13. Dezember 2011 und der Unterzeichnung des Europäischen Fiskalpakts am 2. März 2012 lagen weniger als drei Monate. Zusätzliche Regeländerungen, immer weiter über das hinausgehend, was den europäischen Organen den Verträgen zufolge zusteht (Höpner und Rödl 2012), waren im Sommer 2012 in Arbeit. Die Tendenz ist seit langem immer dieselbe:

1. Die Vorschriften, denen die Fiskalpolitik der Mitgliedstaaten zu gehorchen hat, werden immer detaillierter. Ihre Einhaltung wird als Gegenleistung für allfällige Rettungsmaßnahmen der europäischen »Staatengemeinschaft« und insbesondere für deren von den »Märkten« durch Drohungen erzwungene Bereitschaft gefordert, öffentliche und private Kreditrisiken zu vergemeinschaften.

2. Die nationalen Regierungen werden immer weiter verschärften Verpflichtungen zu einem immer weiter gehenden Umbau ihrer jeweiligen Wirtschafts-, Sozial- und Rechtsordnungen unterworfen. So müssen sie nach deutschem Vorbild Schuldenbremsen in ihre Verfassungen einbauen. Auch sollen sie Wege finden, ihre Lohnfindungssysteme an von der EU definierte makroökonomische Stabilitätsziele anzupassen, und sich zu diesem Zweck in die Lage versetzen, »reformierend« in ihre jeweils eigenen nationalen Institutionen einzugreifen, notfalls auch gegen den Widerstand der Bevölkerung und ungeachtet sowohl der Tarifautonomie als auch der europäischen Kompetenzordnung.

3. Ebenso wichtig ist, wo die neuen europäischen Regelwerke davon absehen, in die Autonomie der Mitgliedstaaten einzugreifen. So fehlen Festlegungen eines Mindestniveaus der Besteuerung, die zur Eindämmung des Steuerwettbewerbs innerhalb des Binnenmarktes und der Währungsunion führen würden.[7] Dies setzt die Tradition der Europäischen Währungsunion fort, deren Konvergenz- und Aufnahmekriterien keinerlei Aussagen etwa über ein noch tolerierbares Höchstniveau der Arbeitslosigkeit oder der sozialen Ungleichheit enthielten.

4. Die europäischen Institutionen, seien es bestehende oder neu für diesen Zweck einzurichtende, erhalten immer umfangreichere Rechte, die Wirtschafts-, Sozial- und Finanzpolitik der Mitgliedstaaten zu überwachen und zu begutachten, zunehmend auch schon im Vorfeld anstehender Entscheidungen, einschließlich solcher der nationalen Parlamente. Zuständig auf europäischer Ebene ist zumeist die Kommission; der Rat als Vertreter der demokratisch legitimierten Mitgliedstaaten kommt erst in zweiter Reihe mit einer Art Vetorecht zum Zuge.

5. Auf europäischer Ebene können immer höhere Strafen gegen Mitgliedstaaten verhängt werden, die die ihnen auferlegten Regeln nicht einhalten. Die dazu erforderlichen Verfahren werden zunehmend justizförmig ausgestaltet und automa-

7 In diesem Geist wurde bei den Auflagen für die »Rettung« Griechenlands nie auch nur am Rande erwogen, Hilfeleistungen davon abhängig zu machen, dass das Land die Steuerbefreiung für Reedereien aufhebt oder die Kapitalflucht seiner reichen Familien unterbindet. Beispielsweise könnte, wie Grözinger (2012) schreibt, »Griechenland [...] sein Staatsangehörigkeits- und Steuerrecht« an das US-amerikanische anpassen und seine Bürger weltweit steuerpflichtig machen sowie reichen Auswanderern eine »Ausstiegssteuer« abverlangen. Des Weiteren könnte es »etwaige Doppelbesteuerungsabkommen, die dem entgegen stehen, kündigen und somit Zugriff auf die – vermutlich in beträchtlichem Ausmaß hinterzogenen – Vermögen und Einkommen seiner im Ausland lebenden Staatsbürger erhalten.« Nichts dergleichen ist je von Griechenland verlangt worden, nicht einmal von den deutschen »Oppositions«-Parteien SPD und Grüne als Gegenleistung für ihre unerschütterliche Unterstützung der europäischen Krisenpolitik der Regierung Merkel.

tisch eingeleitet, mit immer weniger Möglichkeiten für diskretionäre politische Entscheidungen.

6. Die nationalen und europäischen Regelwerke, die die Wirtschafts- und Fiskalpolitik der Mitgliedstaaten bestimmen sollen, werden so eingerichtet, dass sie Ewigkeitscharakter haben, also auch von neuen politischen Mehrheiten grundsätzlich nicht mehr änderbar sind.

7. Schließlich werden immer öfter Regelungen gefordert, die es der Brüsseler Zentrale, vorzugsweise der Kommission oder dem Gerichtshof, ermöglichen, bei Nichtbefolgung durch einzelne Staaten auf dem Weg der Ersatzvornahme für diese zu handeln und marktgerechte Entscheidungen an ihrer Stelle zu treffen.

Wohin die Reise geht, wird an einer Rede deutlich, die Jens Weidmann, der Präsident der Deutschen Bundesbank, am 14. Juni 2012 in Mannheim hielt. Weidmann war bis vor kurzem engster wirtschaftspolitischer Berater der Bundeskanzlerin. In der Rede heißt es an entscheidender Stelle:

> Für den Fall, dass sich ein Land nicht an die Haushaltsregeln hält, ginge nationale Souveränität automatisch in dem Ausmaß auf die europäische Ebene über, dass dadurch die Einhaltung der Ziele gewährleistet werden kann [...]. Denkbar wäre zum Beispiel das Recht, Steuererhöhungen oder proportionale Ausgabenkürzungen vornehmen – und nicht bloß verlangen – zu können. [...] In einem solchen Rahmen könnten Konsolidierungspfade durch die europäische Ebene sichergestellt werden, auch wenn sich hierfür keine Mehrheiten in dem jeweiligen nationalen Parlament finden sollten.[8]

Ende des Sommers 2012 war der Fiskalpakt, die bis dahin wichtigste im Rahmen der Verhandlungen zur Rettung der gemeinsamen Währung getroffene Vereinbarung, noch nicht von allen Ländern ratifiziert. In mehreren Mitgliedsländern

---

8 Die Rede findet sich auf der Webseite der Deutschen Bundesbank: ⟨http://www.bundesbank.de/Redaktion/DE/Reden/2012/2012_06_14_weidmann_rolle_geldpolitik.html⟩, letzter Zugriff am 26. November 2012.

hatte sich überdies Protest gegen eine Politik geregt, die das »Vertrauen« der »Märkte« durch international bindende Verpflichtungen zu einem langfristigen Ausgleich der nationalen Haushalte, in erster Linie durch Einsparungen, zurückzugewinnen hofft. Weder in Griechenland noch in Italien waren die von Brüssel eingesetzten Regierungschefs, beide als »Technokraten« geführt, in der Lage gewesen, den Widerstand ihrer Bevölkerungen gegen die ihnen auferlegten Sparprogramme zu brechen. In Griechenland bestand kurzfristig sogar die Möglichkeit des Wahlsiegs einer linken Partei, die den anderen Ländern mit einem Staatsbankrott und der Rückkehr zu einer nationalen Währung drohte – Letzteres ein Schritt, der ebenso wie der Ausschluss eines Mitgliedstaats im Vertrag über die Europäische Währungsunion nicht vorgesehen ist. Mit der Ablösung Sarkozys durch Hollande kam dann eine europaweite Diskussion über Programme zur Förderung wirtschaftlichen »Wachstums«, insbesondere in den Schuldnerländern, aber auch allgemein, in Gang. Wie diese wirken sollen, blieb allerdings unklar. Angesichts der Vagheit und finanziellen Geringfügigkeit der in diesem Zusammenhang gemachten Vorschläge liegt es nahe, in dem rasch um sich greifenden rhetorischen Bekenntnis zu einer neuen Wachstumspolitik die Beschwörung eines Deus ex Machina zu sehen, dessen Auftritt alle Beteiligten gleichermaßen zufriedenstellen würde, von der nach Bedienung ihrer Kredite verlangenden Finanzindustrie über die griechischen und spanischen Mittelschichten bis hin zu den um ihren Lebensstandard fürchtenden Bürgern der Gläubigerstaaten. Denkbar scheint allerdings auch, dass die neuen Wachstumsprogramme, falls sie jemals mehr sein werden als nur Rhetorik, sich in verlorene Zuschüsse an die südlichen Mitgliedsländer verwandeln, denen ein Preis dafür gezahlt werden muss, damit sie sich trotz ihres Festsitzens in einer Niedrigproduktivitätswirtschaft den Gewinnern der Markterweiterung weiterhin als Dauerverlierer zur Verfügung stellen. In diesem Fall würde es sich um eine Art Abgeltung für die Durchsetzung eines hayekianischen

Marktregimes handeln, zahlbar an diejenigen, die von ihm nichts haben.

Institutioneller Wandel: Von Keynes zu Hayek

Die historische Bedeutung des seit den 1970er Jahren stattfindenden Übergangs von einer keynesianischen zu einer hayekianischen politischen Ökonomie erschließt sich am besten, wenn man sich an den Zustand am Anfang der neoliberalen Wende erinnert. Wo sich heute vormals souveräne Staaten mit unabhängigen Zentralbanken bei geöffneten Grenzen auf eine nach effizienztheoretischen Prinzipien regelgebundene Wirtschaftspolitik verpflichten müssen, verfügte die keynesianische *mixed economy* der Nachkriegsjahrzehnte über ein ausgebautes institutionelles Instrumentarium für diskretionäre staatliche Interventionen in die nationalen Volkswirtschaften, insbesondere für politisch motivierte Eingriffe in die Verteilung der Produktionsergebnisse und Lebenschancen. Im international »eingebetteten Liberalismus« (Ruggie 1982) der 1950er und 1960er Jahre hatten die Nationalstaaten des kapitalistischen Westens ihre eigenen Währungen, die sie innerhalb gewisser Grenzen abwerten konnten, wenn sie aus innenpolitischen Gründen unvermeidliche Verluste an externer »Wettbewerbsfähigkeit«, vor allem infolge von Konzessionen an starke Gewerkschaften und kommunistische Parteien, zu kompensieren hatten. So konnten Staaten und Regierungen Märkte verzerren und innenpolitischen Forderungen nach sozialer Gerechtigkeit nachgeben, ohne dafür außenwirtschaftlich bestraft zu werden. Kapitalflucht konnte durch Kapitalverkehrskontrollen verhindert oder wenigstens eingedämmt werden; dies schwächte die Verhandlungsmacht der Investoren im Ringen um die Mindestrendite, die sie von der Gesellschaft als Gegenleistung für den Einsatz ihres Kapitals verlangen konnten.

Zentrale Institutionen der politischen Ökonomie der keynesianischen Epoche waren die korporatistisch institutionalisierten Interessenverbände von Arbeit und Kapital sowie die zwischen ihnen eingerichteten Verhandlungssysteme (Schmitter und Lehmbruch 1979). Auf sie gestützt, versuchte staatliche Politik, durch eine dreiseitig ausgehandelte Einkommens- und womöglich auch Preispolitik Vollbeschäftigung und eine für die Arbeitnehmerschaft akzeptable Verteilung von Einkommen und Vermögen zu gewährleisten. Lohnmäßigung wurde durch »politischen Tausch« erreicht, bei dem ein leistungsfähiger Steuerstaat im Gegenzug für makroökonomische gewerkschaftliche Kooperation vermittels einer aktiven Sozialpolitik dazu beitrug, die von ihren Löhnen Abhängigen vor den Ungewissheiten des Marktes – krisentheoretisch übersetzt: den Stimmungswechseln der Profitabhängigen – zu schützen und zugleich die effektive Nachfrage zu stabilisieren. Hierfür brauchte der keynesianische Staat starke, umfassend organisierte Gewerkschaften, denen er entsprechend vielfältige Organisationshilfen gewährte. Ebenfalls erwünscht waren gut ausgebaute Arbeitgeber- und Wirtschaftsverbände, weshalb Unternehmen und Unternehmer unter gewerkschaftlichem wie staatlichem Druck standen, sich vertretungs- und handlungsfähig zu organisieren, damit sie bei der Steuerung der kapitalistischen Wirtschaft in den ihnen durch demokratische Politik gesetzten Grenzen gestaltend mitwirken konnten.[9]

Die neoliberale Revolution hat von alledem so gut wie nichts übrig gelassen. Ihr Ziel war es, die Staaten des Nachkriegskapitalismus möglichst weit zurückzuschneiden, sie funktional auf die Ermöglichung und Erweiterung von Märkten zu reduzieren und sie institutionell unfähig zu machen, in die selbstregulierende Durchsetzung von Marktgerechtigkeit korrigierend einzugreifen. Vollständig obsiegen konnte sie allerdings erst im Zuge der Internationalisierung der europäischen politischen Ökonomie und der Umgestaltung des europäischen Staatensystems in ein Mehrebenenregime mit national eingegrenzter Demokratie und multinational organisierten Finanzmärkten

9 Für eine zusammenfassende Darstellung der Funktionsweise der neokorporatistischen politischen Ökonomie siehe Streeck (2006a).

und Aufsichtsbehörden – eine Konfiguration, die sich als ideales Vehikel einer Neutralisierung von politischem Druck von unten bei Ausweitung der privaten Vertragsfreiheit gegenüber staatlicher Kontrolle von oben seit langem bewährt hat. Die bislang letzte Phase dieser Entwicklung ist der gegenwärtige Übergang vom nationalen Schuldenstaat zum internationalen Konsolidierungsstaat. Mit ihm ist der Hayeksche Entwurf einer liberalisierten, gegen politischen Druck immunisierten kapitalistischen Marktwirtschaft auf dem Weg zu seiner immer vollständigeren Verwirklichung.[10]

Der Konsolidierungsstaat als europäisches Mehrebenenregime

Die Politik der Konsolidierung der öffentlichen Haushalte und der Eindämmung der Staatsverschuldung soll der neuen, zweiten *constituency* des modernen Staates, den Finanzmärkten, Gewissheit verschaffen, dass im Zweifelsfall ihre Ansprüche gegenüber denen der Bürger mit Vorrang bedient werden und werden können. Ein strukturell gesunder Staatshaushalt ist aus der Sicht der »Märkte« einer, der hierfür genug Reserven und institutionelle Flexibilität aufweist. Wo und wann genau dieser Punkt erreicht ist, bleibt offen; so viel Klarheit die Märkte von den Staaten wollen, so wenig sind sie bereit, ihnen zu geben. Zum politischen Dressurakt der Konsolidierung gehört, dass die Staaten die Mühen der Haushaltssanierung allein in der Hoffnung auf sich nehmen, irgendwann einmal durch niedrige Zinsen für die Refinanzierung der verbleibenden Schuldenlast oder für projektspezifische Kreditaufnahmen belohnt zu werden; einen verbrieften Anspruch darauf haben sie nicht und kann es in einem »freien Markt« auch nicht geben.[11]

---

10 Als konkrete Utopie aus deutscher ordnungspolitischer Sicht siehe Matthes und Busch (2012).

11 Ob noch so mühsam ausgehandelte und durchgesetzte vertrauensbildende Maßnahmen bei den Märkten tatsächlich Vertrauen bilden, wis-

Hauptkonkurrenten der im Marktvolk versammelten *Rentiers* sind die dem Staatsvolk zugehörigen *Rentner* sowie die beim Staat Beschäftigten. Eine für die Märkte glaubhafte Konsolidierungspolitik muss deren Zahl begrenzen und ihre Ansprüche beschneiden. Vor allem muss sie in das eingreifen, was man die *policy legacies* der 1960er und 1970er Jahre genannt hat, also historische Ansprüche auf soziale Rechte, die das nach dem Scheitern des Steuerstaates finanzierbare Maß überschreiten (Rose 1990; Rose und Davies 1994). Ein Zurückstutzen des öffentlichen Sektors bedeutet auch eine Fortsetzung der Privatisierung von öffentlichen Dienstleistungen, mit in der Regel antiegalitären Verteilungseffekten. Kürzungen bei den Sozialausgaben haben vor allem anderen niedrigere Renten und längere Lebensarbeitszeiten zur Folge; soweit Erstere durch private Zusatzversicherungen ausgeglichen werden, erweitern sie ebenso wie die Privatisierung öffentlicher Dienstleistungen auf wünschenswerte Weise das Betätigungsfeld kapitalistisch wirtschaftender Unternehmen.

»Reformen« dieser Art sind politisch schwierige Operationen, auch weil es sich, wie erwähnt, bei den zu kürzenden staatlichen Leistungen zum Teil um aufgeschobene Arbeitslöhne aus einer Zeit handelt, als Arbeitnehmer und ihre Gewerkschaften sich auf Drängen sozialdemokratischer Regierungen um der gesamtwirtschaftlichen Stabilität willen auf Lohnzurückhaltung eingelassen haben. Ein Bruch solcher impliziter Verträge galt lange als zu riskant für demokratisch gewählte und abwählbare Regierungen; selbst Reagan und Thatcher erlebten die von ihren Vorgängern übernommenen Sozialstaatsprogramme bekanntlich als »unbewegliche Objekte« (Pierson 1994; 1996; 1998). Ein Grund für die unter-

sen die Staaten immer erst hinterher – oder lassen die Märkte sie immer erst hinterher wissen. Erfolg und Misserfolg politischer Beruhigungs- und Besänftigungsaktionen sind allein an ihrer Wirkung auf die Börsen bzw. an den Risikoaufschlägen auf Staatsanleihen zu erkennen. Nur allzu oft zeigt sich dabei nach anfänglichen Erfolgen, dass allen »Signalen« der Analysten und Fondsverwalter zum Trotz der Hunger der Märkte auf Geld und gute Worte jederzeit wiederkehren kann.

den Konsolidierungspolitikern der Gegenwart weitverbreitete Bewunderung für Gerhard Schröder ist, dass er allen Widerständen zum Trotz und letztlich um den Preis seines Amtes an seiner »Reformpolitik« festhielt und sie teilweise auch durchsetzte.

Trotz solcher Beispiele kann aus Sicht der Märkte auf die Innenpolitik demokratischer Staaten als Garant struktureller Konsolidierung nicht ausreichend Verlass sein. Da es in Europa noch nicht möglich ist, im Namen der wirtschaftlichen Vernunft die Reste der nationalstaatlichen Demokratie, insbesondere die Abwählbarkeit der nationalen Regierungen, über Nacht abzuschaffen, besteht das Mittel der Wahl darin, sie in ein nichtdemokratisches supranationales Regime – in eine Art internationalen Superstaat ohne Demokratie – einzubinden und von diesem regulieren zu lassen. Seit den 1990er Jahren wird die Europäische Union in ein solches Regime umgebaut. Heute dienen die Integration der Mitgliedstaaten in ein gegen elektoralen Druck isoliertes supranationales Institutionensystem und, vor allem, die Bindung an eine gemeinsame Währung der Ausschaltung der nationalen politischen Souveränität als einer der letzten Bastionen politischer Willkür in einer international integrierten Marktgesellschaft. Dabei hat insbesondere die Abschaffung der Abwertung im Rahmen der Europäischen Währungsunion dafür gesorgt, dass Investoren und insbesondere Finanzinvestoren sich nicht mehr davor fürchten müssen, dass Staaten, die im internationalen Wettbewerb nicht mehr Schritt halten können, als Mittel der Selbstverteidigung zu plötzlichen Wechselkursanpassungen greifen; auch die Einheitswährung dient damit der Marktgerechtigkeit.[12]

Mehrebenenpolitik im internationalen Konsolidierungsstaat bewirkt die Mediatisierung und Neutralisierung der Innenpolitik der beteiligten Nationalstaaten durch Einbindung in supranationale, ihre Souveränität begrenzende Vereinbarungen und Regelwerke. Ein erprobtes Mittel zum Zweck

12 Zur Abwertung ausführlicher im Schlussteil.

sind die regelmäßigen Gipfeltreffen der Regierungschefs, bei denen nach längerem Hin und Her Absprachen getroffen und öffentlich bekanntgemacht werden, die eine Verpflichtung der Beteiligten einschließen, sie in ihren Heimatländern gegen etwaige Widerstände durchzusetzen. Regierungen, die dabei scheitern, verlieren internationalen Respekt. Da sie ebendies zuhause geltend machen können und Neuverhandlungen von Gipfelabsprachen sich leicht als aussichtslos hinstellen lassen, stärken institutionalisierte Gipfeltreffen die nationalen Exekutiven gegenüber ihren Parlamenten und innenpolitischen Interessengruppen – ein Effekt, der in der Europäischen Union schon früh wirksam war. Verstärkt wird er durch Krisengipfel unter dem Druck der »Märkte«, weil jeder Widerstand, der die Aussicht auf Umsetzung ihrer Beschlüsse schmälert, gefährliche »Reaktionen« auslösen könnte; zumindest kann dies als Menetekel an die Wand gemalt werden, von den Regierungen ebenso wie von den »Märkten« selber.

Allerdings scheinen die nationalen Parlamente und Oppositionsparteien dem Druck von Gipfelabsprachen nicht völlig wehrlos ausgeliefert zu sein. Bestrebungen in den Mitgliedstaaten während der letzten Jahre, die nationalen Parlamente, im Unterschied zum sogenannten Europäischen Parlament, stärker an europäischen Entscheidungen zu beteiligen, waren auf europäischer wie auf nationaler Ebene nicht gänzlich erfolglos. Vor allem seit Beginn der Krise, seit von den Parlamenten der Mirgliedstaatenimmer öfter verlangt wird, zwischen den Regierungen vereinbarte umfangreiche Beschluss- und Gesetzesvorlagen innerhalb weniger Tage unverändert zu verabschieden, regt sich in einigen Ländern, Deutschland eingeschlossen, Widerstand. Vor allem das deutsche Verfassungsgericht bemüht sich, die von der Brüsseler Technokratie gemeinsam mit den »Märkten« und den Anhängern eines europäischen Bundesstaats verbreitete Lehre zu widerlegen, nationale demokratische Institutionen hätten gegenüber der internationalen Gipfeldiplomatie keine andere Wahl, als ihr widerspruchslos Folge zu leisten. Hinzu kommt, dass es die internationale Verhandlungsposition einer Regierung verbessern kann, wenn sie gegenüber ihren Partnerregierungen geltend zu machen vermag, dass bestimmte Entscheidungen im eigenen Land nicht durchsetzbar sein würden.[13] Die Mahnung des italienischen Ministerpräsidenten Monti im August 2012 an die deutsche Bundeskanzlerin, es sei die Pflicht der Regierungen, ihren Parlamenten zu vermitteln, dass Vereinbarungen auf europäischer Regierungsebene zu respektieren seien,[14] zeigt, dass der mitunter aufflackernde parlamentarische und judikative Widerstand gegen eine Vereinnahmung der Innen- durch die Europapolitik ernst genommen wird.[15] Ob er auf die Dauer Erfolg haben und vor allem den Marsch in den internationalen Konsolidierungsstaat verlangsamen oder aufhalten kann, ist freilich eine andere Frage.

Der europäische Konsolidierungsstaat des beginnenden 21. Jahrhunderts ist kein nationales, sondern ein internationales Gebilde – ein die ihm angeschlossenen Nationalstaaten regulierendes überstaatliches Regime ohne demokratisch verantwortliche Regierung, dafür aber mit bindenden Regeln: mit *governance* statt *government*, wobei Demokratie durch Märkte domestiziert wird statt umgekehrt Märkte durch Demokratie. Damit ist eine historisch neuartige institutionelle Konstruktion

13 Eine formale Analyse der komplexen Logik von Mehrebenendiplomatie findet sich bei Putnam (1993).

14 »Jede Regierung hat auch die Pflicht, das Parlament zu erziehen. Hätte ich mich ganz mechanisch an die Vorgaben meines Parlaments gehalten, hätte ich den Beschlüssen des jüngsten Brüsseler Gipfels nicht zustimmen können« (Interview mit Mario Monti in *Der Spiegel* vom 6. August 2012, S. 46).

15 Als ehemaliger Brüsseler Kommissar kennt Monti die Logik der Stärkung der Exekutive durch internationale Diplomatie, aber auch die Möglichkeit, dass innenpolitischer Widerstand die internationale Verhandlungsposition einer Regierung verbessern kann. Regierungen können in gewissen Grenzen wählen, in welche Richtung sie ihre Zwischenposition in einem internationalen Mehrebenensystem nutzen wollen. Da in Italien auch in stabilen Zeiten in der Regel am Parlament vorbei durch Dekrete des Staatspräsidenten regiert wird, könnten Monti Hinweise auf Widerstände im Bundestag gegen bestimmte Brüsseler Krisenpläne als Taktik erschienen sein.

entstanden, die der Sicherung der Marktkonformität vormals souveräner Nationalstaaten dient: eine marktgerechte Zwangsjacke für einzelstaatliche Politik, mit Befugnissen, die formal anderen neuartigen Durchgriffsmöglichkeiten im internationalen Recht ähneln, nur dass es bei ihnen nicht um eine *duty to protect* geht, sondern um die *duty to pay*. Der Zweck des Ganzen, dessen Erreichung immer näher rückt, ist die Entpolitisierung der Wirtschaft bei gleichzeitiger Entdemokratisierung der Politik.

Fiskalische Konsolidierung als Staatsumbau

Die als Antwort auf die Fiskalkrise in Angriff genommene Konsolidierung der europäischen Staatsfinanzen läuft auf einen von Finanzinvestoren und Europäischer Union koordinierten Umbau des europäischen Staatensystems hinaus – auf eine *Neuverfassung* der kapitalistischen Demokratie in Europa im Sinne einer Festschreibung der Ergebnisse von drei Jahrzehnten wirtschaftlicher Liberalisierung. Ziel ist eine doppelte institutionelle Bindung staatlicher Politik an marktgerechte Prinzipien wirtschaftlicher Vernunft: durch *Selbstbindung* in Gestalt von verfassungsrechtlich verankerten »Schuldenbremsen« und durch *Fremdbindung* vermittels internationaler Verträge oder europarechtlicher Verpflichtungen. Die damit verfolgte Vision ist die eines auf die Gewährleistung von Marktbeziehungen zurückgeschnittenen Staates und einer selbstgenügsamen Gesellschaft, die vom Staat nichts will außer Garantien für Eigentum und Freiheit und entsprechend wenig für ihn übrig hat.

Die Zukunft, die heute in Europa bevorsteht, ist die einer säkularen Implosion des Gesellschaftsvertrags der kapitalistischen Demokratie im Übergang zu einem auf fiskalische Disziplin verpflichteten internationalen Konsolidierungsstaat. Dieser macht es nötig, zwischen Wirtschaft und Politik eine chinesische Mauer – im Jargon der Finanzwirtschaft: eine *fire wall* – einzuziehen, die es den Märkten gestattet, ihre Version von Gerechtigkeit unbehelligt von diskretionären politischen Eingriffen zur Geltung kommen zu lassen. Die dafür erforderliche Gesellschaft muss eine hohe Toleranz gegenüber wirtschaftlicher Ungleichheit aufweisen. Ihre ausgekoppelte Überschussbevölkerung muss gelernt haben, Politik als Unterhaltung der Mittelschicht anzusehen, von der sie nichts zu erwarten hat. Ihre Weltdeutungen und Identifikationen bezieht sie nicht aus der Politik, sondern aus den Traumfabriken einer hochprofitablen globalen Kulturindustrie, deren gigantische Profite auch dafür herhalten müssen, die rasant zunehmenden Mehrwertabschöpfungen durch die Stars anderer Branchen, insbesondere der Geldindustrie, zu legitimieren. Ebenfalls als Massenbasis für die fortschreitende Freisetzung des Kapitalismus von demokratisch motivierten Eingriffen fungiert eine neoprotestantische, an »Leistungsgerechtigkeit« und Wettbewerb orientierte Mittelschicht von Humankapitalbesitzern mit hoher Bereitschaft, privat in ihr individuelles Fortkommen und das ihrer Kinder zu investieren, sowie mit Konsumnormen, die so anspruchsvoll sind, dass ihnen kollektive Güter fast definitionsgemäß nicht genügen können (Streeck 2012a).

International koordinierte Versuche zur Konsolidierung der Staatsfinanzen der reichen Demokratien gibt es, wie gesagt, seit den 1990er Jahren. Aus ihnen lassen sich einige Vermutungen darüber ableiten, wie die gegenwärtig staats- und europarechtlich festgezurrten Konsolidierungsmaßnahmen der Zukunft aussehen und sich auswirken werden. Ein wichtiger Unterschied gegenüber der ersten Welle fiskalischer Konsolidierung in zahlreichen Ländern besteht darin, dass diese von einer Liberalisierung der Kapitalmärkte begleitet war, die es breiten Schichten der Bevölkerung möglich machte, stagnierende oder sinkende Einkommen und Kürzungen staatlicher Sozial- und anderer Leistungen durch Kreditaufnahme verschiedenster Art auszugleichen. Derartige Kompensationsmöglichkeiten gibt es in der Finanzkrise nicht mehr, und sie sollen ja auch durch die Neuregulierung der Finanzwirtschaft eher versperrt werden. Deshalb wird der bevorstehende Übergang zum internationalen Konsolidierungsstaat nicht nur unter noch größerem Druck der »Märkte« und der internationalen Organisationen stattfinden, sondern auch gewissermaßen ohne Betäubung.

Vor allem auf dreierlei Weise werden die bevorstehenden Konsolidierungsprozesse dazu beitragen, das europäische Staatensystem und sein Verhältnis zur kapitalistischen Ökonomie neu zu formieren:

1. Wenn die Erfahrungen von vor 2008 irgendetwas bedeuten, dann wird die Konsolidierung der Staatshaushalte nur zum kleineren Teil, wenn überhaupt, durch höhere Einnahmen und überwiegend oder gar ausschließlich durch geringere Ausgaben stattfinden.[16] Im öffentlichen Diskurs wird Konsolidierung ohnehin fast immer wie selbstverständlich mit Kürzungen gleichgesetzt. Die globale Liberalisierung, insbesondere der Kapitalmärkte, lässt eine höhere Besteuerung von hohen Einkommen und international mobilen Unternehmenserträgen als so unrealistisch erscheinen, dass über sie nicht einmal diskutiert wird.[17] Steuererhöhungen müssten

16 Hierzu rät auch die kapitalverstehende ökonomische Theorie: »Während Anpassungen bei den Ausgaben keine rezessiven Folgen haben, bewirken Steuererhöhungen tiefe und dauerhafte Wachstumsverluste. Die Komponente der aggregierten Nachfrage, bei der sich der Unterschied in der Reaktion der Wirtschaftsleistung auf ausgaben- und einnahmenbasierte Anpassungsmaßnahmen am deutlichsten zeigt, sind die privaten Investitionen. Das Vertrauen der Investoren [...] erholt sich nach Ausgabenkürzungen viel schneller als nach Steuererhöhungen« (Agnoli, Alesina et al. 2012, 26). Die Autoren finden ferner, »dass fiskalische Stabilisierungsmaßnahmen dann am wenigsten schädlich für die Wirtschaftsleistung sind, wenn sie von strukturellen Reformen begleitet werden, die einen ›entschiedenen‹ Politikwechsel signalisieren«. Zwischen den beiden Konsolidierungsstrategien gebe es keine Unterschiede »in Bezug auf die Geldpolitik [...]; sie unterscheiden sich aber hinsichtlich der begleitenden Maßnahmen in Bezug auf Reformen auf der Angebotsseite und mit dem Ziel allgemeiner Liberalisierung.«

17 Eine Ausnahme bildet die erwähnte Studie des Deutschen Instituts für Wirtschaftsforschung (Bach 2012). Die vom neugewählten französischen Präsidenten angekündigten Steuererhöhungen für Reiche haben

gegen den Trend der letzten anderthalb Jahrzehnte durchgesetzt werden (Abb. 3.1). Wenn sie durchkämen, wäre damit zu rechnen, dass sie im Wesentlichen auf immobile Steuerquellen, vor allem Sozialabgaben und Verbrauchssteuern, beschränkt blieben; das heißt aber, dass sie kaum ausreichen werden, das historisch gewachsene Ausgabenniveau moderner Staaten in ihrer gegenwärtigen Verfassung zu finanzieren. Zugleich und ungeachtet dessen würden sie dazu beitragen, die nationalen Steuersysteme noch regressiver zu machen, als sie es schon sind.

2. Die bevorstehenden staatlichen Ausgabenkürzungen werden vor allem diejenigen treffen, die wegen ihrer niedrigen Einkommen auf öffentliche Dienstleistungen angewiesen sind. Sie werden ferner die Beschäftigung im öffentlichen Sektor weiter abbauen und den Druck auf die dort gezahlten Löhne verstärken. Dies wird mit weiteren Privatisierungswellen und einer fortgesetzten Zunahme der Lohnspreizung einhergehen. Der Zugang zu vorher einheitlichen staatlichen Versorgungsleistungen, etwa im Gesundheits- und Ausbildungswesen, wird sich zunehmend nach der Kaufkraft unterschiedlicher Klientelen differenzieren. Insgesamt wird die Beschneidung des staatlichen Ausgabenvolumens und damit der Staatstätigkeit den Status des Marktes als des wichtigsten Mechanismus der Verteilung von Lebenschancen weiter befestigen und insofern das neoliberale Programm eines Um- bzw. Abbaus des Wohlfahrtsstaats der Nachkriegsperiode weiterführen und vollenden.

3. Die Verkleinerung der Staatshaushalte wird zur Folge ha-

laut Zeitungsberichten schon kurz danach extensive Vorbereitungen zur Steuerflucht in Gang gesetzt. Siehe »Indigestion for ›les Riches‹ in a Plan for Higher Taxes«, in *The New York Times* vom 7. April 2012: »Many companies are studying contingency plans to move high-paid executives outside of France, according to consultants, lawyers, accountants and real estate agents – who are highly protective of their clients and decline to identify them by name. They say some executives and wealthy people have already packed up for destinations like Britain, Belgium, Switzerland and the United States, taking their taxable income with them.«

ben, dass ein wachsender Teil der Gesamtausgaben der Staaten auf bestehende Ausgabenverpflichtungen verwendet werden muss, zum Schaden diskretionärer Ausgaben und neuer Programme, die auf veränderte gesellschaftliche Problemlagen reagieren (Streeck und Mertens 2010).[18] Dies gilt, obwohl fiskalische Austerität meist auch mit Kürzungen von Leistungsansprüchen einhergeht. Da bei schlechter Wirtschaftslage oder bei Alterung der Bevölkerung die Zahl der Anspruchsberechtigten zunimmt, bedeutet eine Kürzung von Ansprüchen, auch eine für den einzelnen Empfänger schmerzhafte, nicht unbedingt eine entsprechende Kürzung des Gesamtvolumens der Ausgaben.

Überproportional betroffen von einem Schrumpfen der Staatshaushalte sind investive Ausgaben für die physische Infrastruktur sowie für Familien-, Bildungs-, Forschungs- und aktive Arbeitsmarktpolitik, die sämtlich diskretionär sind (Streeck und Mertens 2011). So konnte für die Vereinigten Staaten, für Schweden und Deutschland gleichermaßen gezeigt werden, dass ihre öffentlichen Investitionen in der ersten Phase der Haushaltskonsolidierung in den 1990er Jahren nicht nur als Anteil an den Staatsausgaben, sondern auch im Verhältnis zum Sozialprodukt gesunken sind (Abb. 3.2). Zu den Ländern, in denen die öffentlichen Investitionen *zugenommen* haben, gehört Großbritannien unter New Labour; dort allerdings ist die Staatsverschuldung nicht gesunken, sondern von Jahr zu Jahr kontinuierlich gestiegen. Der Zusammenhang zwischen staatlichen Defiziten bzw. Staatsverschuldung und öffentlichen Investitionen bleibt auch dann bestehen, wenn man die Ausgaben für die physische Infrastruktur außer Acht lässt und allein die »sozialen« Investitionen betrachtet, also die

18 Staatliche Ausgaben gelten als gebunden, wenn sie aus politischen oder rechtlichen Gründen nicht ohne weiteres gekürzt werden können. Zu ihnen gehören die Personalkosten des Staates, die Altersrenten und der auf die Staatsschulden zu entrichtende Schuldendienst. Grundsätzlich und auf lange Sicht versteht sich, dass alle Staatsausgaben, auch gesetzlich vorgeschriebene, zur Disposition des Gesetzgebers stehen (Streeck und Mertens 2010).

Abb. 3.1

Steuereinnahmen in Prozent des Sozialprodukts, ausgewählte OECD-Länder, 1970-2008

Länder im ungewichteten Durchschnitt: Australien, Österreich, Belgien, Kanada, Dänemark, Finnland, Frankreich, Deutschland, Griechenland, Irland, Italien, Japan, Niederlande, Norwegen, Portugal, Spanien, Schweden, Schweiz, Großbritannien, USA

Revenue Statistics: Comparative Tables, OECD Tax Statistics Database

Ausgaben der Staaten für die Förderung des Human-, Sozial- und Wissenskapitals ihrer Gesellschaften. Dies gilt nicht nur für ein Land wie Deutschland, wo diese Ausgaben seit 1981 von knapp acht auf sechseinhalb Prozent gesunken sind (Abb. 3.3), sondern auch für Schweden, das traditionell bei sozialen Investitionen führende Land, mit einem Rückgang von 13 auf zehn Prozent (Abb. 3.4; Streeck und Mertens 2011).

Der hier aufgezeigte Zusammenhang ist nicht logisch zwingend; Staaten könnten in der nun bevorstehenden zweiten Phase der Haushaltskonsolidierung versuchen, den Mechanismus einer Sklerotisierung der öffentlichen Ausgabenstruktur im Konsolidierungsstaat[19] zu umgehen und ihre gesellschaftlichen Zukunftsinvestitionen trotz Defizitabbaus zu verteidigen oder gar zu steigern. Die Erfahrungen aus der Zeit vor 2008 lassen aber erkennen, wie anspruchsvoll ein solches Projekt wäre. Sie sprechen dafür, dass fiskalische Konsolidierung mit hoher Wahrscheinlichkeit auf eine weitere Privatisierung der gesellschaftlichen Zukunftsvorsorge hinauslaufen wird, im Trend der neoliberalen Wende und parallel zu einer zunehmenden Reduzierung der öffentlichen Ausgaben auf die Befriedigung der historischen Ansprüche alternder Bürger- und Wählerkohorten, bis der traditionelle Wohlfahrtsstaat seine

19 Einen Mechanismus, der zusammenfassend wie folgt beschrieben werden kann: »Defizite in den öffentlichen Haushalten führen zu steigender Staatsverschuldung, die wiederum den Druck für fiskalische Konsolidierung verstärkt. Wenn Steuererhöhungen vermieden werden, muss Konsolidierung allein durch Ausgabenkürzungen erreicht werden. Diese werden diskretionäre Ausgaben unvermeidlich stärker treffen als gesetzlich gebundene. Da öffentliche Investitionen diskretionär sind, ist zu erwarten, dass sie, wenn die Gesamtausgaben gekürzt werden, ebenfalls gekürzt werden. Offenbar trifft dies nicht nur auf traditionelle Investitionen in die physische Infrastruktur zu, sondern auch auf die von uns so genannten ›weichen‹ Investitionen, ungeachtet dessen, dass deren Volumen absolut betrachtet eher klein ist. Wenn Regierungen fiskalische Konsolidierung anstreben wollen oder müssen, können sie ihre ›weichen‹ Investitionen nur dann verteidigen oder, wofür es gute Gründe gäbe, steigern, wenn sie bereit und in der Lage sind, höhere Steuern durchzusetzen.« (Streeck und Mertens 2011, 23)

Abb. 3.2

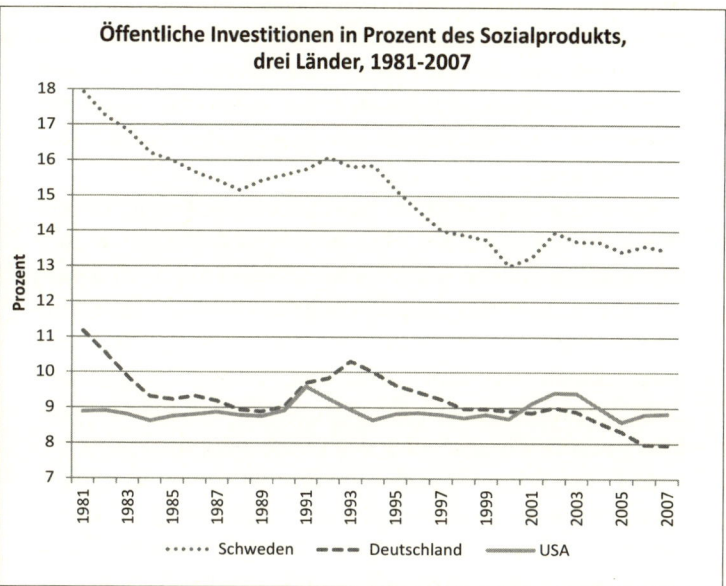

OECD Education at a Glance; OECD R&D Database; OECD Social Expenditure Database; OECD Database on Labour Market Programmes; OECD Public Educational Expenditure, Costs and Financing: An Analysis of Trends 1970-1988; National Accounts Statistics

constituency auf natürlichem Wege verloren haben wird.[20] Abnehmende politische Entscheidungsspielräume und schrumpfende Möglichkeiten staatlicher Politik, auf neue Problemlagen einzugehen und für die Zukunft der Gesellschaft und ihrer Bürger vorzusorgen, führen dann zu sinkenden politischen Erwartungen, die die Bereitschaft zu politischer Partizipation beeinträchtigen.

Konsolidierung bedeutet nicht notwendig Befreiung vom Druck der Finanzmärkte. Auch im Konsolidierungsstaat wird Kredit aufgenommen werden müssen, selbst wenn sein Haushalt Jahr für Jahr mit einem Überschuss abschließt, da er seine Schulden nur allmählich abtragen kann und sie zwischendurch refinanzieren muss. Zwar wird Konsolidierung oft mit dem Versprechen propagiert, dass der Staat auf diese Weise seine Souveränität gegenüber den »Märkten« zurückgewinnen werde;[21] der Zeitpunkt jedoch, an dem dies, wenn überhaupt, eintreten könnte, liegt weit in einer unabsehbaren Zukunft. Eventuelle Schuldenfreiheit würde jahrzehntelange Haushaltsüberschüsse voraussetzen, wie sie wahrscheinlich nur bei hohen Wachstums- in Kombination mit ansehnlichen Inflationsraten erzielt werden können. Bis dahin muss staatliche Politik

20 Eine gewisse Beschleunigung des Abschmelzens der gebundenen Staatsausgaben lässt sich dadurch erreichen, dass wohlfahrtsstaatliche Daseinsvorsorge an »Großvaterklauseln« gebunden und so für nachwachsende Generationen unerreichbar oder doch im Ausmaß reduziert wird. Das erleichtert es auch, sie politisch als Privileg der Älteren zu diskreditieren.

21 Dies war ein starkes Motiv hinter der strikten Sanierung der schwedischen Staatsfinanzen nach der zweiten Finanzkrise des Landes in den 1990er Jahren. Der damalige schwedische Finanzminister, Göran Persson, beschrieb diesen Zusammenhang im Rückblick wie folgt: »It was about democracy itself! Why elect parliamentarians if in the end it is after all the IMF that will take the decisions? Why go for an election campaign if you don't have the full capacity to take decisions? That was humiliating [...]. When I went to Wall Street for the first time trying to borrow money to finance the deficit I met a crowd of young boys, 27, 28 years old, and they were all sneering, looking at me as an alien. Many of them – if not all – had never been in Sweden. They didn't know anything about the country!« (Mehrtens 2013).

Abb. 3.3

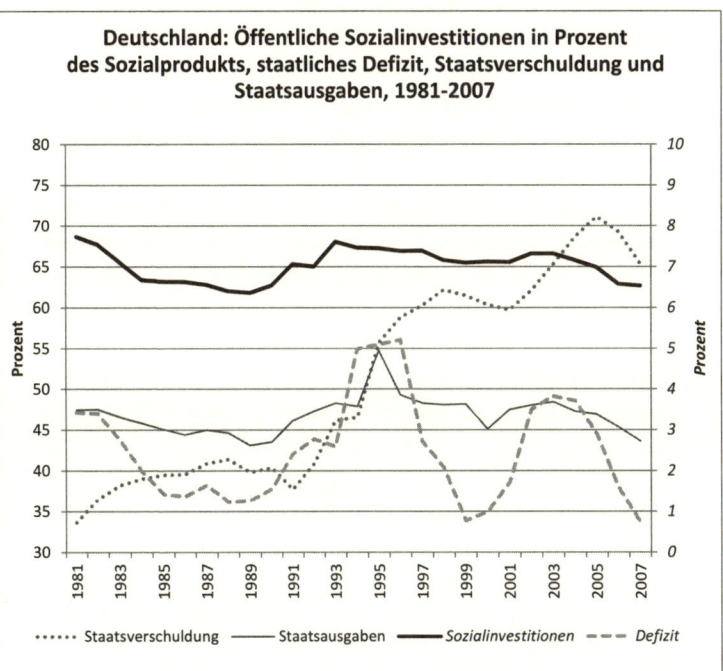

Deutschland: Öffentliche Sozialinvestitionen in Prozent des Sozialprodukts, staatliches Defizit, Staatsverschuldung und Staatsausgaben, 1981-2007

•••••• Staatsverschuldung ——— Staatsausgaben ▬▬▬ *Sozialinvestitionen* ‒ ‒ ‒ *Defizit*

OECD Education at a Glance; OECD R&D Database; OECD Social Expenditure Database; OECD Database on Labour Market Programmes; OECD Public Educational Expenditure, Costs and Financing: An Analysis of Trends 1970-1988; OECD Economic Outlook: Statistics and Projections, laufende Veröffentlichungen

ihrem Marktvolk, das jede Pfadabweichung jederzeit mit höheren Zinsen bestrafen kann, kontinuierlich *bondholder value* liefern.[22]

Voraussetzung dafür, dass die öffentlichen Haushalte dauerhaft ausgeglichen bleiben werden, wäre freilich, dass das Niveau der Besteuerung nicht zurückgeht. Damit aber ist auch im Konsolidierungsstaat nicht zu rechnen. Wie das Beispiel des Übergangs der Präsidentschaft in den Vereinigten Staaten von Clinton zu George W. Bush zeigt, können Haushaltsüberschüsse als Begründung für Steuersenkungen dienen, die neue Defizite erzeugen, welche dann durch weitere Ausgabenkürzungen bekämpft werden müssen, um die Überschüsse wiederherzustellen (Pierson 2001).[23] Im Zusammenspiel von Ausgabenkürzungen und Steuersenkungen erweist sich, dass die

22 In der Praxis dürften sich Staaten, die sich an eine »Schuldenbremse« gebunden haben und sie einzuhalten suchen, dazu gezwungen sehen, neue, in ihren Haushalten nicht in Erscheinung tretende Formen der Vorabfinanzierung insbesondere für öffentliche Investitionen zu finden und zu nutzen. So ist damit zu rechnen, dass sich in den Konsolidierungsstaaten ein breiter Markt für sogenannte Public Private Partnerships (PPP) auftun wird, bei denen private Unternehmen Kredite für öffentliche Bauvorhaben anstelle des Staates aufnehmen, um sie sich dann vom Staat oder seinen Bürgern als Nutzer über Jahre und Jahrzehnte abzahlen zu lassen. Erste Erfahrungen mit derartigen Arrangements lassen befürchten, dass Regierungen und Parlamente, insbesondere auf unteren Ebenen, nur selten über die Kompetenz verfügen werden, die oft viele tausend Seiten umfassenden, von internationalen Rechtsanwaltskanzleien verfassten Partnerschaftsverträge zu verstehen sowie Kosten und Risiken richtig einzuschätzen. Des Weiteren ist absehbar, dass Berater- und Anwaltsfirmen hier lukrative, für die öffentlichen Körperschaften aber teure Verdienstmöglichkeiten finden werden. Eine gute Einführung ist der Artikel »Public Private Partnership« in der deutschen Wikipedia, ⟨http://de.wikipedia.org/wiki/Public_Private_Partnership⟩, letzter Zugriff am 26. November 2012.

23 Heute bedarf es nicht einmal mehr dieser Rechtfertigung. Der amerikanische Präsidentschaftskandidat Mitt Romney bestritt seinen Wahlkampf im Defizitrekordjahr 2012 mit dem Versprechen, die *Bush tax cuts* unangetastet zu lassen und zusätzlich Steuersenkungen in Höhe von 456 Milliarden Dollar, beginnend 2015, einzuführen. Siehe »A Tax Plan That Defies the Rules of Math«, in *The New York Times* vom 11. August 2012.

Abb. 3.4

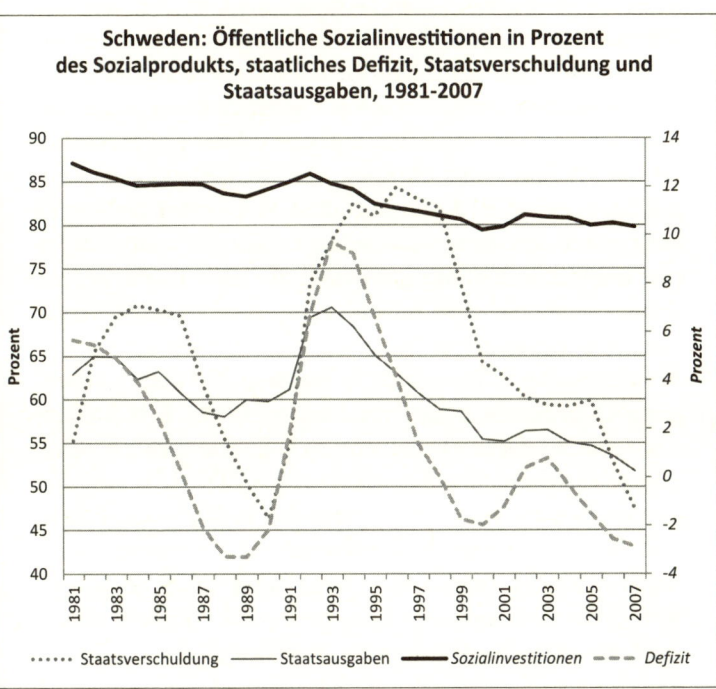

Schweden: Öffentliche Sozialinvestitionen in Prozent des Sozialprodukts, staatliches Defizit, Staatsverschuldung und Staatsausgaben, 1981-2007

······ Staatsverschuldung ——— Staatsausgaben ▬▬ *Sozialinvestitionen* – – – *Defizit*

OECD Education at a Glance; OECD R&D Database; OECD Social Expenditure Database; OECD Database on Labour Market Programmes; OECD Public Educational Expenditure, Costs and Financing: An Analysis of Trends 1970-1988, OECD Economic Outlook: Statistics and Projections, laufende Veröffentlichungen

Konsolidierung der Staatshaushalte im Konsolidierungsstaat nicht um ihrer selbst willen betrieben wird, sondern mit dem Oberziel eines allgemeinen Rückbaus des Staates und seiner Interventionen in den Markt, also als Teil eines neoliberalen Entstaatlichungs- und Privatisierungsprogramms. Unter den Vorzeichen eines Austeritätsregimes geben Haushaltsüberschüsse Anlass, »den Bürgern zurückzugeben, was ihnen gehört« (George W. Bush). Auf diese Weise wird Konsolidierungspolitik selbsttragend – zumal Bürger, die vom Staat immer weniger zu erwarten haben und sich deshalb immer mehr Güter privat beschaffen müssen, entsprechend weniger bereit sein werden, Steuern zu bezahlen. So führen sinkende Ausgaben des Staates zu sinkenden Einnahmen, die wiederum weitere Ausgabensenkungen erfordern, wenn die Entschuldung des Schuldenstaates vorankommen soll. Die damit bewirkte ständige Schrumpfung des Staatsanteils an der Volkswirtschaft kommt den Interessen der Investoren in die verbleibenden Staatsschulden entgegen: Je niedriger die Besteuerung einer Volkswirtschaft, desto leichter sollte es für den Staat sein, im Notfall die Bedienung der Ansprüche seiner Gläubiger durch kurzfristige Steuererhöhungen zu gewährleisten.[24]

24 Ein ähnlicher Mechanismus ist in einem früher erzsozialdemokratischen Land wie Schweden am Werk. Wie Philip Mehrtens in seiner Kölner Dissertation zeigt, erzielt das Land seit seiner erfolgreichen Überwindung der letzten Finanzkrise Mitte der 1990er Jahre laufend Haushaltsüberschüsse. Die 2011 wiedergewählte konservative Regierung nutzt diese, um die Staatsverschuldung trotz guter wirtschaftlicher Situation immer weiter abzubauen. Da sie zugleich das Besteuerungsniveau weiter senkt, muss und kann die Austeritätspolitik der Jahre unmittelbar nach der Krise auch nach deren Überwindung fortgesetzt werden (Mehrtens 2013). Dabei wird das proklamierte und von den Wählern weithin akzeptierte Ziel staatlicher Schuldenfreiheit genutzt, um trotz eines dauerhaften strukturellen Überschusses des Staatshaushalts stillschweigend einen grundlegenden Umbau des schwedischen Wohlfahrtsstaats voranzutreiben.

Wachstum: Back to the Future

Seit dem Beginn der Krise im Jahr 2008 überschlagen sich in der europäischen Politik die Ereignisse, und Dinge sind geschehen, etwa die Ablösung demokratisch gewählter Regierungschefs wie Papandreou und Berlusconi durch von der europäischen »Staatengemeinschaft« eingesetzte Repräsentanten der Finanzwirtschaft, die man sich bis dahin schlechthin nicht hätte vorstellen können. Die Öffentlichkeit, soweit es noch eine gibt, kann immer weniger folgen und vergisst immer schneller. Dies kann der Politik nur recht sein. Nur so konnte sie nach den griechischen und französischen Wahlen 2012 plötzlich wieder von europäischen »Wachstumsprogrammen« sprechen und davon, dass Austerität, wenn sie zu Konsolidierung führen soll, durch eine mit öffentlichen oder privaten Krediten finanzierte sogenannte »Wachstumskomponente« ergänzt werden müsse.

Grund für die wenn auch nur kurzfristige wachstumspolitische Wende der europäischen Krisenpolitik war nicht nur das Ende der Präsidentschaft von Sarkozy, sondern auch das zeitweilige Erstarken der radikalen Linken bei den griechischen Wahlen, zusammen mit zunehmenden innenpolitischen Widerständen gegen die Politik der Regierung Monti in Italien. Selbst in Deutschland begann sich Unmut über den in seinen Konturen immer besser erkennbaren Konsolidierungsstaat zu regen; eine Erneuerung der Wachstumsversprechen aus der hohen Zeit des Nachkriegskapitalismus konnte da kurzfristig Abhilfe schaffen. Entscheidend aber war wohl, dass im Juni 2012 zum ersten Mal die Möglichkeit bestand, dass in Griechenland, einem der Schuldnerländer an der europäischen Peripherie, eine nicht dem westeuropäischen Zentrum verpflichtete Regierung an die Macht kommen und sich entschließen könnte, die Staatsschulden ihres Landes einseitig zu annullieren. In diesem Fall hätten insbesondere Frankreich und, in geringerem Maße, Deutschland ihre gegenüber Griechenland exponierten privaten Bankensysteme mit weiteren Infusionen von Steuergeldern vor dem Zusammenbruch retten müssen. Die Ankündigung eines sogenannten »Wachstumspakets« sollte deshalb auch dazu dienen, den Griechen den Verzicht auf eine Strategie schmackhaft zu machen, die aus westeuropäischer Sicht als eine Art von finanziellem Selbstmordattentat erscheinen musste.[25]

Indem der politische Linksruck in Griechenland erstmals eine reale Möglichkeit eröffnete, dass das Land aus der Währungsunion ausscheiden könnte, hatte er den Preis heraufgetrieben, den die Westeuropäer für den Verbleib Griechenlands in der Währungsunion zu bieten bereit waren. Ob allerdings als Folge der am 28. Juni 2012 beschlossenen Ausgabenprogramme irgendetwas wachsen wird, darf bezweifelt werden. Tatsächlich erscheint die versprochene neue Wachstumspolitik als solche ebenso unrealistisch wie die ihr vorausgegangene alte, und eine ernsthafte Diskussion, warum sie erfolgreicher sein sollte als diese, hat nie stattgefunden. Europäische Wachstumsprogramme nicht nur für Griechenland, sondern auch für Spanien und Portugal hat es ja in nicht geringem Umfang jahrzehntelang gegeben, nämlich seit die drei Länder in den 1970er Jahren ihre faschistischen Regime abgeschüttelt hatten und zur parlamentarischen Demokratie westeuropäischen Stils übergegangen waren. Bis in die 1990er Jahre hinein finanzierte die EU mit ihren diversen Struktur- und Kohäsionsfonds den Löwenanteil an den öffentlichen Infrastrukturinvestitionen der drei Mittelmeerländer, auch als Quidproquo für deren Abkehr von einem in den 1970er Jahren nicht völlig irrealen eurokom-

---

25 Dabei reagierte die neue Wachstumsrhetorik nicht nur auf den wachsenden Legitimationsbedarf der Austeritätspolitik – indem sie Wachstum als Lohn der abverlangten »Sparsamkeit« in Aussicht stellte –, sondern auch auf die Hoffnung der Regierungen der Schuldenstaaten auf Unterstützungszahlungen aus Brüsseler Quellen. Die Erwartung von Wachstum als bewährte Medizin für kapitalistisch-demokratische Verteilungskonflikte wurde besonders von dem neuen französischen Präsidenten Hollande kultiviert, der anders nicht erklären konnte, wie die von ihm angekündigte Innenpolitik mit den auf europäischer Ebene bindend vereinbarten Konsolidierungszielen vereinbar sein sollte.

munistischen Entwicklungspfad sowie in gemeinsamer Hoffnung auf baldige wirtschaftliche und soziale Konvergenz mit
Deutschland, Frankreich und Norditalien. Diese ließ jedoch
auf sich warten und war längst nicht erreicht, als in den 1990er
Jahren die Hilfszahlungen aus Westeuropa immer spärlicher
flossen (Abb. 3.5)[26] – nicht nur, weil sie mit den jungen ost-
europäischen Demokratien geteilt werden mussten (Abb. 3.6)
und Deutschland mit seinem »Aufbau Ost« beschäftigt war,
sondern auch, weil die reichen Länder zu diesem Zeitpunkt
bekanntlich in ihre erste Phase fiskalischer Konsolidierung
eintraten.

Was sich dann abspielte, lässt sich am besten als außen-
politisches Äquivalent des »privatisierten Keynesianismus«
(Crouch 2009) in der Innenpolitik der Nationalstaaten der
1990er Jahre beschreiben: als Ablösung staatlicher Transferleistungen durch Verbesserung der Möglichkeiten zur Aufnahme von Krediten, diesmal im zwischen- statt im innerstaatlichen Bereich. Bei der Einführung des Euro als Gegenleistung Deutschlands für die französische Zustimmung zur
Wiedervereinigung 1990 war schon früh entschieden worden,
dass die drei strukturschwachen Mittelmeerländer Mitglieder
der Europäischen Währungsunion werden würden, als eine
Art Wachstums- und Konvergenzprogramm, wobei der gesicherte Zugang zu den westeuropäischen Märkten und der
Ausschluss von Währungsrisiken für ausländische Investoren
für ein rasches Aufblühen der nationalen Volkswirtschaften
sorgen sollten. Zunächst aber sanken die von den Regierungen
der Mittelmeerländer für die Finanzierung ihrer Haushaltsdefizite und die Refinanzierung ihrer wachsenden Staatschulden
zu entrichtenden Zinsen schon im Vorfeld der Währungsunion rapide, bis sie bei ihrem offiziellen Beginn praktisch auf

26 Italien als Gründungsmitglied der Europäischen Wirtschaftsgemeinschaft hatte früh den weitaus größten Teil der Mittel aus dem Brüsseler Regionalfonds als Strukturhilfe für den Süden erhalten. Als Folge
seiner verbesserten Wirtschaftsleistung hatte das Land dann aber seit den
1980er Jahren gegenüber der EU eine ausgeglichene Bilanz.

dem deutschen Niveau angekommen waren (Abb. 3.7). Dies ist nur so zu erklären, dass »die Märkte« Grund zu der Erwartung zu haben glaubten, dass bei Zahlungsausfällen die Gesamtheit der Staaten der Währungsunion einspringen und damit die Konvergenz der Zinssätze, die der erwarteten oder zumindest irgendwie erhofften Konvergenz der Wirtschaftsleistung vorausgeeilt war, rechtfertigen würde.[27]

Wie die Privatisierung des zwischenstaatlichen Wohlfahrtsstaates der Europäischen Union vonstattenging, lässt sich idealtypisch am Fall Griechenlands zeigen (Abb. 3.8). Griechenland wurde 1981 Mitglied der Europäischen Gemeinschaft und gehörte ab 2001 der Europäischen Währungsunion an. Als Mitte der 1990er Jahre die Absicht der westeuropäischen Länder bekannt wurde, Griechenland in die Währungsunion aufzunehmen, fiel der Zinssatz, den das Land auf seine Schulden zu entrichten hatte, innerhalb von fünf Jahren von 17 auf knapp sechs Prozent. Gleichzeitig wurden die Nettozahlungen der EU an Griechenland von vier auf zwei Prozent des griechischen Sozialprodukts gekürzt, offenkundig in der Erwartung, dass das Land nunmehr in der Lage sein würde, die entstandene Lücke am Kapitalmarkt zu füllen. Im Vorfeld der Währungsunion gelang es Griechenland, sein Haushaltsdefizit ebenfalls in kürzester Zeit von neun auf drei Prozent des Sozialprodukts zu drücken, womit es zumindest eines der zwei Beitrittskriterien erfüllte. Nachdem der Eintritt des Landes in die Währungsunion die Kreditfinanzierung seiner öffentlichen Ausgaben verbilligt hatte, nahm das Defizit jedoch rasch wie-

27 Die Zinskonvergenz auf niedrigem Niveau, die es Ländern wie Griechenland und Portugal ermöglichte, sich hoch zu verschulden, wurde von der Europäischen Kommission aktiv gefördert. Ende der 1990er Jahre erlaubte die Kommission den europäischen Banken, Schuldverschreibungen von Mitgliedstaaten der Europäischen Währungsunion, und zwar von allen gleichermaßen, als Sicherheit bei sogenannten Repo-Geschäften einzusetzen, auch über nationale Grenzen hinweg (Gabor 2012). Dies ermöglichte es auch wirtschaftlich schwachen Staaten, zu für sie günstigen Bedingungen Kredite aufzunehmen. Der für die Neuregelung zuständige EU-Kommissar, zuständig für Binnenmarkt und »Financial Services«, hieß – Mario Monti.

Abb. 3.5 und 3.6

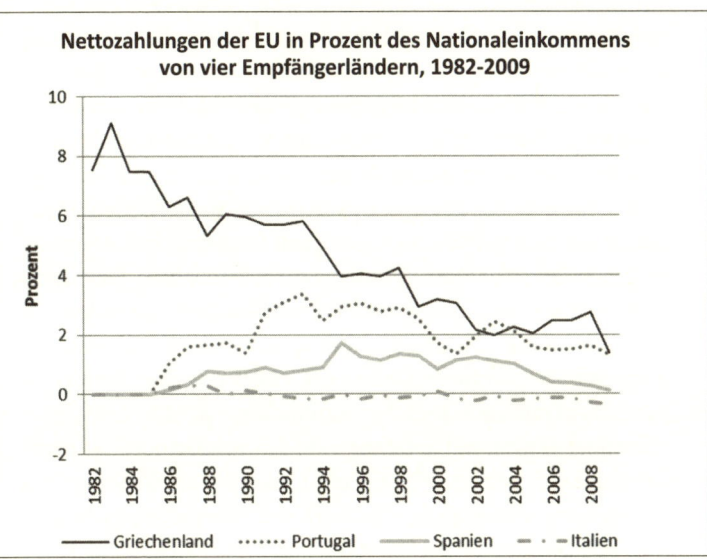

Nettozahlungen der EU in Prozent des Nationaleinkommens von vier Empfängerländern, 1982-2009

Griechenland ······· Portugal ——— Spanien — · — Italien

Europäische Kommission: EU-Haushalt Finanzbericht; OECD National Accounts Statistics, eigene Rechnungen

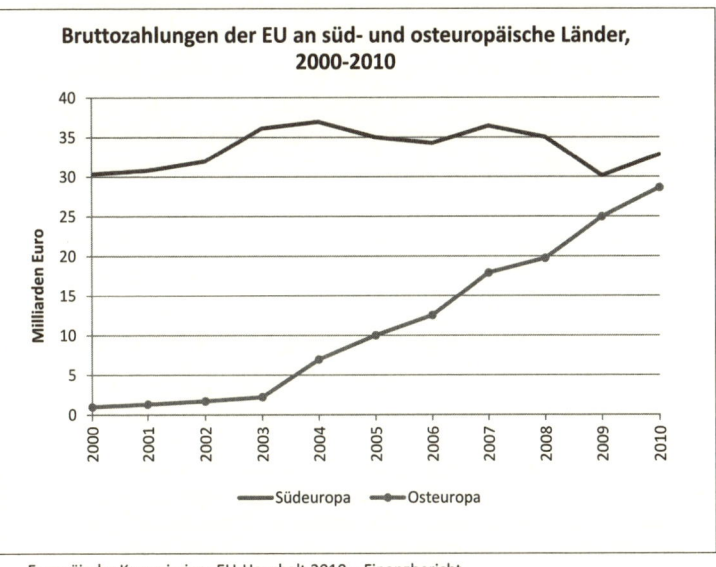

Bruttozahlungen der EU an süd- und osteuropäische Länder, 2000-2010

—— Südeuropa —●— Osteuropa

Europäische Kommission: EU-Haushalt 2010 – Finanzbericht

der zu und war 2008 höher als 1995. Wegen des extrem niedrigen Zinssatzes sank die Zinsquote – der Anteil des Schuldendienstes an den Staatsausgaben – trotzdem weiter, und auch die Staatsverschuldung, die bei Inkrafttreten der Währungsunion bei knapp über 100 Prozent gelegen hatte, wuchs zunächst nur allmählich. Nach 2008 allerdings stiegen Defizit und Zinssatz steil an, und mit ihnen die Zinsquote und die Staatsverschuldung. Heute ist das Einzige, was Griechenland von seiner Mitgliedschaft in der Währungsunion mit Sicherheit geblieben ist, ein gegenüber 1995 um fast sechzig Prozent seiner jährlichen Wirtschaftsleistung gestiegener öffentlicher Schuldenstand.

In der kurzen Glanzzeit des Euro konnten vor allem Griechenland und Portugal die abnehmenden Transferzahlungen aus Brüssel fast nach Belieben durch billige Kredite ersetzen.[28] Allerdings führte, wie nach 2008 auf schmerzliche Weise deutlich wurde, der enorme Geldzufluss dieser Jahre überwiegend zur Bildung von Blasen, die zwar wie Wachstum aussahen, aber keines waren – was deutlich wurde, als wegen der Krise des Weltfinanzsystems der Zufluss billiger Kredite unterbrochen war und Staaten wie Haushalte und Unternehmen ihre Schulden deshalb nicht mehr bedienen konnten.

Erstaunlicherweise spielt in der öffentlichen Diskussion über die Finanz- und Fiskalkrise die Frage keine Rolle, ob tatsächlich niemand in den umfänglichen Beobachtungsapparaten der großen Nationalstaaten und der EU, der EZB, der OECD oder des IWF bemerkt hat, was hier vor sich ging. Als Griechenland seinen Schuldenstand maskieren musste, um den Eintritt in die Europäische Währungsunion zu schaffen, und später daranging, sich zu den neuen, niedrigen Zinsen hoch zu verschulden, half ihm bekanntlich die amerikanische Investment-Bank Goldman Sachs – gegen, wie bei dieser üblich, exorbitante Gebühren – seine Konten zu schö-

28 In Spanien verschuldete sich nicht der Staat, sondern der Privatsektor, dank einer von der Regierung betriebenen radikalen Liberalisierung des Kreditwesens, wobei die spanischen Banken sich mit ebenso billigen Krediten versorgen konnten wie der griechische Staat.

Abb. 3.7 und 3.8

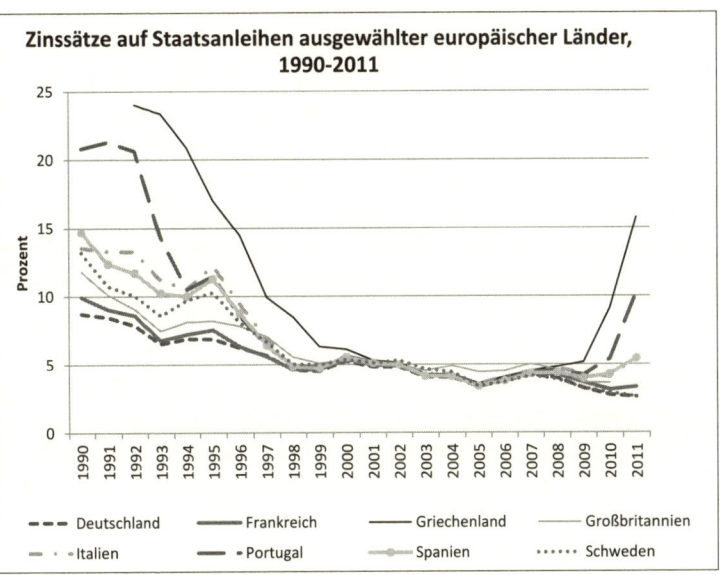

Zinssätze auf Staatsanleihen ausgewählter europäischer Länder, 1990-2011

- - - Deutschland ——— Frankreich ——— Griechenland ——— Großbritannien
- · -Italien —— -Portugal ——●—— Spanien ······ Schweden

OECD Economic Outlook: Statistics and Projections, laufende Veröffentlichungen

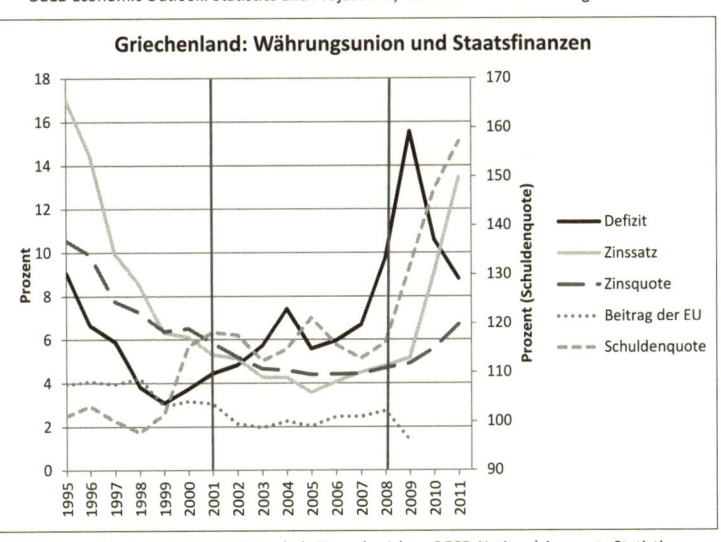

Griechenland: Währungsunion und Staatsfinanzen

——— Defizit
——— Zinssatz
- - Zinsquote
······ Beitrag der EU
- - - Schuldenquote

Europäische Kommission: EU-Haushalt Finanzberichte; OECD National Accounts Statistics; OECD Economic Outlook Database, laufende Veröffentlichungen

183

nen.[29] Es erscheint kaum glaublich, dass man in der hoch »vernetzten« internationalen *financial community* davon nichts geahnt haben sollte. Präsident der griechischen Zentralbank war damals der Wirtschaftswissenschaftler Lukas Papademos. Nachdem er seine Arbeit getan hatte, wurde er zum Vizepräsidenten der Europäischen Zentralbank befördert (und 2011, wie bekannt, zum griechischen Ministerpräsidenten, als von außen kommender, politikferner »Experte«, mit dem Auftrag, durch »Reformen« die Zahlungsfähigkeit seines Landes gegenüber seinen Kreditgebern sicherzustellen). Soll man glauben, dass nach seinem Aufstieg nach Frankfurt seine Kontakte in seine Heimat so vollständig abrissen, dass er über den tatsächlichen Schuldenstand Griechenlands nichts mehr in Erfahrung bringen konnte? Etwa um die Zeit, als Papademos zur EZB wechselte, wurde Mario Draghi, Vizepräsident von Goldman Sachs und zuständig für das europäische Geschäft, zum Präsidenten der Banca d'Italia berufen, mit Sitz im Exekutivorgan der EZB. Wahrscheinlicher als dass auch dieser Ortswechsel mit einem Anfall von Amnesie verbunden war, ist, dass beide, Politik und *haute finance*, mit der durch die Währungsunion ermöglichten Ersetzung zwischenstaatlicher Transfers durch einzelstaatliche Kreditaufnahme mehr als zufrieden waren: die Politik, weil ihr fiskalischer Spielraum erschöpft war, und die Geldindustrie, weil sich für sie neue Märkte auftaten und sie glauben durfte, dass am Ende, falls alle Stricke reißen sollten, die reicheren Mitgliedstaaten für die Schulden der ärmeren aufkommen und die Geldhäuser Europas und Amerikas schadensfrei stellen würden.

29 Siehe *Bloomberg* vom 6. März 2012: »Goldman Secret Greece Loan Shows Two Sinners as Client Unravels«. Der Artikel beginnt wie folgt: »Greece's secret loan from Goldman Sachs Group Inc. (GS) was a costly mistake from the start. On the day the 2001 deal was struck, the government owed the bank about 600 million euros ($ 793 million) more than the 2.8 billion euros it borrowed, said Spyros Papanikolaou, who took over the country's debt-management agency in 2005. By then, the price of the transaction, a derivative that disguised the loan and that Goldman Sachs persuaded Greece not to test with competitors, had almost doubled to 5.1 billion euros.« Und so weiter.

Im Lichte der Erfahrungen der Vorkrisenzeit kann die nach den griechischen und französischen Wahlen von 2012 kurzfristig ins europäische Spiel gebrachte »Wachstums«-Programmatik nur als symbolische Politik erscheinen.[30] Alle an den Entscheidungen Beteiligten wussten oder konnten wissen, dass heute der fiskalische Spielraum der Länder des europäischen Zentrums zur Finanzierung von »Wachstumsimpulsen« ungleich enger ist als noch in den 1990er Jahren *und* dass Kredite am Kapitalmarkt nicht mehr annähernd in dem Maße und zu den Bedingungen zur Verfügung stehen werden wie in der Zeit unmittelbar nach der Jahrhundertwende. Wenn schon damals die Mittel nicht ausreichten, in den Ländern der europäischen Peripherie mehr in Gang zu setzen als ein Scheinwachstum, wie sollten sie es heute? Das Einzige, was die im Sommer 2012 in Aussicht gestellten Maßnahmen zur Wachstumsförderung bewirken konnten, war, dass sie der neuen französischen Regierung halfen, ihr Gesicht zu wahren, und den Regierungen der Peripheriestaaten Hoffnung auf frisches Geld machten, wie wenig auch immer, mit dem sie ihre Staatsapparate unterhalten und den einen oder anderen Auftrag an ihre Klientel vergeben können.[31]

30 Ich lasse hier die grundsätzliche Frage bewusst außer Acht, ob Wachstum überhaupt noch eine realistische politisch-ökonomische Perspektive sein kann. Hierzu siehe etwa Miegel (2010).

31 Zu den Beschlüssen vom Sommer 2012 siehe *Spiegel Online* vom 27. Juni, unter der Überschrift: »EU-Wachstumsrhetorik: Der Mogelpakt«. Der Artikel verweist darauf, dass der »Wachstumspakt«, anders als der Fiskalpakt, kein rechtlich bindender Vertrag ist, sondern nur ein Anhang zur Gipfelerklärung der 27 EU-Regierungschefs. »Dennoch ist offiziell die Rede von einem ›Pakt für Wachstum und Beschäftigung‹. Damit soll suggeriert werden, es handele sich um ein gleichwertiges Pendant zum Fiskalpakt.« Der »Pakt« gibt vor, 130 Milliarden Euro für wachstumsfördernde Maßnahmen bereitzustellen. Eingerechnet in diese Zahl sind allerdings die bereits für 2013 eingeplanten 55 Milliarden Euro der Strukturfonds (die an *alle* bedürftigen EU-Staaten gehen) sowie ein unbestimmter, 2012 nicht verausgabter Restbetrag aus denselben Fonds; der Beschluss sieht ohne weitere Erläuterungen vor, dass diese Mittel wachstumswirksamer eingesetzt werden sollen. Weitere 60 Milliarden sollen über vier Jahre verteilt als zusätzliche Kredite von der Europäischen Investitionsbank an Public Private Partnerships in den Schuldnerländern

Im Übrigen galt und gilt im geeinten Europa weiterhin die herrschende Lehre des Neoliberalismus: dass die einzige »Wachstumspolitik«, die diesen Namen verdient, in der Beseitigung markt- und wettbewerbsbeschränkender Organisationen und Institutionen jedweder Art besteht, seien es Kartelle, Kammern, Gewerkschaften und Taxiinnungen[32] oder Mindestlöhne und Beschäftigungsschutz. Dies allein war und ist gemeint, wenn die heutigen Gläubiger- von den Schuldnerstaaten »Strukturreformen« erwarten, und so gesehen trifft die Behauptung in der Tat zu, dass wachstumsfördernde Maßnahmen von Anfang an Teil der Sanierungspolitik waren. Deregulierung als Wachstumsprogramm hat den erheblichen politischen Vorteil, dass niemand im Ernst erwarten kann, dass sie kurzfristig Wunder bewirkt – und dass, wenn Wunder auch längerfristig ausbleiben, dies in einer nicht perfekten Welt immer damit erklärt werden kann, dass die Dosis nicht ausreichend war. Zwischendurch muss, damit der Patient bei der Verabreichung der bitteren Medizin stillhält, die Demokratie so weit wie möglich suspendiert werden, etwa durch Einsetzung von »Expertenregierungen«. Zur Not kann man der Deregulierung auch durch symbolische Geldgeschenke nach Art des Wachstumsprogramms ein menschliches Gesicht verleihen. Dadurch, dass Deregulierung nichts kostet, wenn man von den vielleicht notwendig werdenden Polizeieinsätzen absieht, passt sie gut in die gegenwärtige Finanz- und Fiskalkrise.

vergeben werden. Allerdings gibt es, auch wegen des hohen Verlustrisikos für mögliche private Partner, keine einschlägigen Projekte. Und schließlich sollen aus dem laufenden EU-Haushalt für von Privaten aufgenommene Kredite für europäische Infrastrukturprojekte Garantien von bis zu 18 Milliarden Euro übernommen werden; auch solche Projekte gibt es derzeit nicht. An keiner Stelle wird neues Geld eingesetzt.

32 Taxiinnungen waren, jedenfalls rhetorisch, ein bevorzugtes Deregulierungsobjekt der von Brüssel als Konkursverwalter eingesetzten »Experten« Papademos und Monti. Hohe Taxipreise ärgern die zu ihren Geschäften oder Familien eilende Mittelschicht; wenn Deregulierung Taxifahrten verbilligt, kann sie nicht ganz falsch sein. Ob niedrigere Taxipreise in Rom und Athen aber nachhaltiges Wirtschaftswachstum im Mittelmeerraum auszulösen vermögen, muss dahingestellt bleiben.

Nicht zuletzt ist ihre demonstrative Durchsetzung in einem Schuldenstaat unter heutigen Umständen schon als solche und auch ohne Wachstumseffekte wertvoll, weil sie zur Vertrauensbildung bei den »Märkten« beiträgt, indem sie ihnen die von ihnen gewünschte staatliche Handlungsfähigkeit gegenüber dem Staatsvolk nachweist.

Exkurs: Regionale Wachstumsprogramme

Warum haben die alles andere als geringfügigen finanziellen Mittel, die die EU bis gegen Ende der 1990er Jahre in die späteren Schuldenstaaten des Mittelmeerraums hat fließen lassen, kein nachhaltiges Wirtschaftswachstum in Gang gesetzt? Die technokratische Rede vom »Ankurbeln« einer aus welchen Gründen auch immer daniederliegenden Wirtschaft lässt außer Acht, dass Wirtschaftswachstum nicht nur institutionelle, sondern auch sozialstrukturelle und kulturelle Bedingungen erfordert, die alles andere als universell gegeben und insbesondere nicht durch Ministerratsbeschlüsse herstellbar sind. Staaten und Regierungen, denen es um die Förderung des Wirtschaftswachstums in rückständigen Regionen ging, haben immer wieder auf Instrumente wie Lohnkostenzuschüsse, Subventionen für Unternehmensgründungen, Investitionsbeihilfen, Sonderabschreibungen, Steuererleichterungen und öffentliche Investitionen in die örtliche Infrastruktur gesetzt. In allen Fällen erwiesen sich solche Interventionen als äußerst teuer, und wirksam im Sinne ihrer deklarierten Ziele waren sie nur auf lange Sicht, wenn überhaupt. Zu den Beispielen hierfür gehören der italienische Mezzogiorno und die deutschen »neuen Länder« nach 1990.

Was Italien angeht, so haben der Zentralstaat und die europäischen Gemeinschaften in den Nachkriegsjahren erhebliche Summen in die wirtschaftliche Entwicklung der südlichen Landesteile gesteckt, ohne dass sich der Abstand zwischen Nord und Süd nachhaltig verringert hätte. Lag das

Pro-Kopf-Einkommen im Mezzogiorno[33] Anfang der 1950er Jahre um mehr als die Hälfte unter dem italienischen Durchschnittseinkommen, so verringerte sich der Abstand bis zum Ende des Nachkriegswachstums um 1970 auf etwa 33 Prozent (Abb. 3.9). Danach nahm er bis Mitte der 1990er Jahre wieder auf knapp 45 Prozent zu, um anschließend bis zum Ende des gegenwärtigen Jahrzehnts geringfügig auf rund 41 Prozent zurückzugehen.[34]

In der sozialwissenschaftlichen Literatur wird die anscheinend unüberwindliche wirtschaftliche Rückständigkeit des italienischen Südens durch dessen traditionale Sozialstruktur erklärt, einschließlich der ungebrochenen Vorherrschaft lokaler Machteliten, die befürchten müssten, im Zuge einer kapitalistischen Modernisierung ihre Stellung einzubüßen. Folgt man Jens Beckert, dann setzt kapitalistisches Wirtschaften eine Gesellschaftsordnung voraus, die eine Orientierung des Alltagshandelns an den vier Grundprinzipien *competition*, *creativity*, *commodification* und *credit* (den »vier Cs«) zulässt und belohnt (Beckert 2012). Die standardökonomische Theorie unterscheidet sich von der soziologischen dadurch, dass sie derartige Handlungsorientierungen mittels einer Art von anthropologischem Glaubensakt als allgemeinmenschlich unterstellt.[35] Dies macht es ihr schwer zu verstehen, warum Gesellschaften wie die des Mezzogiorno auf noch so viele »Anreize«

33 Der Mezzogiorno umfasst die Inseln Sizilien und Sardinien sowie die Regionen Abruzzen, Molise, Kampanien, Basilikata, Apulien und Kalabrien.

34 Allerdings dürfte die Untergrund-Ökonomie im Mezzogiorno äußerst umfangreich sein. Eine umfangreiche Untergrund-Ökonomie ist ein Zeichen für geringe Regierbarkeit, in Bezug nicht nur auf die Besteuerung, sondern auch auf die Kontrolle über den Einsatz staatlicher Hilfsgelder.

35 Für sie steckt der *homo oeconomicus* in jeder Gesellschaft und jedem Individuum und wartet nur darauf, herausgelassen zu werden. Dass Gesellschaften ihrerseits in einem niedrigproduktiven Gleichgewicht stecken können, entzieht sich ihrem Verständnis; notfalls muss eine solche Gesellschaft mit öffentlicher Gewalt aus ihrer Lebensweise vertrieben bzw. herausreformiert werden.

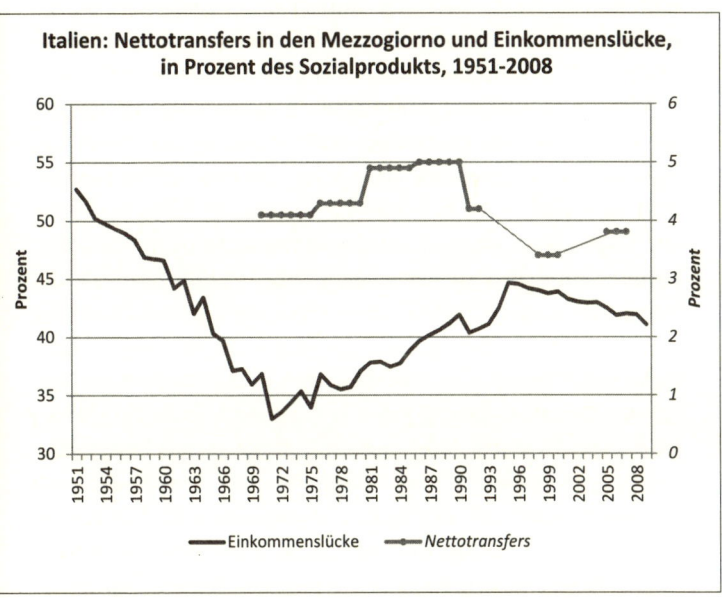

Abb. 3.9

Italien: Nettotransfers in den Mezzogiorno und Einkommenslücke, in Prozent des Sozialprodukts, 1951-2008

Vittorio Daniele, Paolo Malanima (2007): Il prodotto delle regioni e il divario Nord-Sud in Italia (1861-2004), *Rivista di Politica Economica*, S. 267-316; Istat

zu kapitalistischer Rationalisierung nicht ansprechen wollen und warum die Einführung moderner Institutionen wie des kapitalistischen Privateigentums allein nicht ausreicht, um kapitalistische Modernisierung in Gang zu setzen.

Wie viel genau der italienische Nationalstaat und die europäische Staatengemeinschaft zur Förderung der regionalen Entwicklung im Mezzogiorno und der nationalen Konvergenz in Italien aufgewendet haben, können selbst Spezialisten nicht sagen, auch weil die Berechnungsmethoden immer wieder geändert und die zuständigen Institutionen laufend reformiert wurden.[36] Die beste verfügbare Schätzung setzt die Nettotransfers zugunsten des Mezzogiorno mit gegenwärtig rund vier Prozent des italienischen Sozialprodukts an, wobei ein Höchststand von etwa fünf Prozent Ende der 1980er Jahre erreicht wurde; anschließend, in der ersten Konsolidierungsphase der öffentlichen Haushalte, sank dieser Betrag auf 3,4 Prozent am Ende des Jahrhunderts (Abb. 3.9).[37] Trotz dieses beträchtlichen Mitteleinsatzes gilt Süditalien als Beispiel dafür, wie regionale Entwicklungsprogramme von den politischen und sozialen Umständen zum Scheitern gebracht werden können. Heute besteht weithin Einigkeit, dass die italienischen zentralstaatlichen Entwicklungshilfen von den örtlichen Machtstrukturen absorbiert und zur Festigung der lokalen, traditional-klientelistischen Herrschaftsverhältnisse eingesetzt wurden. Zugleich lernten die den Zentralstaat tragenden Parteien, insbesondere die *Democrazia Cristiana*, wie sie die für die regionale Wirtschaftsentwicklung bestimmten staatlichen Mittel für den Kauf politischer Unterstützung, auch in Gestalt garantierter Wählerstimmen, zweckentfremden konnten. Dass

36 So wurde 1992 die Cassa per il mezzogiorno, ein Sonderfonds für die Entwicklung des Südens, abgeschafft und durch Steuerrabatte ersetzt. Staatliche Infrastrukturinvestitionen, Subventionen für bestimmte Sektoren, Investitionszuschüsse und Steuerbefreiungen für private Unternehmen wechselten sich ständig ab. Hinzu kamen immer neue europäische Förderprogramme.

37 Die Berechnungen der italienischen Nettotransfers wurden dem Verfasser von Prof. Carlo Trigilia, Universität Florenz, zugänglich gemacht.

die umfangreichen Transferzahlungen an den Süden so lange von den Wählern im Norden toleriert wurden, war nur möglich, weil die Schaffung annähernd gleicher Lebensverhältnisse in Italien gerade auch von der Linken als nationales Anliegen und Gebot nationaler Solidarität angesehen wurde – und weil die italienische Regionalpolitik von der Europäischen Union von Anfang an massiv unterstützt wurde.[38] Dass diese Unterstützung in den 1980er Jahren auslief, trug dazu bei, die öffentliche Aufmerksamkeit auf den Umstand zu lenken, dass die Aufwendungen zur »Entwicklung« des Mezzogiorno im Ergebnis nicht einmal hatten verhindern können, dass der Abstand zwischen den Landesteilen seit mehr als einem Jahrzehnt wieder stetig zugenommen hatte. Seitdem wächst der Widerstand gegen weitere Hilfsprogramme. Zu seinem sichtbarsten Ausdruck wurde der Aufstieg der sezessionistischen norditalienischen Regionalpartei Lega Nord.

Der italienische Fall zeigt, dass regionale Wachstums- und Entwicklungspolitik, so wie sie rhetorisch auch für die Währungsunion vorgesehen ist, zwei eng miteinander verknüpfte Probleme lösen muss. Das *erste* ist, in einer traditionalen Sozialstruktur die für die Förderung der wirtschaftlichen Entwicklung bestimmten Mittel so einzusetzen, dass sie ein selbsttragendes Wachstum in Gang bringen und sich so selbst überflüssig machen. Anders formuliert geht es darum, dass Hilfsgelder investiv und nicht konsumtiv eingesetzt werden, so schwierig diese Unterscheidung im Einzelfall sein mag. Davon, dass Aussicht besteht, dass es irgendwann gelingt, das regio-

---

38 Bei den Verhandlungen über die Gründung der Europäischen Wirtschaftsgemeinschaft bestand Italien darauf, dass die Gemeinschaft ihr einen Teil der Kosten für die Unterhaltung des Mezzogiorno abnehmen müsse. Ohne massive Transferzahlungen an den Süden, die über das hinausgingen, was der italienische Nationalstaat damals leisten konnte, war in den Augen der Regierung sein Zusammenhalt nicht zu gewährleisten, und gewiss nicht die parlamentarische Mehrheit der christdemokratischen Regierung in Rom. Der Fall ist ein Beispiel dafür, dass die europäische Einigung in vielen Fällen nicht dazu diente, die beteiligten Nationalstaaten abzuschaffen, sondern sie im Gegenteil zu stabilisieren (Milward 1992).

nalpolitische *Effizienzproblem* zu lösen, hängt ab, ob die Regionen, die die Mittel aufzubringen haben, bereit sind, dies auch zu tun und sich insoweit »solidarisch« zu verhalten. *Zweitens* muss geklärt werden, wer die Kontrolle über die Verwendung der Wachstumshilfen ausüben bzw. wie die Kontrolle zwischen zentralen Geber- und lokalen Empfängerinstanzen – allgemein formuliert, zwischen Zentrum und Peripherie – aufgeteilt werden soll. Zu viel lokale Kontrolle kann dazu führen, dass Mittel konsumtiv statt investiv verwendet werden; zu viel zentrale Kontrolle läuft Gefahr, an den örtlichen Bedingungen vorbeizuregieren. Das *hier* zu lösende Problem ist eines der *Regierbarkeit*. Relevante Faktoren sind unter anderem die politische und rechtliche Verfasstheit der regionalen Staatsorgane, die Art ihrer institutionellen Anbindung an das Zentrum, die regionale Sozialstruktur und die politische Abhängigkeit des Zentrums von der Unterstützung durch die Peripherie.

Was Deutschland angeht, so wurde nach der Wiedervereinigung häufig befürchtet, dass die aus der DDR hervorgegangenen »Neuen Länder« zu einem »deutschen Mezzogiorno« werden würden. In den folgenden zwei Jahrzehnten wandte die Bundesregierung erhebliche Mittel auf, um Lebensverhältnisse und Wettbewerbsfähigkeit im Osten an den Westen anzugleichen. Auch in diesem Fall gab es den Verdacht, dass die Hilfe eher konsumtiver als investiver Art war. Anfang 1994 war die Einkommenslücke zwischen den beiden Landesteilen von knapp sechzig auf 33 Prozent des nationalen Durchschnittseinkommens gefallen (Abb. 3.10). Danach aber dauerte es anderthalb Jahrzehnte, bis der Abstand sich um weitere sechs Prozentpunkte verringerte. Begleitet wurde dies von jährlichen Nettotransfers, die zwischen 1995 und 2003 von 2,8 auf etwa vier Prozent des Sozialprodukts stiegen und anschließend wieder auf unter drei Prozent sanken; 2012 machten sie etwa 3,3 Prozent aus, lagen also rund einen halben Prozentpunkt unter dem italienischen Niveau. Da die Bevölkerung der »Neuen Länder« nur etwas mehr als zwanzig Prozent der Bevölkerung der Bundesrepublik ausmacht, während der Bevölkerungs-

Abb. 3.10

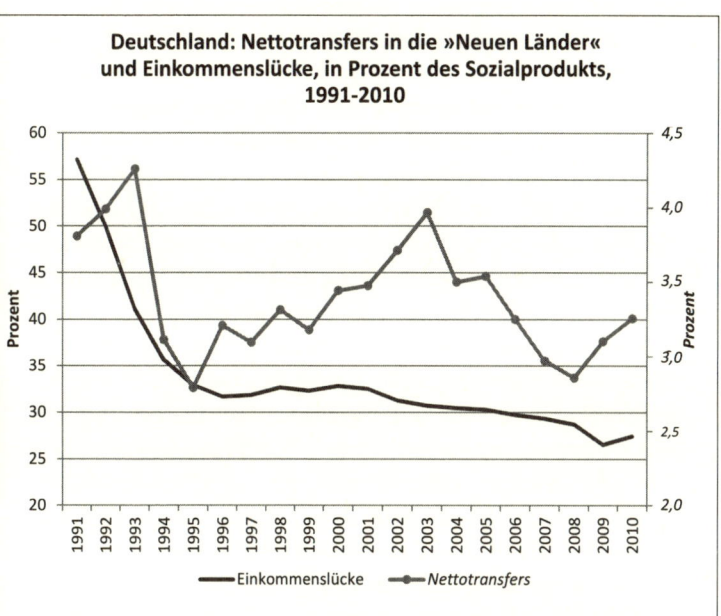

**Deutschland: Nettotransfers in die »Neuen Länder«
und Einkommenslücke, in Prozent des Sozialprodukts,
1991-2010**

Arbeitskreis VGR der Länder: Bruttoinlandsprodukt, Bruttowertschöpfung in den Ländern
und Ost-West-Großraumregionen Deutschlands 1991 bis 2010; ifo Dresden, Mitteilung an
den Verfasser

anteil des Mezzogiorno in Italien seit Jahrzehnten bei etwa 35 Prozent liegt, waren die eingesetzten Mittel in Deutschland nicht nur leichter aufzubringen, sondern hatten auch relativ weniger Nutznießer. Überschlägig berechnet wären in Italien zwischen sechs und sieben Prozent des Sozialprodukts nötig gewesen, um ein dem deutschen entsprechendes effektives Transferniveau zu erreichen.

Obwohl in Deutschland anders als in Italien der Abstand zwischen den reichen und den armen Landesteilen tatsächlich deutlich kleiner wurde (in Italien lag er bei Ausbruch der Krise etwa auf dem Niveau von 1990 und war mit 41 Prozent anderthalbmal so groß wie in Deutschland), kann von einem Lückenschluss bis heute nicht gesprochen werden. So wird die Bundesregierung noch auf absehbare Zeit an dem nach der Wiedervereinigung eingeführten »Solidaritätszuschlag« zur Einkommensteuer festhalten müssen, ungeachtet der im Vergleich zu Italien günstigeren Bevölkerungsrelation zwischen den armen und den reichen Landesteilen.[39] Der trotz erheblicher Transferleistungen hartnäckig sich haltende wirtschaftliche Rückstand der Länder der ehemaligen DDR[40] ist umso

39 Wobei dies natürlich auch durch den wahlpolitischen Einfluss der »Neuen Länder« auf die Zusammensetzung des Bundesrats und der Bundesregierung bedingt ist. Die Auseinandersetzungen um die Fortsetzung des »Solidarpakts«, der 2019 ausläuft, waren 2012 längst im Gange. In einem Kommentar am 5. September 2012 zu Forderungen eines ostdeutschen Wirtschaftsministers nach weiterer Unterstützung räumt die *Süddeutsche Zeitung* ein, dass es »trotz Billionen-Zuwendungen für den Aufbau Ost bis heute nicht gelungen« sei, »eine sich selbst tragende Wirtschafts- und Finanzierungsstruktur in den neuen Bundesländern zu etablieren […]. Noch immer wird in den neuen Bundesländern weniger als zehn Prozent des Gewerbesteueraufkommens in Deutschland eingenommen; bei der von Unternehmen zu entrichtenden Körperschaftssteuer liegen die Anteile gar zwischen fünf und sieben Prozent.«

40 Laut Jahresbericht 2012 der Bundesregierung zum »Stand der deutschen Einheit« (Bundesministerium des Innern 2012) wuchs die Wirtschaft in Ostdeutschland 2011 um 2,5 Prozent, verglichen mit 3,0 Prozent in Deutschland insgesamt. Das Sozialprodukt pro Kopf war von 73 Prozent des westdeutschen Niveaus (2010) auf 71 Prozent gesunken; die Produktivität lag bei 79 Prozent, und die Arbeitslosigkeit betrug 11,3 Prozent (Westdeutschland: 6,0 Prozent).

bemerkenswerter, als es dort zum Zeitpunkt der Wiedervereinigung anders als in Süditalien keine etablierten Machtstrukturen gab, die sich einer kapitalistischen Modernisierung hätten
widersetzen können und denen der Nationalstaat hätte Zugeständnisse machen müssen. Nicht nur war die kommunistische Führungsschicht völlig diskreditiert. Hinzu kam, weiter
zurückgehend, dass die frühere Gutsherrschaft in großen Teilen des deutschen Ostens – in ihrer Struktur den Verhältnissen
in Sizilien und Kalabrien in vielem vergleichbar – zuerst von
den Nationalsozialisten nach dem 20. Juli 1944 und dann von
der sowjetischen Besatzung und der SED zerschlagen worden
war, weshalb von einem feudalen Erbe (Hirschman 1982), das
dem wirtschaftlichen Fortschritt hätte im Wege stehen können, keine Rede sein konnte.

Nach wie vor umstritten ist, inwieweit die Langsamkeit der
Annäherung der Ost- an die Westländer nach 1995 auf die
Währungsunion, den Umtausch der DDR-Währung im Verhältnis 1:1 und die Ausdehnung des westdeutschen Sozialstaats
auf den Osten zurückzuführen ist. Dies alles waren Maßnahmen, die von vielen auch als Stimmenkauf durch die Regierung Kohl im Osten angesehen wurden und werden und insofern durchaus mit der italienischen Praxis im Mezzogiorno
vergleichbar wären. Vieles spricht dafür, dass das erhebliche
Ausmaß der in den folgenden Jahren erforderlich gewordenen
Transferleistungen zu einem Großteil durch den Schock zu erklären ist, der von der Währungs- und Sozialunion ausging.
Als gesichert darf gelten, dass die überaus kostspielige finanzielle Unterstützung für die »Neuen Länder«, deren Höhe für
die Wähler überraschend kam,[41] trotz der verfassungsrechtlich
geforderten Schaffung »gleichwertiger Lebensverhältnisse« in
allen Teiles des Landes nur auf dem Hintergrund eines uner-
wartet starken nationalen Zusammengehörigkeits- und Ver-
pflichtungsgefühls politisch durchgehalten werden konnte.

Die Lehren aus den beiden Fällen für die im Sommer 2012

41 Man erinnere sich an Helmut Kohls Versprechen »blühender
Landschaften« ohne Steuerhöhungen.

beschlossenen »Wachstumsprogramme« der Europäischen Union für die südlichen Schuldenländer sind nicht ermutigend. Griechenland, Portugal, Spanien und andere möglicherweise hilfsbedürftige Länder sind Nationalstaaten, nicht Bundesländer oder Provinzen eines Zentralstaats. Ihre Regierungen und Parteien sind für die Europäische Kommission oder den Europäischen Rat noch weniger umgehbar als regionale Machthaber für die Regierungen von Nationalstaaten.[42] Regionalpolitische Maßnahmen an den Nationalstaaten vorbeizusteuern, hat die EU-Kommission immer wieder versucht; gelungen ist es ihr indes nie. Alles, was für Italien gilt, gilt deshalb auf höherer Ebene und in verstärktem Maße analog auch für die EU. Hinzu kommt, dass anders als in Italien und Deutschland im Europa der EU zwischen Zahlern und Empfängern das Band eines historisch gewachsenen Gemeinschaftsgefühls fehlt. Nationale Identifikationen können im Gegenteil jederzeit mobilisiert werden, um geforderte Solidarleistungen als unverdient und Programmauflagen als imperialistische Einmischung zu delegitimieren.

Um abzuschätzen, welche regionalpolitische Herkulesaufgabe es wäre, den Krisenländern des Mittelmeerraums zu helfen, in einer Währungsunion mit Deutschland nicht immer weiter zurückzufallen, erscheint es zweckmäßig, sich die Grö-

42 In Ostdeutschland wurden die Schlüsselpositionen in den neuen Bundesländern nach der Wiedervereinigung vielerorts mit westdeutschen Politikern und Beamten besetzt, die die politische Kultur der alten Bundesrepublik internalisiert hatten. Einen vergleichbaren Elitenaustausch hat es im Mezzogiorno nie gegeben. Der von der EU eingesetzte italienische Ministerpräsident Monti entdeckte im Sommer 2012 öffentlichkeitswirksam, dass der Präsident der sizilianischen Region, Raffaele Lombardo, ein Gehalt bezog, das das von Angela Merkel überstieg, und dass Sizilien unter anderem 24 000 Förster und 20 000 Verwaltungskräfte beschäftigte, bei Verwaltungsausgaben pro Bürger und Jahr von 349 Euro (Lombardei: 21 Euro). Zweifellos zu seiner Überraschung entdeckte Monti ferner, dass der Präsident, der als Reformkandidat einen Vorgänger abgelöst hatte, der zurzeit eine Gefängnisstrafe abbüßt, mit der Mafia zusammengearbeitet hatte, und veranlasste ihn zum Rücktritt. Was das sizilianische Haushaltsdefizit angeht, so waren ihm wegen des regionalen Autonomiestatuts die Hände gebunden.

ßenverhältnisse zwischen den Ländern und das Ausmaß der wirtschaftlichen Unterschiede in der Europäischen Währungsunion vor Augen zu führen (Abb. 3.11). Spanien, Griechenland und Portugal – die drei ärmsten Länder der Krisenzone des Mittelmeerraums – haben zusammen 68,1 Millionen Einwohner. Die drei größten und einzigen in relevantem Umfang zahlungsfähigen Mitgliedsländer der EWU – Deutschland, Frankreich und die Niederlande – haben zusammen 163,5 Millionen Einwohner, was ein Verhältnis von 41 zu 100 ergibt. Das entsprechende Verhältnis von Ost- zu Westdeutschland beträgt 27 zu 100. Das gewichtete Pro-Kopf-Einkommen der drei Länder des Mittelmeerraums lag 2011 bei etwa 21 000 Euro, während das der drei potenziell zur Unterstützungsleistung heranziehbaren Länder 31 700 Euro betrug, was einer Einkommenslücke von nicht weniger als 34 Prozent gleichkam. Dies sind sieben Prozentpunkte mehr als innerhalb von Deutschland, wo auf noch unbestimmte Zeit rund vier Prozent des Sozialprodukts gebraucht werden, um zu verhindern, dass Ostdeutschland hinter sein jetzt erreichtes Niveau *zurückfällt*. Rechnet man Italien zum Mittelmeerraum hinzu, so wird die Einkommenslücke zum Norden kleiner; dafür aber verschlechtert sich das Bevölkerungsverhältnis auf knapp 80 zu 100. Selbst zusammen mit Frankreich und selbst wenn die gute Wirtschaftslage von 2011 und 2012 in Deutschland anhielte, wäre Deutschland mit der Finanzierung einer irgendwie aussichtsreichen Regionalpolitik für den Mittelmeerraum offenkundig überfordert.[43]

So hoch wie die Kosten regionalpolitischer Interventionen, so gering wäre ihre Steuerbarkeit von außen oder oben. Wenn die italienische Zentralregierung die Verwendung ihrer Mittel in Sizilien und allgemein das fiskalische Verhalten ihrer Regionalverwaltungen nicht zu kontrollieren vermag, liegt die Frage nahe, wie dann die Brüsseler Kommission oder gar die deutsche Bundesregierung die griechische, spanische,

43 Siehe, in Zusammenhang mit der Forderung nach Eurobonds, den Artikel »Merkel Stresses Limits to Germany's Strength« in *The New York Times* vom 15. Juni 2012.

portugiesische oder auch italienische Regierung kontrollieren können soll. Und wenn sogar in Deutschland trotz Bundesstaat und erheblichen Mitteleinsatzes ein Endpunkt für die regionale Förderungspolitik in den »Neuen Ländern« auch zwanzig Jahre nach der Wiedervereinigung nicht absehbar ist, wann wäre dann innerhalb einer Währungsunion souveräner Staaten damit zu rechnen, dass regionalpolitische Subventionen sich überflüssig machen würden, auch in Anbetracht der dauernden Wirksamkeit des Prinzips kumulativer Bevorteilung im kapitalistischen Wettbewerb? Den Wählern in den Zahlerländern würde sehr viel Geduld abverlangt, in einer Zeit schrumpfender öffentlicher Haushalte und sinkender Sozialleistungen. Wieso aber sollten Finnen und Niederländer mit Griechen und Spaniern mehr Geduld haben als die Bürger von Piemont, der Lombardei und des Veneto mit denen von Palermo und Neapel?

Alles spricht dafür, dass die begrenzten Mittel, die Westeuropa unter den Bedingungen der Fiskalkrise wird aufbringen können, um sie in den Süden zu transferieren, bestenfalls ausreichen werden, um die Loyalität der dortigen Staatsapparate und Parteien der Mitte gegenüber dem europäischen Zentrum zu erkaufen – ein Arrangement, das dem nationalen Mehrebenen-Klientelismus der italienischen Nachkriegsdemokratie bemerkenswert ähnlich sähe. Neu wäre es für die EU ohnehin nicht. Als Portugal, Spanien und Griechenland in den 1970er Jahren Faschismus und Militärdiktatur hinter sich ließen, hatten alle drei Länder eine eurokommunistische Option, auch vor dem Hintergrund des sich abzeichnenden *compromesso storico* in Italien. Diese hätte eine Abrechnung mit den traditionellen, durch die Zusammenarbeit mit den Diktaturen diskreditierten Oberschichten eingeschlossen und damit zumindest die Möglichkeit einer revolutionären Modernisierung der Sozialstruktur. Das aber lag nicht im Interesse der Westeuropäer und der USA, die aus geopolitischen Gründen zuverlässige Verbündete und Ruhe an ihrer mittelmeerischen Peripherie brauchten.

Die Aufnahme der drei Länder in die EU – und fast zeit-

Abb. 3.11

**Größenverhältnisse und Einkommenslücken
zwischen ausgewählten Mitgliedsländern der
Europäischen Währungsunion, 2011**

	Einwohner	% D, F, NL	Einkommen	Einkommens-lücke
Italien	60,1	36,8	26.000	18,0
Spanien	46,2	28,3	23.300	26,5
Griechenland	11,3	6,9	19.000	40,1
Portugal	10,6	6,5	16.000	49,5
I, ESP, GRL, P	128,2	78,4	23.594	25,6
D, F, NL	163,5	100	31.711	--

gleich in die NATO – geschah denn auch nicht aus wirtschaftlichen, sondern aus politischen Gründen: Sie sollte eine Entscheidung für einen prowestlichen, »europäischen« Kurs mit der Aussicht auf Teilhabe an der Prosperität des westeuropäischen Zentrums belohnen. Statt durch soziale Revolutionen sollten Wachstum und Wohlstand durch Subventionen aus den Strukturfonds der EU entstehen, einschließlich eines von Brüssel geförderten Aufbaus moderner Staatsapparate nach westeuropäischem Vorbild. Ziel war ein sozialdemokratisch abgefederter Eurokapitalismus, der den neu zur Demokratie hinzugestoßenen Ländern durch wachsenden Wohlstand nationale Aussöhnung ermöglichen sollte: eine Modernisierung ohne Blutvergießen. Die Hoffnung der nach Westeuropa orientierten neuen Mittelschichten war, sich im Zuge eines allmählichen wirtschaftlichen Strukturwandels friedlich und auf Dauer als innenpolitisch hegemoniale Kraft nach westeuropäischem Vorbild etablieren zu können – allen zunächst unvermeidlichen Kompromissen mit den alten Oligarchien zum Trotz, in Spanien symbolisiert durch die Monarchie und in Griechenland verfassungsmäßig zementiert unter anderem in Gestalt bleibender Vorrechte der orthodoxen Kirche, einschließlich weitgehender Steuerbefreiungen für ihre ausgedehnten Ländereien und kommerziellen Aktivitäten.[44]

Spätestens die Finanz- und Fiskalkrise, wahrscheinlich aber schon der Zusammenbruch des Ostblocks nach 1989 und die anschließende Notwendigkeit, eine weitere, nun östliche Peripherie in der EU aufzufangen, hat dem Projekt subventionier-

---

44 Deren Rückgängigmachung keiner der »Retter« des Landes bisher gefordert hat. In Griechenland hatten die Westmächte, insbesondere nach der Niederschlagung des kommunistischen Volksaufstands (der auf den Abzug der deutschen Besatzungstruppen gefolgt war) durch britische Truppen, die Monarchie zurückgebracht und dafür gesorgt, dass die mit ihr verbündeten Mächte fest im Sattel saßen. Die Jahre bis zur Obristenherrschaft waren gekennzeichnet durch politische Instabilität und ständige Konflikte zwischen dem Königshof und den gewählten Regierungen (Markantonatu 2012).

ter wirtschaftlicher und sozialer Konvergenz ein Ende gesetzt. In keinem der drei neuen Mittelmeerländer – und wie sich herausstellte, noch nicht einmal in Italien – war der Aufholprozess bis 2008 weit genug fortgeschritten, dass sie in der Krise hätten bestehen können. Heute ist klar, dass die EU sich schon in den 1980er Jahren mit ihrem Vorhaben einer Pazifizierung des Mittelmeerraums durch eurokapitalistische Modernisierung übernommen hatte und dass das Versprechen sozialer und politischer Konvergenz durch wirtschaftliches Wachstum, enthalten in dem Programm einer gleichzeitigen Erweiterung und Vertiefung der Europäischen Union, nicht einzulösen war. Mit dem Hinzukommen weiterer Aufnahmeländer, dem Austeritätszwang auch im westeuropäischen Zentrum sowie dem gestiegenen Risikobewusstsein der Kapitalmärkte besteht endgültig keine Aussicht mehr auf nennenswerte von außen kommende Subventionen, nicht einmal auf dem Niveau der Strukturfonds der 1980er und 1990er Jahre. Ein deutscher »Marshallplan« für Europa,[45] der von mehr als nur symboli-

45 Wie von dem amerikanischen Historiker Charles S. Maier in der *New York Times* gefordert (Maier 2012). Maier vergisst neben vielem anderen die extreme politische Asymmetrie zwischen den am Marshallplan beteiligten Parteien, die Finanzierungs- oder Regierungsprobleme der heutigen Art gar nicht erst aufkommen ließ. Innerhalb der USA ließ sich der Marshallplan als Instrument des *containment* im beginnenden Kalten Krieg verteidigen. In Europa konnte im Fall der Wahl einer falschen Regierung jederzeit mit einem Ende der amerikanischen Hilfslieferungen gedroht werden. »Im Süden […] benötigte de Gasperi die Unterstützung der Alliierten […]. Die Intensivierung des Kalten Krieges war hilfreich […]. Die Vereinigten Staaten stellten sich auf die Seite der Christdemokraten. Washington begann, die Halbinsel mit westlicher Hilfe zu überfluten. Spezielle Propagandafeiern wurden inszeniert für jedes Schiff mit Hilfsmaterial, das einen italienischen Hafen anlief. Marshall warnte, dass die gesamte amerikanische Hilfe sofort eingefroren würde, falls die Kommunisten die Wahl gewönnen. Vor allem im Süden wurde die westliche Hilfe von den Christdemokraten genutzt, um Wähler an sich zu binden. Die Verteilung der Hilfsgüter war der Prototyp für die in den folgenden Jahren entstandene klientelistische Parteimaschine in Süditalien« (Hien 2012, 279). In Griechenland ermöglichte der Marshallplan den Siegern des von Großbritannien betriebenen Bürgerkriegs gegen die Kommunisten, ihre Klientel zu bedienen, unter anderem durch Arbeits-

schem Wert wäre, wäre schon aufgrund der Größenverhältnisse undenkbar, ganz abgesehen von der Frage, ob er überhaupt Wachstum bewirken könnte. Im Übrigen würden dieselben Vergünstigungen wie für Griechenland sofort auch von Portugal, Spanien und möglicherweise Italien gefordert, nicht zu vergessen Ungarn, auch wenn es der Währungsunion noch gar nicht angehört, und Länder wie Serbien, dem Kosovo, Bosnien und Albanien – letztendlich vom gesamten Balkan, der seit 1989 ein weiteres instabiles und aufbaubedürftiges Glacis der westeuropäischen Wohlstandszone bildet.

In der Sprache der internationalen Politik lässt sich die Fiskalkrise des europäischen Staatensystems auch als Folge einer Überausdehnung der vormaligen »Friedensmacht« der Europäischen Union in ihrer Gestalt als expandierendes marktwirtschaftliches Imperium beschreiben. Bei knapp gewordenen finanziellen Mitteln bleibt für den Zusammenhalt des Brüsseler Staatenblocks nur die Hoffnung auf neoliberale »Strukturreformen« bei gleichzeitiger Neutralisierung der nationalen Demokratien durch supranationale Institutionen und gezielte Kultivierung örtlicher Unterstützung durch »moderne« Mittelschichten und staatliche Machtapparate, die ihre Zukunft in der westeuropäischen Wirtschafts- und Lebensweise sehen. Vom Zentrum darüber hinaus betriebene Struktur-, Konjunktur- und Wachstumsprogramme haben dann vor allem symbolischen Wert – als Gesprächsthema für die Öffentlichkeit und für die Inszenierung von Gipfelentscheidungen, auch zur Absorption sozialdemokratischer Restbestände in Politik und politischer Rhetorik.[46] Darüber hinaus lassen sie

plätze im öffentlichen Sektor. Auch der griechische Klientelismus nach dem Zweiten Weltkrieg geht unmittelbar auf die von den Alliierten als Belohnung für den Ausgang des Bürgerkriegs zur Verfügung gestellten Hilfsgelder zurück (Markantonatu 2012).

46 Siehe den zwischen Bundesregierung und den sozialdemokratischen und grünen Teilen der Opposition am 21. Juni 2012 beschlossenen »Pakt für nachhaltiges Wachstum und Beschäftigung«, der einen entsprechenden Kabinettsbeschluss sowie den anschließenden europäischen »Pakt« (siehe Fn. 31 in diesem Kapitel) vorwegnahm und Grünen wie

sich, geringfügig wie sie in finanzieller Hinsicht sein mögen, zur Verteilung von Treueprämien und Unterhaltszahlungen an örtliche Unterstützer nutzen: als Instrumente einer Elitenkooptation durch Vorteilsgewährung im Prozess der Hayekisierung des europäischen Kapitalismus und seines Staatensystems.

Zur Strategiefähigkeit des europäischen Konsolidierungsstaates

Nur die innersten Kreise des Konsolidierungsstaates können wissen, ob sich hinter der fortlaufend bespielten Bühne der Gipfeltreffen und Regierungskonsultationen ein strategisches Zentrum verbirgt, in dem gemeinsame Ziele, welche auch immer, langfristig und mit Umsicht und Sachverstand festgelegt und angesteuert werden. Wer die vor den Kulissen seit Jahren aufgeführten Verwirrspiele zu verstehen versucht hat, wird daran zweifeln. Was der nachrichtenverfolgende Zuschauer sieht, sind immer neue Inszenierungen von Entscheidungskraft und Entscheidungsmacht, dargeboten von Virtuosen auf dem Gebiet der vertrauensbildenden Maßnahmen und begleitet von einer Kakophonie von »Experten« jeder Art, die lautstark wechselnde Patentrezepte mit immer kürzeren Verfallsdaten anpreisen. Ist das alles? Oder gibt es hinter dem Durcheinander doch so etwas wie Kontinuität oder gar Strategiefähigkeit – in der EZB, der EU-Kommission, dem IWF, den nationalen Regierungsapparaten oder auch den »Märkten« mit ihren Hinterzimmern in New York und Frankfurt?

Sucht man nach Konstanten im Wechselspiel der Krisen und Krisenpolitiken, so findet man, dass alle in verantwortlicher Stellung Beteiligten von Anfang an als Prämisse akzeptiert haben, dass der Euro, einmal eingeführt, mit allen Mit-

SPD ermöglichte, ein weiteres Mal die Politik der Bundesregierung in Europa mitzutragen. Veröffentlicht als Pressemitteilung 212/12 des Presse- und Informationsamts der Bundesregierung vom 21. Juni 2012.

teln verteidigt werden muss, gleichgültig was er bisher bewirkt oder nicht bewirkt hat. Zu der Koalition, die den Euro erhalten will, gehören natürlich die »Märkte«, soweit sie in ihn investiert sind und die vollständige Rückzahlung ihrer in Euro vergebenen Kredite sichergestellt wissen wollen. Allerdings könnten sie auch an einem Zusammenbruch der gemeinsamen Währung verdienen, wenn sie sich rechtzeitig darauf einstellen – und ihn dadurch beschleunigen – würden. Bestrebt, ihnen ebendies auszureden, sind die Regierungen aller zur Europäischen Währungsunion gehörenden Staaten, auch die der Defizitländer. Ihnen zur Seite steht die EU, für die die Währungsunion die wirkliche Vollendung des 1992 »vollendeten« Binnenmarkts ist, dessen Ziel es war, innerhalb Europas ein freies Spiel der Marktkräfte zu ermöglichen, ungehindert von zwischenstaatlichen Grenzen, gesichert gegen einzelstaatliche Interventionen und befreit von marktbeschränkenden Schutzrechten. Dass europäische Staaten zur Verteidigung der Wettbewerbsfähigkeit ihrer Volkswirtschaften sollten ihre Währung abwerten können, stand in Widerspruch zu Geist und Intention des neoliberalen Binnenmarktprogramms. Die Möglichkeit der Abwertung und damit einer Korrektur marktgerechter Verteilungsergebnisse durch diskretionären politischen Eingriff musste, wenn der Markt zu seinem Recht kommen sollte, eliminiert werden. Die Abschaffung der nationalen Währungen und ihre Ersetzung durch eine im Idealfall für den gesamten Binnenmarkt geltende Einheitswährung lag in der Logik der auf Befreiung der Wirtschaft und des Marktes von politischen Eingriffen zielenden neoliberalen Wende; sie war die wahre Krönung des Binnenmarktprogramms.[47]

47 Die Einführung des Euro als Moment neoliberaler Marktexpansion und damit der kapitalistischen Entwicklung gegen Ende des 20. Jahrhunderts zu betrachten heißt nicht, andere mit der Währungsunion verbundene politische Motive übersehen zu müssen. Wichtige historische Entscheidungen werden immer von mehreren Gründen getragen und kommen oft gerade deshalb zustande, weil sie in mehr als einen strategischen Sinnzusammenhang passen. Im Fall der Währungsunion ist vor allem an das französische Bestreben zu denken, die europäische Hegemo-

Eine stilisierte politische Ökonomie der den Euro tragenden Koalition, die bis heute das Drehbuch der europäischen Krisenpolitik schreibt, beginnt mit den Exportindustrien der Überschussländer, allen voran Deutschlands, die in dieser Frage mit den ihre Arbeitnehmer organisierenden Gewerkschaften völlig übereinstimmen. Für sie ist der Euro die Garantie dafür, dass ihre Produkte im europäischen Ausland nicht durch willkürliche Abwehrmaßnahmen fremder Regierungen immer wieder künstlich verteuert werden können. Als weiterer Grund, den Euro zu verteidigen, kommt für sie in der gegenwärtigen Krise hinzu, dass die wirtschaftlichen Probleme der Defizitländer den Wechselkurs des Euro gegenüber anderen Währungen drücken, was die Marktchancen des wettbewerbsfähigen Teils der europäischen Industrie auch außerhalb Europas verbessert. Das Festhalten am Euro wird deshalb in Deutschland von der CDU, die der Industrie nahesteht, ebenso wie von der den Gewerkschaften nahestehenden SPD einhellig als im nationalen Interesse liegend betrachtet und als gemeinsame Grundlage deutscher Politik nicht in Frage gestellt.

Bemerkenswert ist, wie gut es vor allem der deutschen Pro-Euro-Koalition auf der politischen Diskursebene gelungen ist, die Währungsunion mit der »europäischen Idee« oder gar mit »Europa« gleichzusetzen, ungeachtet ihres Charakters als marktexpandierendes Rationalisierungsprojekt und unbeschadet der Tatsache, dass zehn der 27 Staaten, die der EU und dem Binnenmarkt angehören, den Euro nicht übernommen haben. Zu ihnen gehören so unzweifelhaft »europäische« EU-Mitglieder wie Großbritannien, Dänemark und Schweden, die sich Sonderrechte ausbedungen haben, welche ihnen erlauben, anders als in den Verträgen vorgesehen der Europäischen Währungsunion auch dann nicht beizutreten, wenn sie die Bedingungen dafür erfüllen. Bis vor der Krise galt dies, zu-

nie der deutschen Bundesbank durch eine gemeinsame Währungs- und Geldpolitik abzulösen, an der Frankreich gleichberechtigt beteiligt sein sollte.

mindest in Deutschland, als in nächster Zeit zu reparierender Schönheitsfehler. Heute ist klar, dass an eine Erweiterung der Europäischen Währungsunion, was immer die Verträge sagen mögen, bestenfalls in sehr ferner Zukunft zu denken sein wird, wenn die gegenwärtige Krise irgendwie gelöst sein und die EWU nicht sich selbst oder gar die EU zerstört haben wird. Dessen ungeachtet galt und gilt die durchaus rätselhafte Behauptung Angela Merkels, »Scheitert der Euro, dann scheitert Europa«, bei allen Parteien außer der Linken als enthusiastisch zu unterstützende nationale Konsensformel. Da es in Deutschland darüber, dass deutsche Politik »europäisch« sein muss, keine Debatten geben kann, wird mit ihr die Verteidigung des Euro um jeden Preis zum Gebot nicht nur wirtschaftlicher Zweckmäßigkeit, sondern politisch-moralischer Staatsraison. Wer sich ihr nicht anschließt oder es auch nur für möglich hält, dass es »Europa« auch ohne den Euro noch geben würde, soll wissen, dass er sich in den Augen aller verantwortlich Handelnden außerhalb dessen stellt, was die Italiener lange den *arco costituzionale* – den »Verfassungsbogen« – genannt haben.[48]

Auf den ersten Blick schwieriger zu erklären ist, warum auch die Regierungen derjenigen Länder am Euro festhalten, die bisher von ihm nichts gehabt haben als Schulden.[49] Ver-

48 Stimmungspolitisch ist »Europa« für die Währungsunion, was die »soziale Dimension« für den Binnenmarkt war, wobei die Unterschiede vielsagend sind. Als Jacques Delors der europäischen Linken das Binnenmarktprojekt nahezulegen hatte, verwies er auf den Umstand, dass man einen Markt nicht »lieben« könne. Lieben könne man nur eine sozial gerechte Gesellschaft – weshalb es unvermeidlich sei, dass der Binnenmarkt irgendwann durch eine gemeinsame Sozialpolitik ergänzt werden müsse. Von dieser ist in der Währungsunion nicht mehr die Rede. Ihre rhetorische Funktion ist heute »Europa« selber zugefallen, unter dem sich jeder vorstellen kann, was er will – von Urlaubsreisen ohne Pässe und Geldumtausch bis zum christlichen Abendland.

49 Außer der neuen griechischen Linkspartei, Syriza (Vereinte Soziale Front), um die es aber bald wieder still wurde, hat bisher keine relevante politische Kraft in den Mittelmeerländern den Austritt ihres Landes aus der Währungsunion gefordert – und auch Syriza hat offengelassen, wie ernst es ihr mit dem Austritt wirklich war.

einfacht formuliert, wird die Politik dieser Länder von einem Bündnis zwischen ihren Staatsapparaten und einer nach Westeuropa orientierten städtischen Mittelschicht dominiert. Letztere schätzt die durch die Zugehörigkeit zur Europäischen Union eröffneten Mobilitätschancen, auch für ihre Ersparnisse, und verbindet mit ihr Hoffnungen auf zukünftigen Wohlstand sowie auf Importgüter, die nicht durch sich wiederholende Abwertungen der nationalen Währung immer wieder von neuem unerschwinglich gemacht werden. Hinzu kommen Modernisierer verschiedener Art in Staat und Wirtschaft, oft nationalistisch motiviert, die in ihrem Bestreben, die »Rückständigkeit« ihres Landes zu überwinden, auf den von der Währungsunion bedingten Zwang zu innerer Abwertung – also zur Durchsetzung neoliberaler »Reformen« gegen die Beharrungskräfte von Gewerkschaften und traditionalen Lebensweisen – als einzigen Weg zur Vermeidung nationaler Verarmung setzen.

In den vier derzeit notleidenden Mittelmeerländern hat es das Bündnis aus modernisierungsorientierten Eliten und städtischen Mittelschichten allein nicht geschafft, die vormodern-feudale Erbschaft abzuschütteln, die den Weg ihrer Länder in den Eurokapitalismus noch immer behindert. Ihre Hoffnung war und ist, in Brüssel Verbündete und Helfer bei von ihnen allein nicht erzwingbaren »Strukturreformen« zu finden. Von außen auferlegte politische Verpflichtungen können ihnen dabei ebenso nützlich sein wie finanzielle Subventionen. Hoffnungen auf Umverteilung innerhalb der Währungsunion, erstritten in zwischenstaatlichen Verhandlungen, die an Interessen der Länder im Zentrum an einer stabilen Nachfrage an der Peripherie anknüpfen können, erscheinen aus dieser Perspektive nicht unrealistisch. Transfers von Norden nach Süden können von den begünstigten Staaten entweder zur Ertüchtigung der eigenen Volkswirtschaft verwendet werden, also im Sinne eines Rationalisierungs- und Modernisierungsprogramms zur Verbesserung der nationalen Wettbewerbsfähigkeit, oder zum Konsum, einschließlich des Kaufs von Unterstützung für die nationale politische Klasse nach süditalienischem Muster.[50] Durchaus im Sinne der Empfänger ist, dass beide Verwendungen in der Praxis wegen des langen Zeithorizonts nachholender kapitalistischer Entwicklung nicht leicht auseinanderzuhalten sind.

Allerdings gibt es im Bündnis zwischen Nord und Süd zur Erhaltung der Währungsunion nicht unerhebliche Konflikte, zwischen den beteiligten Ländern ebenso wie in ihnen. Für die Länder des Nordens stellt sich die Frage, wie viel sie den Ländern des Südens zahlen müssen und wollen, als Kompensation oder als Entwicklungshilfe, um ihnen zu ermöglichen und sie dazu zu bewegen, in der Währungsunion zu bleiben. Innenpolitisch müssen sie dabei klären, wer die Kosten der Währungsunion zu tragen hat. In Deutschland liegt den Exportsektoren daran, an diesen möglichst auch solche Bereiche zu beteiligen, die von den Exportüberschüssen kaum oder gar nicht profitieren. Für die Regierung ergibt sich daraus die schwierige Aufgabe, das, was im Prinzip eine Steuer auf die Wettbewerbsfähigkeit der einheimischen Exportindustrien wäre, möglichst unbemerkt auf die breite Masse der Steuerzahler, Konsumenten und Sozialleistungsempfänger umzulegen; dazu stehen ihr freilich vielfältige Möglichkeiten zur Verfügung, auch durch Einschaltung der Europäischen Zentralbank.

Was andererseits die Südländer betrifft, so geht es für sie darum, nicht nur den Preis für ihr weiteres Mitspielen in der Währungsunion so hoch wie möglich zu treiben, sondern auch die von den Nordländern als Gegenleistung für finanzielle Unterstützung geforderten Souveränitätsopfer – in Gestalt von institutionalisierten Überwachungs- und Durchgriffsmöglichkeiten – zu minimieren. Innenpolitisch verlaufen bei ihnen die Fronten zwischen Widerstand gegen einen drohenden »Euro-Imperialismus« auf der einen und Bereitschaft zur Kollabora-

---

50 Deren Stabilisierung, wenn sie ausreichend »europäisch« orientiert ist, von außen gesehen als Beitrag zu politischer Stabilität und damit als politisch wünschenswert erscheinen kann.

tion mit den Überschussländern auf der anderen Seite, in der Hoffnung auf hohe Ausgleichszahlungen oder allmähliche Konvergenz mit dem westeuropäischen Wohlstandszentrum (»Europäisierung«). Die zwischenstaatlichen Konflikte führen, wie dargelegt, leicht zu nationalistischer Emotionalisierung auf beiden Seiten, während innerstaatliche Widerstände durch Neutralisierung demokratischer Institutionen in Schach gehalten werden müssen: im Norden durch Camouflage der tatsächlichen Transferleistungen mit Hilfe technischer Tricks oder verantwortungsbewussten Schweigens, im Süden durch Verweis auf bindende internationale Verpflichtungen oder durch klientelistischen Stimmenkauf.

Oberhalb der hier stilisiert dargestellten grundlegenden Interessenstruktur der politischen Ökonomie der europäischen Einigung spielen sich zahlreiche turbulente Prozesse ab und bestehen vielfältige Ungewissheiten. Was wird mit den vertraglich vorgesehenen Beitritten von EU-Mitgliedern wie Bulgarien, Polen, Rumänien, Tschechien, Ungarn und anderen zur EWU? Wie sollen sich EU und EWU überhaupt in Zukunft zueinander verhalten? Wie passt der nach internationalem Recht geschlossene Fiskalpakt in das Europarecht? Wie soll es mit der Aufnahme der Balkanstaaten in die EU weitergehen?[51] Sollen auch sie »Wachstumshilfen« bekommen, und wer soll das bezahlen? Alle ahnen, dass die EU in wenigen Jahren, wenn es sie dann noch geben wird, und mit ihr das europäische Staatensystem insgesamt völlig anders aussehen werden, als man sich das noch vor kurzem vorgestellt hat; aber kein »Verantwortlicher« findet die Gelegenheit, sich dazu zu äußern. Von längeren Fristen ist nur noch die Rede, wenn es um die Wiederkehr des Wachstums geht, von dem sich alle erhoffen, dass es die Lage wieder rundum beherrschbar machen wird.

Dennoch lassen sich auf der taktischen Ebene, allem Durcheinander zum Trotz, im Handeln der Europäischen Union und

51 Also von Albanien, Bosnien und Herzegowina, Kosovo, Mazedonien, Montenegro und Serbien.

ihrer führenden Mitgliedstaaten seit Beginn der Krise vier Linien durchgehaltener Kontinuität beobachten:

1. Den »Märkten«, wer immer sie sein mögen, muss eine Beteiligung an den Kosten der »Rettung« zahlungsunfähiger Staaten möglichst erspart bleiben. Zahlen sollen einzig die anderen Staaten, also deren Bürger. Heute besteht Einigkeit, dass das Insistieren der deutschen Kanzlerin bei der ersten Entschuldungsaktion für Griechenland auf einem, wenn auch moderaten, »*haircut*« bei den privaten Gläubigern ein Fehler war, der nicht wiederholt werden darf: Was er bei Merkels Staatsvolk an Unterstützung erbracht haben mag, konnte den Vertrauensverlust beim Volk der Finanzmärkte nicht annähernd aufwiegen. Allerdings scheinen die Zentralbanken und einige staatseigene Banken vor dem Ereignis Zeit genug gehabt zu haben, den Privatbanken und anderen Kredithändlern die meisten ihrer griechischen Staatspapiere zu für deren Besitzer akzeptablen Bedingungen abzukaufen, so dass der größte Teil des Schadens dann doch noch bei den öffentlichen Kassen anfiel und bei einem wahrscheinlich bald notwendig werdenden zweiten Schuldenschnitt anfallen wird.

2. Notleidende Banken sind nicht zu verstaatlichen, sondern mit öffentlichen Mitteln zu retten, und zwar so unauffällig wie möglich, um Ärger mit dem Staatsvolk zu vermeiden. Aufgabe der Finanzingenieure im Maschinenraum des Konsolidierungsstaates ist es, die erforderlichen Transaktionen so zu gestalten, dass sie in den Kontenbüchern der Staaten nicht auftauchen. Ein eher leicht durchschaubares Beispiel war eine der ersten Amtshandlungen von Mario Draghi als Chef der EZB, als er insgesamt 1000 Milliarden Euro zu einem Zinssatz von einem Prozent über drei Jahre an die Banken austeilte. Als Gegenleistung scheinen sie sich unverbindlich bereiterklärt zu haben, in einem von ihnen selber zu bestimmenden Ausmaß Schuldscheine notleidender Eurostaaten zu kaufen, um deren Risikoaufschläge senken zu helfen. Man kann davon ausgehen, dass die EZB weiß, wie sie die Banken bei diesen ihr zuliebe getätigten Geschäften – als Beihilfe zur Umgehung des für die

EZB eigentlich geltenden Verbots der Staatsfinanzierung – vor eventuellen Schäden bewahren kann.[52]

3. Zahlungsunfähigen Staaten ist der Ausweg in den Staatsbankrott oder in eine einseitige Umschuldung möglichst zu versperren. Im kritischen Fall muss ihnen durch verlorene fiskalische Zuschüsse ermöglicht werden, ihren Verpflichtungen gegenüber ihren Kreditgebern nachzukommen, damit diese sich bereitfinden, die konsolidierten Schuldenstaaten der Zukunft weiterhin mit erschwinglichen Krediten zu versorgen. Auch diese Transfers müssen durch entsprechende technische Ausgestaltung vor einer Einsichtnahme der Staatsvölker geschützt werden. Ein Beispiel für erfolgreiche Camouflage umfangreicher zwischenstaatlicher Transfers oder doch potenzieller Transfers ist die Handhabung des Ausgleichs bzw. Nichtausgleichs der sogenannten Target2-Salden der einzelstaatlichen Zentralbanken bei der EZB (Sinn 2011).

4. Soweit eine Lösung der Finanz- und Fiskalkrise nur durch eine allgemeine Entwertung der Staatsschulden möglich ist – vor allem, aber nicht nur, bei ausbleibendem Wachstum –, muss diese sanft und möglichst zeitlich gestreckt erfolgen, auch um den großen und sanktionsgewaltigen Anlegern die Möglichkeit zu geben, ihre Portfolios rechtzeitig durch Umschichtung vor Verlusten zu schützen. Auch hier ist das technische Wissen der Experten in den Zentralbanken und internationalen Organisationen gefragt. Ihnen würde es obliegen, sich für die Regierungen Maßnahmen auszudenken, um durch Wachstum nicht abtragbare Staatsschulden auf dem Weg »finanzieller Repression« zu Lasten der Sparer – vorzugsweise der kleinen Vermögensbesitzer außerhalb des Finanzsektors – abzubauen, also durch Kombination von erhöhter Inflation mit niedrig gehaltenen Zinssätzen und einem Zwang für Banken

---

52 Bekanntlich verpuffte die Wirkung dieser Aktion schon nach ein paar Wochen. Im September 2012 tat die EZB dann den nächsten Schritt und beschloss, in unbegrenzter Höhe selber Anleihen von Krisenstaaten zum Festpreis zu kaufen, zunächst nur auf dem Sekundärmarkt, also von den Banken statt direkt von den Staaten.

und Versicherungen, in Staatspapiere zu investieren (Reinhart und Sbrancia 2011). Es gibt Anzeichen dafür, dass die Vorbereitungen nahezu abgeschlossen sind, um unmittelbar nach Bewältigung der aktuellen Krisen und sobald der Finanzsektor seine Schäfchen ins Trockene gebracht hat, mit einer solchen Politik beginnen zu können.

Kontinuitäten wie die vier genannten müssen nicht notwendig auf im Hintergrund agierende Entscheidungszentren mit hoher langfristiger Strategiefähigkeit zurückgehen. Tatsächlich fällt auf, wie groß die Konfusion ist, wenn es beispielsweise um den Zeithorizont von Krisenbekämpfung und Staatsumbau geht. So wird zur kurzfristigen Lösung der Krise durch Sanierung der notleidenden Banken des Südens die Einrichtung einer »Bankenunion« beschlossen, die, wenn sie mehr sein soll als Kosmetik, Jahre braucht, um funktionsfähig zu werden. Zur kurzfristigen Verhinderung eines Staatsbankrotts in Griechenland oder Italien werden die Refinanzierungskosten dieser Länder durch die Zentralbank subventioniert, auch wenn dies langfristig zu Blasenbildung nach amerikanischem Muster führen kann oder gar die angestrebte neoliberale Durchrationalisierung der Krisenländer aufhalten könnte.[53] Was allem Chaos auf der Vorderbühne zum Trotz dann doch insgesamt als konsistenter neoliberaler Handlungsstrang erscheint, ist wohl in Wahrheit nicht mehr als eine Kette kurzfristiger Commonsense-Reaktionen auf die im Kapitalismus wirksamen »restriktiven Bedingungen« (Bergmann et al. 1969; Offe 1972a), verkörpert im Drohpotenzial privater Investoren. Voraussetzung ist natürlich, dass der in den Institutionen kristallisierte *common sense* der richtige, in der epistemischen Gemeinschaft von Organisationen wie Goldman Sachs und um sie herum erarbeitete und eingeübte ist. Da es für ihn zur Befriedigung der Ansprüche des Marktvolks keine Alternativen gibt, kennt er ohnehin keine strategischen, sondern immer nur taktische

---

53 Nicht zu vergessen, dass zeitweilig hohe Refinanzierungskosten den Zinsanteil an den Staatsausgaben nur langfristig erhöhen, weil nicht der gesamte Schuldenberg auf einmal refinanziert werden muss.

Probleme – insbesondere im Umgang mit den durch überzogene Demokratieversprechen unbescheiden gemachten Staatsvölkern.

Fester Bestandteil des Weltverständnisses der politisch-ökonomischen Klasse und Ariadnefaden ihres Handelns ist ein unerschütterlicher Glaube an die Durchregierbarkeit Europas – oder zumindest eine unerschütterliche Entschlossenheit, einen solchen Glauben laufend zu bekennen, um sich selbst und andere in ihm zu bestärken. Dies schließt alle ein: in Deutschland nicht nur Bundesregierung und Opposition, sondern auch die integrationistisch gesinnte intellektuelle Linke (Bofinger et al. 2012); in Europa die Brüsseler Kommission und die EZB; und in der ganzen Welt die Mehrheit der ökonomischen »Experten«. Dass man zum »Durchregieren« einen starken Zentralstaat braucht, ist den Demokraten recht, weil sie hoffen, ihn irgendwann demokratisieren zu können; und den Liberalen ist es gleichgültig, solange das Ziel das hayekianische einer Freisetzung der Märkte aller Art von politischer Korrektur ist – also die Nutzung der Stärke des starken Staates zu seiner Selbstabschaffung als Interventionsstaat.

Dass Durchregieren möglich ist, muss geglaubt werden und wird geglaubt. Nur so konnte der deutsche Sachverständigenrat in seinem Jahresgutachten 2011/12 einen Schuldentilgungsfonds vorschlagen, der es einem Land wie Italien abverlangen würde, Jahr für Jahr in seinen öffentlichen Haushalten einen »gleichbleibenden Primärüberschuss« von 4,2 Prozent zu erwirtschaften, und dies 25 Jahre lang (Sachverständigenrat zur Begutachtung der gesamtwirtschaftlichen Entwicklung 2011, 115). Und nur so können Bofinger et al. zukünftige »strikte Haushaltsdisziplin« als Gegenleistung für eine gegenwärtige Vergemeinschaftung der Schulden in Europa fordern oder kann die EZB den Ankauf von Anleihen notleidender Staaten von Zusagen künftiger »Reformen«, in Gestalt etwa von Rentenkürzungen oder eines Verkaufs von Staatsbetrieben, abhängig machen. Dabei fungiert die Vorstellung einer technokratischen Beherrschbarkeit von Politik und ganzen Gesellschaften als erstaunlich enttäuschungsfeste Arbeitshypothese oder gar als Ideologie im Sinne einer notwendigen Illusion. Wiederholte Hinweise auf die deutschen Erfahrungen mit dem Bundesland Bremen, dessen Verschuldung nach einem Anfang der 1990er Jahre geschlossenen Entschuldungspakt mit dem Bund dramatisch *gestiegen* statt gesunken ist (Konrad und Zschäpitz 2010), ändern nichts, ebenso wenig wie die Erfahrung der Europäischen Zentralbank mit einem ersten Programm zum Ankauf italienischer Staatsanleihen 2011.[54]

Sind die Beherrschbarkeitsfantasien der präsumtiven Retter der Währungsunion realistisch? Vielleicht sind sie nichts anderes als Ausdruck der Entschlossenheit, alle verfügbaren Mittel einzusetzen, um sie wahr zu machen – und der Zuversicht, dass Verschleierung, Einschüchterung und moralische Marginalisierung aufkommender Opposition, aber vor allem robuste Maßnahmen jeglicher Art zur Suspendierung der parlamentarischen Demokratie und festen Institutionalisierung von Oligarchie und Expertokratie auf nationaler und europäischer Ebene am Ende, wenn man sie nur lange genug betreibt, doch noch zum Ziel führen werden.

---

54 Laut Bericht der *Frankfurter Allgemeinen Zeitung* vom 6. September 2012 stellte die EZB 2011 »der italienischen Regierung mehrere Bedingungen für den Kauf von Staatsanleihen. Erfüllt wurde bislang nur eine der sieben Forderungen […]. Am 5. August 2011 hatten Trichet und sein designierter Nachfolger Draghi in einem Brief an den damaligen Ministerpräsidenten Silvio Berlusconi detaillierte Forderungen gestellt und danach mit einem Programm für den Kauf von Staatstiteln begonnen. Die Forderungen von Trichet und Draghi waren schließlich der Anlass, der die Handlungsunfähigkeit der Regierung Berlusconi offenbarte und zu ihrem Sturz führte […]. Der neue Ministerpräsident Mario Monti hat nach einem Jahr nur eine der sieben Forderungen […] weitgehend erfüllt, während bei den restlichen sechs keine sichtbaren Effekte zu verzeichnen sind« usw. Draghi war unter Berlusconi Gouverneur der Banca d'Italia gewesen – eine Anekdote wie von Machiavelli.

Widerstand im internationalen Konsolidierungsstaat

Der internationale Konsolidierungsstaat ist dabei, die politischen Ressourcen der Bürger des demokratischen Nationalstaats zu entwerten. In der neuen, die nationale Politik beherrschenden Arena des kapitalistisch-demokratischen Verteilungskonflikts – in den globalen Finanzmärkten und den Sitzungszimmern der zwischenstaatlichen Finanzdiplomatie – zählen sie immer weniger. Eingezwängt in die Grenzen der international mediatisierten nationalen Demokratien, ist Opposition gegen überstaatliche Austeritätsdiktate schwierig; freilich ist sie nicht unmöglich. So zeigt der griechische Fall, dass nationale Wahlen trotz aller Drohgesten und propagandistischen Einflussnahmen der Staatengemeinschaft, wenn deren Forderungen zu weit gehen, immer noch Ergebnisse hervorbringen können, die genügend Ärger versprechen, um den Preis hochzutreiben, den die Gläubigerstaaten zahlen müssen, damit ein Schuldnerstaat darauf verzichtet, aus dem Spiel auszusteigen.

Die Ereignisse des Sommers 2012 in Griechenland und Italien einerseits und in Deutschland andererseits sind aufschlussreich. In Deutschland unterstützt die Opposition die Regierung bei ihrem unbedingten Festhalten am Euro und fordert gemeinsam mit ihr strenge, von Brüssel zu beaufsichtigende Haushaltsdisziplin in den Schuldnerländern.[55] Der einzige Unterschied ist, dass die Opposition sich bereit zeigt, hier-

---

55 So sogar Bofinger et al., die für die SPD-Führung in Einklang mit dem deutschen Sachverständigenrat eine »gemeinschaftliche Haftung« für die europäischen Staatsschulden oder für einen Teil von ihnen fordern, die dann mit »einer strikten gemeinschaftlichen Kontrolle über die nationalen Haushalte« einhergehen müsse. An anderer Stelle heißt es bei ihnen: »Eine Souveränitätsübertragung auf europäische Institutionen ist [...] jedoch unvermeidlich, um Fiskaldisziplin wirksam durchzusetzen und zudem (!) ein stabiles Finanzsystem zu garantieren« (Bofinger et al. 2012). »Disziplin« und »Kontrolle«, verbunden mit Adjektiven wie »strikt«, und »Durchregieren« sind auf erstaunlichste Weise zu Konsensbegriffen des deutschen Europadiskurses geworden, von schwarz bis grün, rechts bis (halb-)links.

für um des europäischen Friedens willen einen höheren Preis zu zahlen, etwa in Gestalt einer Vergemeinschaftung von Alt- oder Neuschulden oder in Form von zusätzlichen »Wachstumsprogrammen« – wohl in der Annahme, dass sich dies ohnehin nicht vermeiden lassen wird, und in der Hoffnung, von dem zunehmenden Unbehagen bei Teilen der Bevölkerung über die wachsende europäische Feindseligkeit gegenüber Deutschland wahlpolitisch zu profitieren. Versuche der Regierung, mit stillschweigender Zustimmung der Opposition grundlegende Fragen der Zukunft der europäischen Integration und des deutschen Nationalstaats im alternativlosen internationalen Tagesgeschäft zu präjudizieren, stoßen aber auf den Widerstand von Parlamentariern, auch solchen der Regierungsparteien, die eine Entmachtung des Parlaments durch die Parteiführungen auf sich zukommen sehen und dagegen Hilfe beim Bundesverfassungsgericht und seiner bisherigen Rechtsprechung über den Zusammenhang von Demokratie und Souveränität suchen und finden.

Was Griechenland und Italien angeht, so wirken auch dort Parteien, Wahlen und Parlamente als retardierende Elemente beim Marsch in den internationalen Konsolidierungsstaat. In Griechenland hat die Rückkehr der Parteien in die Regierung nach dem Scheitern des »Technokraten« Papademos die Brüsseler Staatengemeinschaft veranlasst, den Austeritätsdruck auf die griechische Bevölkerung zu lockern und die versprochenen Belohnungen für die Umsetzung der geforderten Konsolidierungsmaßnahmen heraufzusetzen. In Italien sah sich die Regierung Monti schon bald nach ihrem Amtsantritt gezwungen, den Parteien der Linken und den Gewerkschaften Zugeständnisse zu machen, die über das in Brüssel für nötig gehaltene Maß hinausgingen. Auch begann Monti schon früh, nationalistische Stimmungen zu kultivieren, um seine Verhandlungsposition insbesondere gegenüber Deutschland zu verbessern und dadurch eine Abschwächung der ihm abverlangten Sanierungsmaßnahmen zu erreichen; auch in dieser Hinsicht war eine Rückkehr zu *politics as usual* mit der Folge

einer Verzögerung bei der Durchsetzung der Konsolidierungspolitik zu beobachten.

Andererseits ist es nützlich, sich am Beispiel der Vereinigten Staaten daran zu erinnern, dass es für erfolgreichen Widerstand gegen eine hayekianische »Transformation der Demokratie« (Agnoli 1967) keine Gewähr gibt. In den USA ist die
Übernahme des Regierungsapparats durch die Finanzgiganten
der Wall Street heute fast perfekt, ungeachtet der Wahl eines
sich populistisch gebärdenden Präsidenten der Demokratischen Partei im Jahr 2008. Trotz der in zwei Jahrzehnten auf
ein obszönes Niveau gestiegenen sozialen und wirtschaftlichen
Ungleichheit (Hacker und Pierson 2011) sowie jahrelanger hoher Arbeitslosigkeit beteiligt sich nur noch rund die Hälfte der
Bürger an nationalen Wahlen. Im Herbst 2012 durften sie zwischen einem steinreichen ehemaligen Hedgefonds-Manager
und einem Präsidenten wählen, der nach einer einmalig kostspieligen Rettung der Wirtschaft vor den »Finanzmärkten« und
der Finanzmärkte vor sich selbst nichts zu tun vermochte, um
deren Aktivitäten zu regulieren und ihre wirtschaftliche Ab-
schöpfungs- und politische Durchsetzungsmacht zu beschneiden.[56] Dabei war zu beobachten, wie eine zutiefst gespaltene
und desorganisierte Gesellschaft, geschwächt durch staatliche
Repression und betäubt von den Produkten einer Kulturindustrie, wie sie sich Adorno nicht einmal in seinen pessimistischs-
ten Momenten hätte vorstellen können, von einer in weltum-
spannenden Unternehmen organisierten Plutokratie in Schach
gehalten wurde, der es anscheinend ein Leichtes ist, sich nicht
nur Politiker, Parteien und Parlamente, sondern auch die öffentliche Meinung zurechtzukaufen.

Was tun im sich hayekianisch einigenden Europa, wenn die
herkömmlichen Kanäle demokratischer Interessenartikula-
tion durch zwischenstaatliche und schuldrechtliche Verpflichtungen verschlossen sind? Das sozialdemokratische Modell
verantwortlicher Opposition bestand bekanntlich darin, dem

---

56 Zur Finanzmarktregulierung nach 2008 siehe Mayntz (2012).

Kapital Reformprojekte aufzudrängen, die nicht nur der Arbeiterschaft und ihren Organisationen zugutekamen, sondern zugleich auch dem Kapitalismus halfen, Produktions- und Reproduktionsprobleme zu lösen, die er mit den ihm eigenen Institutionen allein nicht zu lösen vermochte. Der *locus classicus* hierfür ist Marx' Kapitel über den Kampf um die Begrenzung des Arbeitstags (Marx 1966 [1867], Kap. 8) und das mächtigste historische Beispiel die Sicherung der für profitable Massenproduktion benötigten Massenkaufkraft durch gewerkschaftlich erkämpfte Lohnerhöhungen im Fordismus. Heute dagegen scheint es nichts mehr zu geben, was die breite Masse der Bevölkerung dem Kapital zu dessen und ihrem eigenen Nutzen anbieten bzw. abringen könnte. Alles, was dieses von ihr noch will, ist die Rückgabe ihrer historisch erkämpften sozialen Bürgerrechte an den Markt – vielleicht nicht auf einmal, auf jeden Fall aber Schritt für Schritt und nicht zu langsam. Am Anfang des 21. Jahrhunderts vertraut das Kapital darauf, sich als deregulierte Finanzindustrie nach eigenem Gusto selbst organisieren zu können (McMurtry 1999). Das Einzige, was es von der Politik noch erwartet, ist ihre Kapitulation vor dem Markt durch Ausschaltung der sozialen Demokratie als wirtschaftlicher Macht.

Wenn konstruktive Opposition unmöglich ist, bleibt für diejenigen, die sich nicht damit begnügen wollen, auf Lebenszeit Schulden abzuzahlen, die andere für sie aufgenommen haben, nur destruktive Opposition. Sie ist nötig, um die retardierende Wirkung der Restdemokratie in den Nationalstaaten zu verstärken. Wenn demokratisch organisierte Staatsvölker sich nur noch dadurch verantwortlich verhalten können, dass sie von ihrer nationalen Souveränität keinen Gebrauch mehr machen und sich für Generationen darauf beschränken, ihre Zahlungsfähigkeit gegenüber ihren Kreditgebern zu sichern, könnte es verantwortlicher erscheinen, es auch einmal mit unverantwortlichem Verhalten zu versuchen. Wenn Vernunft heißt vorauszusetzen, dass die Forderungen der »Märkte« an die Gesellschaft erfüllt werden müssen, und zwar auf Kosten ebenjener Mehrheit der Gesellschaft, der nach Jahrzehnten neoliberaler Marktexpansion nichts bleibt als Verluste, dann könnte in der Tat das Unvernünftige das einzig Vernünftige sein. Bis diese Erkenntnis sich durchsetzt, kann es freilich noch lange dauern. Ihre regelmäßige Denunziation als »populistisch« ist längst zu einer erprobten Herrschaftstechnik geworden, in Deutschland ergänzt durch eine begriffspolitisch weitgehend gelungene Gleichsetzung von Kritik an der Währungsunion und am Gang der europäischen Integration im Allgemeinen mit Gegnerschaft zu »Europa« und Sehnsucht nach »Kleinstaaterei« oder gar dem imperialistischen Nationalismus der Zwischenkriegsjahre.

Aller propagandistischen Bearbeitung zum Trotz scheint es, als wachse bei immer mehr Bürgern Europas das Gefühl, von ihren Regierungen nicht ernst genommen zu werden – etwa wenn ihnen immer wieder erklärt wird, dass eine immer weiter gehende Liberalisierung der kapitalistischen Wirtschaftsordnung, einschließlich Haushaltskürzungen, Sozialstaatsabbau, Arbeitslosigkeit und prekärer Beschäftigung, im allgemeinen Wachstumsinteresse liegt, bei gleichzeitig steigenden Einkommen der »Experten« in den Chefetagen und sinkenden Löhnen und Sozialleistungen am unteren Rand der Gesellschaft. Kritische Intellektuelle sollten ihre Aufgabe darin sehen, dieses Gefühl so gut es geht zu verstärken, und aufhören, sich um ihre Reputation bei denen zu sorgen, deren Hegemonie davon abhängt, dass niemand daran zweifelt, dass es zu ihnen »keine Alternative« gibt. Die Zumutung, das Absurde glauben zu sollen, geht, wenn sie von anderen Sterblichen kommt, rasch an die Menschenwürde. Bezeichnenderweise nennen sich in Spanien und Portugal die gegen die *master narrative* der ihnen verordneten Austerität Protestierenden »indignados«, was im Deutschen als »die Empörten« übersetzt wird, wörtlich aber heißt: die mit Verachtung Behandelten und in ihrer Würde Verletzten.[57]

---

57 Siehe auch den mittlerweile klassischen Aufruf von Stéphane Hessel, mit dem Titel *Indignez-vous!* (2010), auf Deutsch: *Empört Euch!*, besser aber: Fühlt Euch entwürdigt und tut etwas dagegen!

In der Sprache der soziologischen Theorie sind Wutausbrüche expressiver Natur und nicht, wie es sich in wirtschaftlichen Dingen gehört, instrumenteller. Statt Gefahr zu laufen, sich durch »rationale«, konstruktive Vorschläge in der Erfüllungslogik der internationalen Finanzdiplomatie zu verfangen, der zufolge die Staatsvölker zuallererst dem Marktvolk zu geben haben, was des Marktvolks ist, müsste sich eine soziale Bewegung gegen den Konsolidierungsstaat Zeit nehmen, ihre Wut über die Zumutungen des postdemokratischen Kapitalismus öffentlich zu manifestieren. Wie wahrgenommene politische und kulturelle »Eindimensionalität« einen Ausbruch scheinbar »irrationaler«, »unrealistischer« und »bloß emotionaler« Proteste auslösen kann, die dann gerade, weil sie sind, wie sie sind, nicht ohne Wirkung bleiben, ist aus den 1960er und 1970er Jahren noch erinnerlich; unmittelbarer Anlass in Deutschland waren damals Notstandsgesetzgebung und Große Koalition sowie die von ihnen befürchtete Schließung von Politik und Gesellschaft für Alternativen zur »Ideologie« technokratischer Modernisierung (Habermas 1969; Marcuse 1967). Vielleicht war die Diagnose damals übertrieben, vielleicht nur verfrüht; jedenfalls war, worum es ging, nichts im Vergleich mit dem heute, mehr als vierzig Jahre später, auf europäischer Ebene stattfindenden Übergang zu einer wirtschaftlich entmachteten Postdemokratie.

Das Erste und Wichtigste, das eine ihrem Gegner gewachsene Bewegung gegen die Mediatisierung der Demokratie durch die »Finanzmärkte« zu bestreiten hätte, wäre die Legitimität des Anspruchs der Geldfabriken auf Erfüllung ihrer Forderungen – darauf, für die von ihnen produzierten Schuldscheine das Leben der kleinen Leute beschlagnahmen zu dürfen. Hier hat David Graebers Buch *Debt: The First 5,000 Years* (Graeber 2011)[58] unschätzbar nützliche Vorarbeit geleistet. Dass es nur recht und billig sei, dass alle Schuldner immer ihre Schulden abzahlen, ist ein Mythos, der dazu dient, globale

---

58 Deutsche Übersetzung *Schulden: Die ersten 5000 Jahre*, Stuttgart 2012.

Finanzmärkte unter Inanspruchnahme der Moralität des Alltagslebens zu moralisieren und Opposition gegen ihre Forderungen als unmoralisch erscheinen zu lassen. Dass Staaten anders als Privatpersonen ihren Gläubigern eine Umschuldung auferlegen oder gar ihre Zahlungen ganz einstellen können, ergibt sich aber schlechthin aus ihrer Souveränität. Nirgends steht geschrieben, dass sie diese nur dazu nutzen dürfen, durch höhere Besteuerung oder niedrigere Leistungen für ihre Bürger ihre Zahlungsverpflichtungen gegenüber den Finanzmärkten zu erfüllen. Demokratien sind zuallererst ihren Bürgern verpflichtet; sie können Gesetze machen, die Verträge lösen; wer ihnen Geld leiht, muss und kann das wissen. Ohnehin muss selbst im innerstaatlichen Zivilrecht längst nicht jeder alle seine Schulden begleichen. Schuldner können in Konkurs gehen und sich damit die Möglichkeit eines Neuanfangs sichern. Dass es insbesondere in den Vereinigten Staaten keine Schande sei, als Unternehmer das eine oder andere Mal bankrott gegangen zu sein, wird gerade von Freunden des Kapitalismus immer wieder bewundernd berichtet und als Vorbild angepriesen.

Mit Blick auf ein Land wie Griechenland, eigentlich aber auch jede andere repräsentative Demokratie, müssen ohnehin erhebliche Zweifel bestehen, ob seine Bürger tatsächlich als Prinzipale zur Begleichung von Schulden herangezogen werden können, die seine Regierungen als Agenten ihres Volkes in dessen Namen aufgenommen haben – zumal wenn sie vor allem dazu gebraucht wurden, Lücken in den öffentlichen Kassen zu füllen, die von einer aus politischen Gründen hingenommenen Weigerung der begüterten Klassen herrühren, ihrer Steuerpflicht zu genügen. Auch darf man bezweifeln, dass die politische Klasse Griechenlands ihre Wähler über die Risiken und Nebenwirkungen der in ihrem Namen aufgenommenen Kredite so aufgeklärt hat, wie es nach dem Gesetz jeder Vermögensberater seinen Kunden gegenüber tun müsste; legt man die Maßstäbe des Zivilrechts an, dann dürfte hier in reichlichem Ausmaß und unter aktiver Beteiligung der großen internationalen Geldfabriken das betrieben worden sein, was als Prospektbetrug bezeichnet wird. Heute sollen griechische Klein- und Durchschnittsbürger mit ihrer Gesundheitsversorgung und ihrer Rente für Geschäfte einstehen, die ihnen von einer verschworenen Gemeinschaft von nationalen Politikern, Regierungen anderer Staaten, internationalen Organisationen und globalen Finanzinstituten aufgedrängt und mehr oder weniger unbemerkt untergeschoben wurden und deren Tragweite ihnen nie auch nur annähernd erklärt worden ist. Vermutlich wäre es für das griechische Staatsvolk ein Leichtes, sich vor einem internationalen Zivilgericht, wenn es ein solches gäbe, von seinen Zahlungsverpflichtungen gegenüber »den Märkten« freisprechen zu lassen – und diejenigen, die es als Strafe für seine Zahlungsunfähigkeit mit jahrzehntelangem Sozialabbau bedrohen, müssten damit rechnen, der Nötigung für schuldig befunden zu werden.

Die professionalisierte Politikwissenschaft neigt dazu, die politische Produktivkraft moralischer Empörung zu unterschätzen. Sie gefällt sich in einer einstudierten Indifferenz, die sie für Wertfreiheit hält, strebt nach Theorien, für die es nichts Neues unter der Sonne geben kann, und hat für das, was sie »Populismus« nennt, nur eine elitäre Verachtung übrig, die sie mit den Machteliten teilt, denen sie nahestehen möchte. Deshalb vermag sie mit der Beobachtung nichts anzufangen, dass die alten und neuen Regenten des Konsolidierungsstaates sich vor kaum etwas so fürchten wie vor der Wut derer, die sich von den Abschöpfungsexperten des globalen Finanzkapitalismus für dumm verkauft fühlen. In unübersichtlichen Verhältnissen kann Angst, anders als immer wieder behauptet, ein guter Ratgeber sein. Dass die Krise zu »sozialen Unruhen« führen könnte, ist der Albtraum der Männer und Frauen auf den Kommandobrücken, ein Albtraum, der freilich in keinem Verhältnis zu dem steht, was sich bis jetzt tatsächlich auf den Straßen gezeigt hat. Anscheinend aber sind Paris und Turin 1968 bei der dirigierenden Klasse doch noch nicht ganz vergessen. So gesehen waren die gelegentlichen Straßenschlachten

in Athen und die globale Occupy-Bewegung der »Neunund-
neunzig Prozent« ein guter Anfang; aus ihrer Überschätzung
in den Banken und Regierungen und dem Schrecken, den sie
verbreitet haben, lässt sich eine Menge lernen.

Heute gilt die Vorstellung, dass »die Märkte« sich an die
Menschen anpassen sollen statt umgekehrt, als geradezu ver-
rückt, und wenn man die Realität nimmt, wie sie ist, dann ist
sie das auch. Realistischer könnte sie aber vielleicht dann werden, wenn sie an den verstopften Kanälen der institutionalisierten Demokratie vorbei mit uneinsichtiger Beharrlichkeit
immer wieder vorgebracht würde – so dass die Rechner mit ihr
zu rechnen hätten und mit dem unbelehrbar romantischen Bestehen vieler kleiner Leute darauf, nicht für den Rest ihres Lebens die Renditeerwartungen irgendwelcher Schuldscheinvir-
tuosen und ihrer Eintreibungsexperten bedienen zu müssen.
Viel mehr als Sand in das Getriebe des kapitalistischen Aus-
teritätskurses und -diskurses zu streuen bleibt der Opposition
gegen den Konsolidierungsstaat gegenwärtig nicht. Aber eine
gesteigerte Reizbarkeit und Unberechenbarkeit der Staatsvölker – ein sich ausbreitendes Gefühl für die tiefe Absurdität der
Markt- und Geldkultur und die groteske Überzogenheit ihrer
Ansprüche gegen die Lebenswelt – wäre immerhin eine soziale
Tatsache: Sie könnte als »Psychologie« der Bürger neben die
der Märkte treten und wie diese Berücksichtigung verlangen.
Schließlich können Bürger ebenso in »Panik« verfallen und
»irrational« reagieren wie Finanzinvestoren, vorausgesetzt,
dass sie sich nicht auf mehr »Vernunft« verpflichten lassen als
diese, auch wenn ihnen als Argumente nicht Geldscheine zur
Verfügung stehen, sondern nur Worte und, vielleicht, Pflaster-
steine.

Schluss
Was als Nächstes?

Die gegenwärtige Finanz-, Fiskal- und Wirtschaftskrise ist, wie ich gezeigt habe, der vorläufige Endpunkt der langen neoliberalen Transformation des Nachkriegskapitalismus. Inflation, Staatsverschuldung und Privatverschuldung waren zeitweilige Notbehelfe, mit denen demokratische Politik den Anschein eines Wachstumskapitalismus mit gleichen materiellen Fortschritten für alle oder gar allmählicher Umverteilung von Markt- und Lebenschancen von oben nach unten aufrechterhielt. Alle drei hatten sich nacheinander erschöpft und mussten durch andere Notbehelfe abgelöst werden, als die Nutznießer und Verwalter des Kapitals nach jeweils einem guten Jahrzehnt extensiver Anwendung anfingen, sie zu teuer zu finden.

Was nun?

Kann das Kaufen von Zeit mit Hilfe der Magie des modernen Geldes – die periodische kontrafaktische Streckung der alten Versprechen eines sozial befriedeten Kapitalismus, die schon lange keine reale Grundlage mehr haben – in und nach der großen Krise des beginnenden 21. Jahrhunderts weitergehen? Genau das wird heute, vier Jahre nach 2008, in einem weltweiten Feldversuch getestet. Das einzige Geld, das dazu noch zur Verfügung steht, ist das ganz und gar virtuelle der Zentralbanken; und die wichtigste Autorität, die dem endgültig in seine hayekianische Phase eintretenden, vormals demokratischen Kapitalismus für seine *governance* verblieben ist, ist die der Zentralbankpräsidenten. Die privaten Geldfabriken liegen still, seit ihre potenziellen Kreditnehmer überschuldet sind und sie nicht mehr wissen, auf welche ihrer Außenstände sie noch zählen können; und die Regierungen werden durch ihre

Parlamente und die Reste ihrer demokratischen Verfassungen blockiert: in den USA durch einen polarisierten Kongress, der die Staatsverschuldung als Vorwand zur Staatsabschaffung nutzt, und in Europa durch den wachsenden Widerstand der Wähler gegen die Zumutung, die Rechnung für ein neoliberales Wachstumsregime zu begleichen, von dem sie in ihrer großen Mehrzahl nichts gehabt haben.

So wandert die Macht, zumindest für die nähere Zukunft, zu den Draghis und Bernankes und ihren Technokratien, die es in der Hand haben, durch zunehmend raffiniertere Injektionen selbstgemachten Geldes die Banken und ihre Gewinnabhängigen aufzupäppeln und den Staaten zu ermöglichen, sich zu refinanzieren, Schulden hin oder her. Immer neue Tricks werden erfunden, um dem 2008 gescheiterten Pumpkapitalismus einen zweiten Frühling zu spendieren, wie kurz er dann auch sein mag. In Europa sucht ein zum Zentralbankpräsidenten erhobener ehemaliger Direktor von Goldman Sachs seit seinem Amtsantritt nach Wegen, Käufer und Verkäufer von Staatsanleihen simultan zu befähigen, ihren schwunghaften Handel miteinander fortzusetzen. Als avancierteste Innovation, verkündet unter dem Zungenschnalzen der Kenner, galt im Herbst 2012 ein Plan, mit frischem Zentralbankgeld unbegrenzt zum Festpreis Staatsanleihen von Schuldenstaaten zu kaufen, allerdings nur von Banken, die diese vorher, und sei es eine halbe Stunde vorher, bei den Staaten erworben haben müssen. Indem so das Verbot der direkten Staatsfinanzierung durch die Zentralbank eingehalten, wenn auch nicht respektiert wird, wird es den »Märkten« ermöglicht, Schuldscheine in unbegrenzter Menge für, sagen wir, 96 Prozent vom Nennwert bei einem der beteiligten Staaten zu kaufen, um sie stehenden Fußes für garantierte 96,5 Prozent an die EZB weiterzureichen.

Ob dies die Legitimationskrise des Gegenwartskapitalismus für ein weiteres Jahrzehnt oder länger zu suspendieren vermag, kann man allerdings bezweifeln. Viel spricht dafür, dass die Zeit, die sich auf diese Weise kaufen lässt, nur eine kurze sein kann. Mit dem uneingeschränkten Einsatz von Zentralbankgeld als letztem Mittel zur Vertrauensbildung angesichts der aufgehäuften Schuldenberge geht der Staat das Risiko ein, dass auch dieses Mittel versagen und die staatliche Selbstfinanzierung als *Insichgeschäft* – als Münchhausenscher Versuch, sich selbst an den Haaren aus dem Sumpf zu ziehen – durchschaut und die Zentralbank zu einer gigantischen *bad bank* mit angeschlossener elektronischer Notenpresse werden könnte. Das Einrücken der EZB in die Rolle eines *government of last resort* mag Regierungen wie der von Angela Merkel gelegen kommen, die von der Widersprüchlichkeit und Widerständigkeit ihrer nationalen Demokratie an »verantwortlichem« Handeln im Sinne der Finanzmärkte gehindert werden; das Regierungsgeschäft an die Zentralbank abzutreten erspart ihnen manche legitimationspolitische Dreckarbeit. Aber das Vertrauen und die fachliche Reputation, die Zentralbanken normalerweise genießen, und damit ihre politische Nutzbarkeit müssen leiden, wenn ihre Politik zu prinzipienlos improvisiertem Krisenmanagement, rechtsverdreherischer Gesetzesumgehung[1] und klientelistischer Belohnung notleidender Banken für den Ankauf von Staatspapieren gegen Gewinngarantie degeneriert.

Entsprechend groß scheint die Furcht auf Seiten der EZB, durch zu offenkundiges Umschalten von Geldpolitik auf Staatsfinanzierung ihre unpolitische Aura zu verlieren. Würde die Zentralbank als Regierung erkannt, könnte sie in die Lage kommen, ihre Entscheidungen politisch statt lediglich technisch rechtfertigen und für sie Konsens mobilisieren zu müssen.[2] Dies würde sie in einer Demokratie als außerhalb des

1 Siehe die rabulistisch gewundene Begründung der EZB, warum der unbegrenzte Aufkauf von Staatsanleihen auf dem Sekundärmarkt keine – der Bank verbotene – Staatsfinanzierung ist, sondern Geldpolitik. Vertrauensbildung durch Rechtsbeugung ist kaum eine längerfristig aussichtsreiche Strategie.

2 Dabei würden ihren Gouverneuren mindestens ihre professionellen Deformationen im Wege stehen. Aus dem Blog *thecurrentmoment* vom 17. Februar 2012: »»In a democracy you have to push people to do things by scaring them‹. This past Tuesday, at a roundtable on ›the future of the euro‹ at Harvard University, we heard Lorenzo Bini-Smaghi utter these exact words. His Royal Smaghi-ness was a member of the ECB execu-

demokratischen Prozesses stehende Institution überfordern, auch weil selbst ihre finanziellen Mittel nicht ausreichen würden, einer neoliberalen Wirtschaftsordnung den Anschein von sozialer Gerechtigkeit zu erkaufen. Andererseits gibt es tatsächlich Beispiele dafür, dass Zentralbanken in Zeiten politischer Krisen de facto zu Regierungen werden können. Zu diesen gehört interessanterweise Italien in den 1990er Jahren, wo die Gouverneure der Banca d'Italia Guido Carli und Carlo Azeglio Ciampi zeitweilig Ministerpräsident, Finanzminister und Staatspräsident waren, nachdem 1993 das Parteiensystem des Landes unter der Last seiner Korruptionsaffären während der »anni di fango«, der »Jahre des Schlamms«, zusammengebrochen war. Von einer starken Zentralbank regiert zu werden hat in Italien Tradition – eine, die Mario Draghi, nach seiner Zeit bei Goldman Sachs von 2006 bis zu seiner Ernennung zum Präsidenten der EZB ebenfalls Gouverneur der Banca d'Italia, heute auf europäischer Ebene fortsetzt.[3] In den 1990er Jahren war die weitgehende Übertragung der Regierungsgewalt in Italien von der diskreditierten Parteipolitik an die ihr gegenüber unabhängige Zentralbank bemerkenswerterweise auch deshalb politisch möglich, weil damals ein parteienübergreifendes nationales Interesse an der Erfüllung der konsolidierungspolitischen Eintrittsbedingungen in die Europäische Währungsunion bestand.

tive board until last November, and was advising his audience on more than his personal views. He was giving us a glimpse deep into the technocratic vision that predominates in Europe at the moment, at the particular techniques in play to manage the situation. What stood out in the banker's comments was, first, an extraordinary ideological commitment to the euro and, second, a somewhat delusional vision of social control.« Siehe ⟨http://thecurrentmoment.wordpress.com/2012/02/17/in-a-demo-cracy-you-have-to-push-people-to-do-things-by-scaring-them/⟩, letzter Zugriff am 26. November 2012.

3 Auch der ehemalige EU-Kommissar Mario Monti als italienischer Ministerpräsident passt in das Schema von »Expertenregierungen«, die an die Stelle von Parteienregierungen treten. Ohnehin werden in Italien die meisten Gesetze wegen der chronischen Beschlussunfähigkeit des Parlaments zunächst als Dekrete der Regierung und des Staatspräsidenten verabschiedet.

Wie in den Vereinigten Staaten, so könnte eine Krisentherapie mittels synthetischen Geldes auch in Europa kurzfristig erfolgreich sein: Die Boni der Banker und die Dividenden ihrer Aktionäre würden wiederhergestellt und die Risikoprämien, die »die Märkte« für den Kauf von Staatspapieren verlangen, wären nach Übernahme des Risikos durch die Zentralbank wieder erschwinglich. Ob dies allerdings auch langfristig helfen und neues Wachstum bewirken kann, insbesondere solches, das eine abermalige Verlängerung der demokratisch-kapitalistischen Friedensformel zu tragen vermag, indem es hilft, die Unterschiede zwischen Reich und Arm und in Europa zwischen Nord und Süd wieder zu verringern oder doch zu verdecken und Markt- und soziale Gerechtigkeit irgendwie in Einklang zu bringen, ist alles andere als gewiss. Es fällt auf, wie sehr der Präsident der Europäischen Zentralbank immer wieder darauf besteht, dass die EZB bei aller Hilfe, die sie in Krisenzeiten über ihren rechtlichen Auftrag hinaus zu leisten bereit ist, den Regierungen »Strukturreformen« nicht ersparen könne. Etwas anderes hat neoliberale Politik in der Tat nicht zu bieten, wenn ein neues Wachstumsregime gesucht wird, das verhindern soll, dass eine neuerliche, diesmal vor allem von der Zentralbank zu betreibende Aufblähung des Geld- und Schuldenvolumens ein weiteres Mal zu Überhitzungen in Vermögensmärkten mit anschließendem Kollaps oder zu einer Neuauflage der weltweiten Inflation der 1970er Jahre führt.

Wenn das Krisenmanagement nicht zum Vorspiel der nächsten Krise werden und nach der Krise nicht vor der Krise sein soll, bedarf es eines Wachstumsschubs, der, wie die politischen Dinge liegen, nur unter neoliberalen Vorzeichen stattfinden könnte, und zwar als Ergebnis von »Reformen« in der Fluchtlinie des Staatsumbaus der letzten Jahrzehnte. Das ist der Grund, weshalb die regierende Zentralbank ihre Wohltaten mit strengen politischen Auflagen verbindet. Ob sie diese durchsetzen kann, steht freilich auf einem anderen Blatt – auch Staaten und gerade sie können versucht sein, darauf zu spekulieren, dass sie »systemrelevant« sein könnten.[4] Auch kann niemand garantieren, dass Angebotspolitik tatsächlich »funktionieren« würde – siehe die seit vier Jahren andauernde Stagnation in den Vereinigten Staaten, dem Land, wo die in Europa sich abzeichnende Kombination von lockerem Zentralbankgeld mit neoliberaler »Flexibilisierung« seit Jahrzehnten nur noch ein Scheinwachstum eingefahren hat, das dazu prädestiniert war, in periodischen Krisen zu implodieren. Und selbst wenn es doch noch irgendwie zu neuem Wachstum käme: anders als im keynesianischen Wohlfahrtsstaat der Vergangenheit würde eine steigende Flut längst nicht mehr alle Boote heben.[5] Nach der von den »Märkten« veranlassten Selbstausschaltung umverteilender Politik, wie betrügerisch deren Methoden am Ende auch immer gewesen sein mögen, sowie der erzwungenen Selbstbeschränkung der Staaten auf den Schutz von Marktfreiheit und Eigentum, insbesondere des Eigentums an Staatspapieren, wäre Wachstum endgültig nicht mehr in der Lage, den einer kapitalistischen Marktgesellschaft innewohnenden Verteilungskonflikt zu befrieden; vielmehr wüchse ständig die Gefahr, dass die Dauerverlierer im Matthäus-Regime der kumulativen Bevorteilung irgendwann merken könnten, welches Spiel mit ihnen gespielt wird.

Unabhängig davon müsste neues Wachstum, wenn es denn käme und seine alte Befriedungsfunktion wieder übernehmen sollte, quantitativ wie qualitativ ein anderes sein als in den

4 Wie erwähnt, wurde Berlusconi von der europäischen Schattenregierung durch Monti ersetzt, weil seine Regierung eine Reihe von Bedingungen nicht erfüllt hatte, die ihm Draghi und sein Vorgänger als Präsident der Europäischen Zentralbank, Trichet, in einem nicht veröffentlichten Brief (!) als Gegenleistung für Kredithilfen gestellt hatten. Allerdings war auch Monti in seinem ersten Regierungsjahr entweder nicht in der Lage oder nicht willens, das von ihm Erwartete durchzusetzen.

5 »A rising tide lifts all boats« ist eine aus den Küstenstaaten des amerikanischen Nordwestens stammende Wendung, die seit John F. Kennedy zu den stehenden Redensarten in der amerikanischen Wirtschaftspolitik gehört. Sie besagt und verspricht, dass eine Verbesserung der allgemeinen wirtschaftlichen Lage durch Wachstum am Ende allen gleichermaßen zugutekommt, Arm wie Reich.

Abb. 4.1

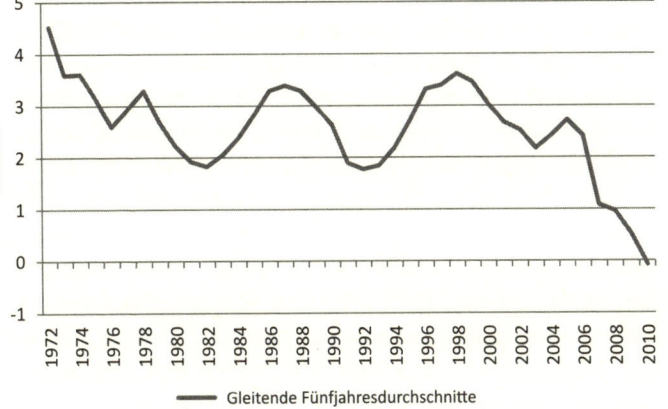

Länder im ungewichteten Durchschnitt: Australien, Österreich, Belgien, Kanada, Dänemark, Finnland, Frankreich, Deutschland, Griechenland, Irland, Italien, Japan, Niederlande, Norwegen, Portugal, Spanien, Schweden, Schweiz, Großbritannien, USA

OECD Economic Outlook: Statistics and Projections, *laufende Veröffentlichungen*

letzten drei Jahrzehnten. Seit den 1970er Jahren ist die mittlere Wachstumsrate der Industrieländer im gleitenden Fünfjahresdurchschnitt stetig gefallen. Lag sie Anfang der siebziger Jahre noch bei 4,5 Prozent, so erreichten die Höhepunkte der Wirtschaftszyklen in den 1980ern und 1990ern nur noch 3,5 Prozent. In den Jahren vor der Krise kam das durchschnittliche Wachstum nicht mehr über 2,7 Prozent hinaus und seit ihrem Ausbruch sank es sogar unter ein Prozent (Abb. 4.1). Neues, demokratisch-kapitalistische Stabilität sicherndes Wachstum würde eine fundamentale Umkehr dieses Trends erfordern, von der schlechthin nicht zu sehen ist, wie sie zustande kommen sollte.[6] Seit den 1990er Jahren bedurfte es zur Erzeugung selbst des zurückgehenden Wachstums der Vorkrisenzeit immer höherer Verschuldungsraten. So lag die Gesamtverschuldung in den Vereinigten Staaten – private Haushalte, private und öffentliche Unternehmen, Finanzwirtschaft und Staat – 1980 noch bei weniger als dem Fünffachen des Bruttoinlandsprodukts; danach verdoppelte sie sich kontinuierlich bis 2008 auf das Neuneinhalbfache. Die Entwicklung in Deutschland verlief erstaunlich parallel, zum Teil sicherlich getrieben von der Wiedervereinigung (Abb. 4.2). Dies legt die Vermutung nahe, dass auch diesmal wieder mehr Schulden als beim letzten Mal injiziert werden müssen, wenn die ersehnte Wirkung eintreten soll. Es erscheint fraglich, ob es den Zentralbanken der Vereinigten Staaten und der Europäischen Währungsunion

6 Hierzu der linke Blog *thecurrentmoment* am 7. Mai 2012 aus Anlass der Wahl Hollandes zum französischen Präsidenten: »The socialist campaign in France was focused on Sarkozy's record as president. Its own economic programme was far weaker. The main thrust was to halt reform at the domestic level, bringing things back to the status quo ante, and to kickstart growth at the European level by using the credit worthiness of Germany to fund a new round of government borrowing… New governments in Europe, including the French Socialists, are relying on yet more borrowing to promote growth. This is not the end of austerity in Europa so much as a continuation of the underlying trends that brought about the crisis in the first place.« Siehe ⟨http://thecurrentmoment.wordpress.com/2012/05/07/end-of-austerity-europe/⟩, letzter Zugriff am 26. November 2012.

Abb. 4.2

Gesamtverbindlichkeiten im Verhältnis zum BIP, 1970-2010

——— USA   ‒ ‒ ‒ Deutschland

OECD National Accounts Statistics; OECD Economic Outlook: Statistics and Projections, laufende Veröffentlichungen

ohne Mithilfe der schon lange überschuldeten öffentlichen und privaten Haushalte überhaupt gelingen kann, neue Schuldenberge von einer Größenordnung aufzutürmen, wie sie wahrscheinlich erforderlich wäre, um dem Kapitalismus des späten 20. Jahrhunderts ein wie immer befristetes Weiterleben auf höherem Niveau zu sichern. Aber selbst wenn dies gelänge, wäre das Resultat wahrscheinlich nicht mehr als ein Umzug aus dem Regen wirtschaftlicher Stagnation in die Traufe ständig kürzer werdender Boom-and-Bust-Zyklen, mit der Gefahr immer häufigerer und dramatischerer politischer Vertrauensverluste und entsprechender wirtschaftlicher Abstürze.

Die andere Möglichkeit wäre eine Rückkehr der Inflation – als Unfall oder als Strategie zum Schuldenabbau, zuerst langsam im Schritt, dann möglicherweise auch trabend, und am Ende vielleicht sogar galoppierend und außer Kontrolle geratend wie der Besen des Zauberlehrlings. Auf den ersten Blick könnte dies als Beginn eines neuen Durchlaufs durch den Krisenzyklus nach dem Ende der Nachkriegszeit erscheinen. Aber in der sozialen Welt steigt man nicht zweimal in denselben Fluss. Anders als in den 1970er Jahren würde Inflation heute nicht vom Arbeitsmarkt getrieben, sondern von den Zentralbanken und ihren Bemühungen um eine Rettung der Gläubiger durch Rettung der Schuldner. Deshalb könnte sie nicht wie damals einfach abgewürgt werden. Und treffen würde sie nicht mehr in erster Linie die Besitzer von Geldvermögen – die in einer Welt ohne Kapitalverkehrskontrollen viel leichter von Währung zu Währung springen könnten –, sondern die viel zahlreicher gewordenen Rentner und Bezieher von Sozialhilfe. Ebenfalls betroffen wären die Arbeitnehmer, die anders als in den 1970er Jahren weithin keine gewerkschaftlichen Vertretungen mehr haben, die dafür sorgen könnten, dass ihre Löhne mit der Inflation Schritt hielten. Als massendemokratisches Pazifizierungsinstrument würde Inflation sich deshalb heute wohl noch rascher verbrauchen als damals. Das Risiko, dass sie im Gegenteil Unzufriedenheit und politische Instabilität zur Folge hätte, wäre immens.

Kapitalismus oder Demokratie

Wenn der Kapitalismus des Konsolidierungsstaates auch die Illusion sozial gerecht geteilten Wachstums nicht mehr zu erzeugen vermag, kommt der Moment, an dem sich die Wege von Kapitalismus und Demokratie trennen müssen. Der heute wahrscheinlichste Ausgang wäre dann die Vollendung des hayekianischen Gesellschaftsmodells der Diktatur einer vor demokratischer Korrektur geschützten kapitalistischen Marktwirtschaft. Ihre Legitimität hinge davon ab, dass diejenigen, die einmal ihr Staatsvolk gebildet haben, gelernt hätten, Marktgerechtigkeit und soziale Gerechtigkeit für dasselbe zu halten und sich als Teil eines vereinigten Marktvolkes zu begreifen. Ihre Stabilität würde darüber hinaus wirksame Instrumente erfordern, mit denen die anderen, die das nicht akzeptieren wollen, ideologisch marginalisiert, politisch desorganisiert und physisch in Schach gehalten werden können. Denen, die sich der Marktgerechtigkeit nicht unterwerfen wollten, bliebe bei wirtschaftlich neutralisierten Institutionen der politischen Willensbildung lediglich, was in den späten 1990er Jahren als außerparlamentarischer Protest bezeichnet wurde: emotional, irrational, fragmentiert, unverantwortlich – eben das, was zu erwarten ist, wenn die demokratischen Wege der Artikulation von Interessen und der Klärung von Präferenzen versperrt sind, weil aus ihnen immer nur dasselbe herauskommen kann oder weil das, was herauskommt, für »die Märkte« keinen Unterschied mehr macht.

Die Alternative zu einem Kapitalismus ohne Demokratie wäre eine Demokratie ohne Kapitalismus, zumindest ohne den Kapitalismus, den wir kennen. Sie wäre die andere, mit der Hayekschen konkurrierende Utopie. Aber im Unterschied zu dieser läge sie nicht im historischen Trend, sondern würde im Gegenteil dessen Umkehr erfordern. Deshalb und wegen des enormen Organisations- und Verwirklichungsvorsprungs der neoliberalen Lösung sowie der Angst vor der Ungewissheit, die unvermeidlich mit jeder Wende verbunden ist, erscheint sie heute als vollkommen unrealistisch.[7] Auch sie würde von der Erfahrung ausgehen, dass der demokratische Kapitalismus seine Versprechen nicht gehalten hat – aber sie würde die Schuld nicht der Demokratie geben, sondern dem Kapitalismus.[8] Ihr ginge es nicht um sozialen Frieden durch wirtschaftliches Wachstum und schon gar nicht um sozialen Frieden trotz wachsender Ungleichheit, sondern um die Verbesserung der Lage der von neoliberalem Wachstum Ausgeschlossenen, wenn nötig *auf Kosten* von sozialem Frieden und Wachstum.

Wenn Demokratie heißt, dass soziale Gerechtigkeit nicht in Marktgerechtigkeit aufgehen darf, dann müsste es demokratiepolitisch zuallererst darum gehen, die von vier Jahrzehnten neoliberalen Fortschritts angerichteten institutionellen Verheerungen rückgängig zu machen und die Reste jener politischen Institutionen so gut wie möglich zu verteidigen und instand zu setzen, mit deren Hilfe es vielleicht gelingen könnte, Marktgerechtigkeit durch soziale Gerechtigkeit zu modifizieren oder gar zu ersetzen. Nur in diesem materialen Zusam-

7 Allerdings galt dies für die Hayeksche Utopie sehr lange auch, während der ganzen langen keynesianischen Ära.

8 Eine Sichtweise, die schon jetzt erstaunlich weit verbreitet ist, gerade auch in Kreisen, wo man sie am wenigsten vermuten würde. Aus einem Bericht der *Welt* vom 26. Januar 2012 über den Auftakt des Weltwirtschaftsforums in Davos: »Von ›unerfüllten Versprechen‹ des Kapitalismus sprach Ben Verwaayen, der Vorstandschef des Telekommunikationskonzerns Alcatel-Lucent […]. ›Die Aufgabe ist es, aus den Exzessen zu lernen«, sagte Brian Moynihan, Vorstandschef der amerikanischen Großbank Bank of America. Wirklich zuversichtlich schien der Banker nicht zu sein: ›Werden wir es beim nächsten Mal richtig machen?‹, fragte er in die Runde und gab die Antwort gleich selbst: ›Das weiß nur der liebe Gott.‹ […] Tatsächlich, so die in Davos verbreitete Einschätzung, hat der Kapitalismus einfach nicht geliefert […]. Für David Rubenstein, Mitgründer und Chef der amerikanischen Private-Equity-Firma Carlyle Group liegen die Probleme tiefer. Man habe gedacht, die Konjunkturzyklen unter Kontrolle zu haben, sagte der Finanzinvestor. Tatsächlich habe sich aber gezeigt, dass der Kapitalismus ›nicht die Fähigkeit hat, das Auf und Ab der Konjunktur zu managen‹. Mehr noch, ›der Kapitalismus hat das Problem der Ungleichheit nicht gelöst.‹ Und ›niemand auf der Welt scheint die Antwort zu haben‹.«

menhang wäre heute überhaupt sinnvoll von Demokratie zu sprechen, weil man nur so der Gefahr entginge, mit der »Demokratisierung« von Institutionen abgespeist zu werden, die nichts zu entscheiden haben. Demokratisierung heute müsste heißen, Institutionen aufzubauen, mit denen Märkte wieder unter soziale Kontrolle gebracht werden können: Märkte für Arbeit, die Platz lassen für soziales Leben, Märkte für Güter, die die Natur nicht zerstören, Märkte für Kredit, die nicht zur massenhaften Produktion uneinlösbarer Versprechen verführen. Bevor so etwas im Ernst auf die Tagesordnung kommen könnte, bedürfte es zum Mindesten jahrelanger politischer Mobilisierung und dauerhafter Störungen der gegenwärtig sich herausbildenden sozialen Ordnung.

Der Euro als frivoles Experiment

Die Einführung des Euro als Vollendung des europäischen Binnenmarkts schuf mit dem Euroland eine politische Jurisdiktion, die dem Ideal einer durch Politik von Politik befreiten Marktwirtschaft nahekam: eine politische Ökonomie ohne Parlament und Regierung, zusammengesetzt zwar aus nach wie vor formal unabhängigen Nationalstaaten, die aber für immer auf eine eigene Währung und damit auf die Möglichkeit verzichtet hatten, zur Verbesserung der wirtschaftlichen Situation ihrer Bürger das Mittel der Abwertung einzusetzen. Damit eliminierte der Euro ganz im Sinne des neoliberalen Programms eine wichtige Variante politischer Willkür aus der Verfassung des gemeinsamen Marktes und verpflichtete Regierungen von Mitgliedstaaten, denen an Beschäftigung, Wohlstand und sozialer Sicherheit ihrer Bevölkerung gelegen ist, auf das neoliberale Instrumentarium einer *inneren Abwertung*: auf die Steigerung von Produktivität und Wettbewerbsfähigkeit durch flexiblere Arbeitsmärkte, niedrigere Löhne, längere Arbeitszeiten, eine höhere Erwerbsbeteiligung und einen auf Rekommodifizierung umgestellten Wohlfahrtsstaat.

Heute kann die Einführung des Euro als Beispiel dafür gelten, wie eine Gesellschaft – in diesem Fall die hoch heterogene, transnationale Gesellschaft des Eurolandes – in einem, mit Polanyi, »frivolen Experiment« im Geiste einer Religion gewordenen politisch-ökonomischen Ideologie in eine Marktgesellschaft nach Maßgabe der Blaupausen der Standardökonomie umgebaut werden soll, ohne Rücksicht auf ihre vielfältigen Strukturen, Institutionen und Traditionen. Die Ausschaltung der Abwertung als Mittel nationaler Wirtschaftspolitik bedeutet ja im Ergebnis nichts anderes als die Aufpfropfung eines einheitlichen Wirtschafts- und Gesellschaftsmodells auf alle der gemeinsamen Währung unterstellten Länder; sie setzt die Möglichkeit einer raschen Konvergenz ihrer sozialen Ordnungen und Lebensweisen voraus und treibt sie voran. Zugleich wirkt sie als zusätzliche Triebkraft jener universellen Expansion von Märkten und Marktverhältnissen, die als kapitalistische Landnahme bezeichnet worden ist, indem sie im Modus dessen, was Karl Polanyi als »geplantes Laissez-faire« bezeichnet hat (Polanyi 1957 [1944], Kap. 12), Staaten und ihre Politik durch Märkte und ihre selbstregulierende Automatik mehr oder weniger gewaltsam zu ersetzen sucht. Insofern gleicht die Ausschaltung der Abwertung dem Goldstandard des 19. Jahrhunderts, dessen verheerende Wirkung auf die Fähigkeit der damals entstehenden Nationalstaaten, ihre Völker vor den Unberechenbarkeiten freier Märkte zu schützen, Polanyi zusammen mit den Auswirkungen dieser Wirkung auf die Stabilität der internationalen Beziehungen so eindrucksvoll analysiert hat.

Es fällt im Rückblick nicht schwer, in den europäischen Erscheinungsformen der gegenwärtigen Wirtschafts-, Finanz- und Fiskalkrise Manifestationen einer politischen Gegenbewegung (Polanyi 1957 [1944], Kap. 11) gegen den in der Gemeinschaftswährung institutionalisierten Marktfanatismus zu erkennen. Noch bis vor kurzem – bis zur Einsetzung der Kommissare Papademos und Monti im Herbst 2011 – bestand die Europäische Währungsunion ausschließlich aus demo-

238

kratischen Staaten, deren Regierungen es sich nicht leisten konnten oder wollten, ihren real existierenden Staatsvölkern, die sich von den imaginären Modellvölkern der reinen Lehre des Marktkapitalismus noch immer fundamental unterscheiden, den Krieg zu erklären und sie durch die Mangel der von Brüsseler Technokraten und ortlosen Universalökonomen vorgeschriebenen »Reformen« zu drehen. Wie frühere Gegenbewegungen auch, so hielten sich die der unter dem Euro zusammengeschlossenen Nationalstaaten nicht immer an den Kanon des politisch Korrekten oder wirtschaftlich Rationalen; anders als das Laisser-faire entsteht, wie Polanyi wusste, der Widerstand der Gesellschaft gegen den Markt spontan und unkoordiniert. So kam es zu den Haushaltsdefiziten, der Staatsverschuldung und den Kredit- und Preisblasen in jenen Ländern, die mit dem ihnen vorgegebenen Tempo der kapitalistischen Rationalisierung ihrer Lebensweisen und Lebenswelten nicht mitkamen oder mitkommen wollten und deren für ihren Selbstschutz verbliebener, reduzierter politischer Werkzeugkasten ihnen nichts Besseres ermöglichte als die allmähliche Aufhäufung jener systemischen Dysfunktionen, die nun schon seit Jahren drohen das europäische Staatensystem zu zerreißen und den langen Nachkriegsfrieden zwischen den europäischen Nationen zu untergraben.

Was derzeit geschieht, nimmt sich aus, als stamme es aus einem Polanyischen Bilderbuch. Der Widerstand der von ihren Nationalstaaten vertretenen Völker gegen die Unterwerfung ihres Lebens unter die internationalen Marktgesetze wird von der *ecclesia militans* der Marktreligion als Unregierbarkeitsproblem wahrgenommen, das durch weitere Reformen derselben Art, durch *mehr davon*, behoben werden muss und kann: durch neue Institutionen, die auch noch die letzten Reste an nationaler Artikulationsfähigkeit und politischer Willkürmöglichkeit aus dem System herausquetschen und sie durch rationale Anreize, einschließlich negativer in Gestalt von Geldstrafen, zu stillschweigender Fügung in das vom Markt verhängte Schicksal ersetzen sollen. Auf diese Weise würde die auf

Jahrzehnte verhängte Austerität der kleinen Leute in den vom Markt als nicht wettbewerbsfähig zurückgelassenen Ländern doch noch Wirklichkeit, und das frivole Experiment einer Einheitswährung für eine heterogene multinationale Gesellschaft wäre gelungen. Am Ende, nach den Reformen, würden die Nationen sich ihre politische Enteignung nachträglich gefallen lassen, entweder weil ihnen nichts anderes übrig bliebe oder weil sie im Zuge marktgetriebener neoliberaler Konvergenz irgendwann zur Marktvernunft gekommen sein und, nachdem sie genug gefühlt hätten, anfangen würden zu hören.

Freilich: daran muss man glauben, denn sehen kann man es noch nicht. Was man sieht, sind wachsende Konflikte zwischen den Völkern Europas und innerhalb derselben darüber, wie viel die einen den anderen schulden – an »Reformen« einerseits und an Kompensationszahlungen andererseits – und wer von den kleinen Leuten und den großen wie viel von den Kosten tragen muss und vom Nutzen davontragen darf. Wer im Glauben fest ist, kann darauf hoffen, dass die real existierenden Staatsvölker Europas irgendwann – und in den Modellen der Standardökonomie, in denen Zeit nicht vorgesehen ist, bedeutet irgendwann immer auch gleich jetzt – zu einem an den freien Markt angepassten, in Marktgerechtigkeit geeinigten Modellvolk zusammenwachsen werden. Aber wer der Kirche nicht angehört, der kommt aus dem Staunen über die Macht der Illusion und aus der Angst vor dem nicht heraus, was eine Theorie dadurch anrichten kann, dass sie nicht von dieser Welt ist.

Demokratie im Euroland?

Wären die Konflikte, die heute dabei sind, das Euroland zu zerreißen, durch dessen Demokratisierung pazifizierbar? Könnte Demokratie den zentrifugalen Kräften Einhalt gebieten, die dadurch entstanden sind, dass unterschiedliche Gesellschaften in das Korsett eines gemeinsamen Marktes und einer einheitlichen Währung gezwungen und dadurch ihrer Handlungsfähigkeit beraubt wurden? Könnte Demokratisierung die nationalen Konfliktlinien innerhalb des Eurolandes durch zu ihnen querliegende soziale und ökonomische Konfliktlinien neutralisieren? Viele von denen, die sich die Lösung der gegenwärtigen Probleme des europäischen Wirtschafts- und Staatensystems von seiner Demokratisierung erhoffen, scheinen sich diese als Kraftakt vorzustellen, der auf einen Schlag die partikularistischen Hindernisse dauerhaft beiseiteräumen würde, die bisher eine nationenübergreifende Lohnpolitik, eine europäische Sozialpolitik, ein einheitliches Arbeitsrecht und Mitbestimmungsregime oder eine gemeinsame regionale Entwicklungspolitik verhindert haben (Bofinger et al. 2012).

Spekulationen über Mögliches können leicht im Bodenlosen enden, vor allem wenn sie sich mit Hoffnungen oder selbstauferlegten Verpflichtungen zu konstruktivem Optimismus verbinden. Aber vielleicht kann man sich darauf einigen, dass ein Demokratieprojekt für Europa, das seinen Namen verdienen würde, sich scharf von Projekten für eine »politische Union« absetzen müsste, wie sie von autoritären neoliberalen Strategen wie Wolfgang Schäuble verfolgt werden, denen es darum geht, einer hayekianischen Zentrale das neoliberale »Durchregieren« zu erleichtern. Ob die Präsidenten der Kommission und des Rates »vom Volk« gewählt werden oder nicht, hat, solange sie im Vergleich zum Präsidenten der EZB und zum Europäischen Gerichtshof nichts zu sagen haben – vom Präsidenten von Goldman Sachs ganz zu schweigen –, mit Demokratie nichts zu tun. Auf nichts passt der Begriff der »Fassadendemokratie« (Bofinger et al. 2012) besser als auf ein politisches System, dessen legale oder faktische Verfassung es darauf verpflichtet, sich aus dem Selbstlauf der »Märkte« herauszuhalten. Ein Demokratieprojekt, das die Bestellung eines »europäischen Finanzministers« ermöglichen soll, der wiederum die Bedienung der »Märkte« zu garantieren und dadurch deren »Vertrauen« wiederherzustellen hätte – ein Demokratieprojekt also, das davon absieht, die Demokratiefrage mit der Neoliberalismus- oder gar der Kapitalismusfrage zu verknüpfen –, bedarf des Schweißes der Demokraten nicht. Es läuft, als neoliberales Herzensanliegen, von allein.

Zweitens sollte ein Demokratieprojekt für Europa weniger utopisch sein, als es das seit 2008 auf der Kippe stehende Marktprojekt war. Das heißt, es müsste vermeiden, dessen Fehler, Wirtschaft und Gesellschaft, Wirtschaftsweise und Lebensweise als voneinander unabhängig zu behandeln, spiegelbildlich zu wiederholen. In Wahrheit sind beide auf das Engste ineinander verwoben. Ebenso wenig wie sich eine einheitliche Wirtschaftsweise unterschiedlichen Lebensweisen ohne Anwendung von Gewalt aufzwingen lässt, lassen sich unterschiedliche Wirtschafts- und Lebensweisen widerstandslos in eine gemeinsame soziale und politische Ordnung pressen.[9] Demokratie in Europa kann kein institutionelles Homogenisierungsprojekt sein; anders als der Neoliberalismus dürfte und könnte sie sich der schwierigen Aufgabe nicht entziehen, die historisch gewachsenen nationalen Unterschiede zwischen den europäischen Staatsvölkern, aber auch innerhalb derselben, in ihre Ordnung einzubauen.[10] In Belgien, einem aus nur zwei Gesellschaften zusammengesetzten, lange etablierten Nationalstaat, der dennoch an einer solchen Kontamination von Identitäts- und Verteilungskonflikten auseinanderzubrechen droht, wie sie von der euroländischen Version der Finanz- und Fiskalkrise aktualisiert werden, hat es kürzlich anderthalb Jahre gedauert, bis eine nationale Regierung gebildet werden

9 Siehe die immer wieder gescheiterten Versuche, den Gewerkschaften anderer europäischer Länder die deutsche Form der industriellen Demokratie – die Mitbestimmung auf Betriebs- und Unternehmensebene – als europäisches Modell einer starken Vertretung der Arbeitnehmer am Arbeitsplatz zu verkaufen.

10 Einen guten Überblick über die Probleme, die der europäischen Integration und der Demokratisierung eines geeinten Europa durch die Heterogenität der beteiligten Gesellschaften entstehen, geben Höpner und Schäfer (2012). Siehe auch Höpner, Schäfer und Zimmermann (2012).

konnte. Ein europäischer Verfassungsgeber müsste mit derselben Art von Konflikten zurechtkommen, um ein Vielfaches multipliziert und kompliziert, und zwar mit allen auf einmal, nicht *innerhalb* einer bereits vorhandenen demokratischen Verfassung, sondern als Vorleistung für deren Zustandekommen.

Im real existierenden Europa wäre eine unitarisch-jakobinische Verfassung für einen demokratischen europäischen Staat unvorstellbar. Ohne föderale Unterteilung und umfangreiche partikularistische Autonomie- und Reservatrechte, ohne vor Dauermajorisierung schützende Gruppenrechte für die vielen verschiedenen, auf räumliche Nähe gegründeten Wirtschafts- und Identitätsgemeinschaften, aus denen Europa besteht – nicht nur in Belgien, sondern auch in Spanien und Italien sowie im Verhältnis zwischen Finnland und Griechenland oder zwischen Dänemark und Deutschland –, könnte keine europäische Demokratie entstehen.[11] Wer für sie eine Verfassung schreiben wollte, müsste nicht nur Wege finden, die unterschiedlichen europäischen Interessen von Ländern wie, zum Beispiel, Bulgarien und den Niederlanden einzuarbeiten, sondern sich auch noch mit den ungelösten Problemen unvollendeter Nationalstaaten wie Spanien oder Italien befassen. Auch deren innere Identitäts- und Interessenvielfalt würde in jeder denkbaren europäischen Konstituante vertreten sein wollen und sein müssen.[12] Sie in einer für alle akzeptablen Verfassung zusammenzuführen wäre eine politische Herkulesaufgabe, die anzugehen einen konstruktivistischen Optimismus erforderte,

---

11 Beispielsweise müsste eine postnationale europäische Verfassung, um für die kleinen oder wirtschaftlich schwachen Länder akzeptabel zu sein, derart viele Sicherungsvorkehrungen gegen eine deutsche Vorherrschaft enthalten, dass sie für die Deutschen ebendeshalb nur schwer zu akzeptieren wäre.

12 Kaum wäre ein europäischer Konvent zusammengetreten, wäre die Frage zu klären, ob die katalanischen Delegierten hinter der spanischen oder der katalanischen Fahne sitzen müssen oder dürfen. Danach würde dann von den Basken, Korsen, Flamen, Südtirolern, Sizilianern und vielleicht sogar den Bayern zu reden sein.

der dem der Markttechnokraten des Neoliberalismus in nichts nachstehen dürfte.[13]

Drittens würde die Redemokratisierung Europas Zeit brauchen, ebenso wie das neoliberale Marktprojekt Jahrzehnte gebraucht hat, um seiner Realisierung näher zu kommen, bis es jetzt in seiner bisher größten Krise steckt, aus der es durch eine neue Flucht nach vorn zu entkommen hofft. Als voluntaristische Kopfgeburt könnten die Institutionen einer supranationalen europäischen Demokratie nicht zur Welt kommen. Historische Vorbilder gibt es nicht, und gearbeitet werden müsste mit dem Material, das die Geschichte hervorgebracht hat. Ein Konvent, der die Verfassung eines demokratischen Europa zu schreiben hätte, könnte nur aus den bekannten Gesichtern heute lebender politischer Figuren bestehen. Ihm würden Vertreter aller EU-Staaten angehören, nicht nur der Mitglieder der Währungsunion. Und er müsste arbeiten, während um ihn herum die aktuellen Konflikte um Haushaltskonsolidierung, Entschuldung, Überwachung und »Reformen« die Stimmung aufheizen, das gegenseitige Misstrauen vergrößern und die Beratungsergebnisse präjudizieren würden. Es würden Jahre vergehen, bis eine Verfassung vorliegen würde, die Europa ei-

13 Nicht, dass es solchen Optimismus nicht gäbe. Bofinger, Habermas und Nida-Rümelin halten es für möglich, im Zuge der Lösung der gegenwärtigen Krise, also in absehbarer Zeit, auf dem Wege einer Vertragsänderung, das heißt mit Zustimmung aller 27 EU-Mitglieder, zur »Gründung eines politisch geeinten, kerneuropäischen Währungsgebietes« zu gelangen. Dazu führen sie aus: »Das erfordert klare verfassungspolitische Vorstellungen von einer supranationalen Demokratie, die ein gemeinsames Regieren erlaubt, ohne die Gestalt eines Bundesstaates anzunehmen. Der europäische Bundesstaat ist das falsche Modell und überfordert die Solidaritätsbereitschaft der historisch eigenständigen europäischen Völker. Die heute fällige Vertiefung der Institutionen könnte sich von der Idee leiten lassen, dass ein demokratisches Kerneuropa die Gesamtheit der Bürger aus den EWU-Mitgliedstaaten repräsentieren soll, aber jeden Einzelnen in seiner doppelten Eigenschaft als direkt beteiligter Bürger der reformierten Union einerseits, als indirekt beteiligtes Mitglied eines der beteiligten europäischen Völker andererseits.« (Bofinger et al. 2012) Es ist nicht klar, warum diese »verfassungspolitische Vorstellung« klar sein soll. Welche Themen sollen in welchem der beiden Identitätsrahmen behandelt und entschieden werden?

nigen und – vielleicht – das Euroland durch eine neuerliche Zähmung des Marktkapitalismus demokratisieren würde. Zur Abwehr einer neoliberalen Lösung der gegenwärtigen Dreifachkrise käme sie viel zu spät.

Gesellschaftliche Heterogenität in Europa wird auf absehbare Zeit auch Heterogenität zwischen unterschiedlichen lokalen, regionalen und nationalen Lebens- und Wirtschaftsweisen sein. Eine demokratische Verfassung für ein geeintes Europa kann es nur bei Anerkennung der Differenzen zwischen diesen geben, die in Autonomierechten anerkannt werden müssten. Deren Verweigerung kann nur Separatismus zur Folge haben, der entweder ausgekauft oder gewaltsam unterdrückt werden müsste; je heterogener ein Staatsvolk, desto blutiger die Geschichte der gelungenen oder gescheiterten Versuche, es zu vereinheitlichen: siehe Frankreich, Spanien unter Franco oder auch und nicht zuletzt die Vereinigten Staaten. Zentral für jede heterogene Staatsgesellschaft ist ihre *Finanzverfassung*, die regelt, welche Teilgesellschaft *als Gemeinschaft* unter welchen Umständen Anspruch auf die kollektive Solidarität anderer Teilgesellschaften haben soll. Dabei gilt auch innerhalb von Nationalstaaten: je mehr Autonomie, desto weniger Anspruch auf und Verpflichtung zu zwischengesellschaftlicher Solidarität. Konflikte darüber, was das konkret bedeutet, gibt es immer wieder, sogar in einer so homogenen Nationalgesellschaft wie in Deutschland, wo der Streit über den Länderfinanzausgleich bekanntlich nicht enden will. Im Euroland, wo derartige Konflikte wegen dessen extremer Heterogenität schon nach wenigen Jahren allgegenwärtig sind, gehen sie schlechthin zu tief, um durch Mehrheitsbeschlüsse geregelt zu werden – insbesondere dann, wenn die institutionelle Gleichmacherei des neoliberalen Utopismus bei versperrter Sezessionsoption Forderungen nach sozialer Korrektur der Gerechtigkeit des Marktes durch Ausgleichszahlungen zwischen den Teilgesellschaften provoziert. Es gibt keinen Grund, zu erwarten, dass der regionale und nationale Partikularismus sowie die durch ihn bedingten Interessen- und Identitätskonflikte verschwin-

den würden, wenn die für eine gemeinsame Währung zu heterogene Gesellschaft des Eurolandes plötzlich eine einheitliche
demokratische Verfassung erhielte.[14]

Hayeks Denkfehler in seinem Entwurf einer sich selbst zum
Liberalismus zwingenden internationalen Föderation war,
dass er glaubte, alle beteiligten Nationalgesellschaften würden
und wollten in den von der Zentralregierung um des lieben
Friedens willen einzurichtenden freien und allgemeinen Markt
und sein Wettbewerbsregime passen und könnten deshalb
dazu gebracht werden, ihre kollektiven Partikularinteressen
und -identitäten in ihm aufgehen zu lassen. Dass sie versuchen
würden, aufbauend auf ihre kulturellen Besonderheiten und
unter Nutzung der ihnen verbliebenen politischen Institutionen ihre Lebens- und Wirtschaftsweisen zu verteidigen, damit
konnte er nicht rechnen – vielleicht, weil er diese für nicht
mehr hielt als für beliebige Tätowierungen auf der Außenhaut
eines universellen *homo oeconomicus*; oder weil die demokratische Möglichkeit kollektiven Handelns gegen die Gerechtigkeit
des Marktes in seiner Welt schlechthin nicht vorgesehen war.

Lob der Abwertung

Statt zuzusehen, wie neoliberale Politik die Währungsunion
durch »Reformen« vollendet, die den Markt endgültig gegen
politische Korrekturen immunisieren und das europäische
Staatensystem als internationalen Konsolidierungsstaat befestigen würden, könnte man sich und andere an die Institution
der Abwertung nationaler Währungen erinnern. Das Recht
auf Abwertung ist ja nichts anderes als ein institutioneller

14 Man kann sich nur schwer vorstellen, dass die deutschen Steuerzahler die italienischen Staats- oder die spanischen Bankschulden be-
reitwilliger begleichen würden, wenn sie dazu durch Mehrheitsbeschluss
eines europäischen Parlaments verpflichtet würden statt, sagen wir, durch
die Machinationen der europäischen Zentralbank. Im Gegenteil wäre es
ein Problem, dass eine Umverteilung über den parlamentarischen Weg
weniger leicht zu verbergen wäre.

Ausdruck des Respekts vor den von ihren Staaten vertretenen Nationen als jeweils eigen-artigen wirtschaftlichen Lebens- und Schicksalsgemeinschaften. Es wirkt als Bremse gegen den vom Zentrum auf die Peripherie ausgeübten kapitalistischen Expansions- und Rationalisierungsdruck und bietet Interessen und Identitäten, die diesem entgegenstehen und die in der Freihandelswelt des Großen Binnenmarktes in Populismus und Nationalismus abgedrängt würden, eine realistische kollektive Alternative zu der ihnen vom Markt abverlangten folgsamen Selbstkommodifizierung. Länder, die abwerten können, können selbst entscheiden, ob und wie schnell sie sich ihres prä- oder antikapitalistischen Erbes entledigen und in welche Richtung sie es transformieren wollen. Deshalb und vor allem anderen ist die Möglichkeit der Abwertung dem Totalitarismus eines einheitlichen Marktes ein Dorn im Auge.

Die Abwertung einer nationalen Währung korrigiert – grob und für eine begrenzte Zeit – die Verteilungsverhältnisse in einem asymmetrischen System internationalen wirtschaftlichen Austauschs, das wie jedes kapitalistische System nach dem Prinzip kumulativer Bevorteilung funktioniert. Abwertung ist ein grobes Instrument – *rough justice* –, aber aus der Perspektive sozialer Gerechtigkeit ist sie immer noch mehr als nichts. Wenn ein Land, das wirtschaftlich entweder nicht mehr mitkommt oder noch nicht mitkommen will, seine Währung abwertet, werden die Exportchancen ausländischer Produzenten geschmälert und die der inländischen verbessert; damit wachsen die Beschäftigungschancen der Bevölkerung des abwertenden Landes auf Kosten besser beschäftigter Bevölkerungen anderer Länder. Indem ein Land, das seine Währung abwertet, Importe verteuert, erschwert es darüber hinaus seinen bessergestellten Bürgern den Kauf ausländischer Produkte; zugleich ermöglicht es seinen von Löhnen abhängigen Bürgern, ihre Löhne zu erhöhen, ohne dass ihre Produkte im Ausland teurer werden müssen und dadurch ihre Beschäftigung in Gefahr gerät. Anders formuliert, verhindert die Möglichkeit der Abwertung, dass »wettbewerbsfähigere« Länder weniger »wettbewerbsfähige« dazu zwingen, die Renten ihrer schlechterverdienenden Bürger zu kürzen, damit ihre Besserverdienenden den Produzenten der wettbewerbsfähigeren Länder ihre BMWs weiterhin verlässlich zum Festpreis abnehmen können.

Abwertung als Institution in einem internationalen Wirtschaftssystem funktioniert wie das Handicap in Sportarten wie Golf oder Pferderennen, in denen die Unterschiede zwischen den Teilnehmern so groß sind, dass diese sich ohne Ausgleich in wenige Dauergewinner und viele Dauerverlierer teilen würden. Damit die Schwächeren dennoch bereit sind, sich am Wettbewerb zu beteiligen, werden die Stärkeren vorab benachteiligt: beim Golf, indem die schlechteren Spieler eine Anzahl von Freischlägen erhalten, beim Galoppreiten, indem die potenziellen Dauersieger zusätzliches Gewicht tragen müssen. In der politischen Ökonomie nationaler Wirtschaftsgesellschaften leistet progressive Besteuerung Ähnliches oder sollte es jedenfalls.[15] Insofern kam die Abschaffung der Abwertung in der Europäischen Währungsunion einer Abschaffung der progressiven Besteuerung oder eben des Handicaps beim Pferderennen gleich.

Ein internationales Wirtschaftssystem, das Abwertungen zulässt, kommt ohne Interventionsrechte eines Landes oder internationaler Organisationen in die Wirtschafts- und Lebensweise seiner Mitgliedsländer aus. Es toleriert Vielfalt und ermöglicht ein autonomieschonendes Nebeneinander mit behutsamer Koordinierung an den Rändern. Weder setzt es voraus, dass »führende« Länder in der Lage sind, »zurückliegende« nach ihrem Bilde zu reformieren, noch erfordert es,

---

15 Dasselbe gilt für »Regionalpolitik«, die den Schwachen gibt, was sie von den Starken genommen hat, um diesen zu ermöglichen, irgendwann vielleicht jene einzuholen oder gar zu überholen. Anders als Abwertung braucht sie allerdings die laufende Zustimmung der Geber, die als Gegenleistung beanspruchen, die Verwendung ihrer Zuschüsse zu kontrollieren. Das wiederum verärgert typischerweise die Empfänger. Auch kann von Regionalpolitik, wie dargestellt, verlangt werden, dass sie sich selbst überflüssig macht. Je weniger sie das tut, desto mehr verliert sie an Zustimmung.

dass die Letzteren den Ersteren gegen Bezahlung eine Lizenz dazu erteilen. Damit käme die Abschaffung des Euro in seiner gegenwärtigen Form der des Goldstandards in den 1920ern gleich, die es, Polanyi zufolge, erstmals wieder möglich machte,

> bereitwillig hinzunehmen, dass andere Nationen ihre Institutionen nach ihrem Gutdünken einrichteten, und das verderbliche Dogma des neunzehnten Jahrhunderts von der notwendigen Uniformität aller in die Weltwirtschaft einbezogenen nationalen Regime hinter sich zu lassen (Polanyi 1957 [1944], 253).[16]

Und zweifellos mit Bezug auf die damals, 1944, entstehende Nachkriegsordnung fährt Polanyi fort:

> Heute sieht man aus den Ruinen der Alten Welt die Eckpfeiler einer Neuen hervorwachsen: wirtschaftliche Zusammenarbeit zwischen Regierungen kombiniert mit der Freiheit, das nationale Leben nach eigenem Willen zu organisieren (ebd., 254).

Ein flexibles Währungsregime, wie es nach dem Ende des Euro entstehen könnte, erkennt an, dass Politik mehr ist als die fachmännische Exekution von Rationalisierungsmaßnahmen, und räumt ihr in seiner Ordnung einen zentralen Platz ein, aus Respekt vor den kollektiven Identitäten und Traditionen, die durch Politik repräsentiert werden. Ein internationales Wirtschaftssystem, das Abwertung zulässt, ließe sich, übrigens ganz im Sinne Hayeks, als ein System verteilter Intelligenz verteidigen, das ohne »Anmaßung von Wissen« (Hayek 1975) auskäme. Hayek hat zu Recht darauf bestanden, dass solche Systeme zentral geplanten überlegen sind; was ihm als Ökonom versperrt war, war die von Polanyi gegen ihn vorgebrachte Einsicht, dass die marktgerechte und marktfügsame, transnational-kapitalistisch zugerichtete Welt, die Hayek für den Naturzustand hielt, den er in seiner liberalen Föderation für den Weltfrieden in sein Recht kommen sah, nur eine durch

---

16 Alle Zitate aus *The Great Transformation* übersetzt von mir, W. S.

Planung hergestellte sein konnte, weil sie die machtbewehrte Zerstörung vorgängiger partikularistischer Strukturen sozialen Zusammenlebens und sozialer Solidarität voraussetzte.

Ein Abwertungsregime erspart es den an ihm beteiligten Ländern, Verhandlungen über Strukturreformen und Ausgleichszahlungen führen zu müssen. Ein Hineinregieren der wettbewerbsfähigeren Länder in die weniger wettbewerbsfähigen ist in ihm ebenso unnötig wie »Wachstumspakete«, die ständig in Gefahr sind, von ihren Empfängern als Markteintrittsgebühren oder zwischenstaatliche Besteuerung von »Wettbewerbsfähigkeit« missverstanden und deshalb von denen, die sie aufzubringen haben, abgelehnt zu werden. Internationale Konflikte kommen nur dann vor, wenn ein Land seine Währung zu oft und in zu kurzen Abständen abwertet. Allerdings würde es dabei durch Verzehr seines Vertrauenskapitals sehr bald mehr verlieren, als es durch die periodische Wiederherstellung seiner Exportfähigkeit gewinnen würde. Schon deshalb besteht keine Gefahr, dass Länder im Übermaß von der Möglichkeit einer Verbesserung ihrer Marktposition durch Abwertung Gebrauch machen.[17]

Für ein europäisches Bretton Woods

Die Europäische Währungsunion war ein politischer Fehler, weil sie trotz der enormen Heterogenität der Länder der Eurozone die Abwertung eliminiert hat, ohne zugleich mit ihr auch die Nationalstaaten und die Demokratie auf nationaler Ebene abzuschaffen.[18] Anstatt den Fehler durch eine Flucht nach vorn

17 In dieser wie in manch anderer Hinsicht ist Abwertung mit einem »souveränen« Schuldenschnitt vergleichbar. Beides sind Mittel, mit denen Gesellschaften am Ende der kapitalistischen Nahrungskette sich unter Einsatz der Souveränität ihrer Staaten vor allzu rascher und weitgehender kapitalistischer Expansion schützen können.

18 Zu denen, die dies schon früh mit erstaunlicher Klarheit gesehen und dabei die katastrophalen politischen Folgen des Euro-Projekts vorhergesagt haben, gehört der konservative amerikanische Ökonom Martin

zu vergrößern und die Währungsunion durch eine »politische Union« zu vervollständigen, die nichts anderes sein könnte als die endgültige Inthronisierung des Konsolidierungsstaates, kann man versuchen, solange die Krise den Ausgang noch offenhält, ihn durch Rückkehr zu einem geordneten System flexibler Wechselkurse in Europa ungeschehen zu machen.[19]

Ein solches System, das die Unterschiede zwischen den europäischen Gesellschaften anerkennen würde, statt zu versuchen, sie neoliberal wegzureformieren, wäre politisch wie wirtschaftlich weit weniger anspruchsvoll als die Währungsunion. Es käme ohne die *One-size-fits-all*-Hybris der Einheitsplaner aus und würde sich mit einer lockeren Kopplung statt einer Verschmelzung der beteiligten Länder begnügen. Dem wachsenden Neid und Hass zwischen den europäischen Völkern würde so die Grundlage entzogen. Politisch käme eine Flexibilisierung des europäischen Währungsregimes der Beendigung der Koalition zwischen den Exportindustrien des Nordens, insbesondere Deutschlands, und den Staatsapparaten und Mittelschichten des Südens gleich, die gegenwärtig dabei ist, die Renten und Löhne der Kleinverdiener des Mittelmeerraums zu kürzen, damit dessen städtische Mittelschichten sich weiterhin deutsche Luxusautomobile zum Festpreis kaufen und deren Produzenten langfristig mit einem stabilen Wechselkurs kalkulieren können – eine Koalition, in der die neoliberalen Modernisierer in den Schuldenländern des Südens als Gegenleistung für die ihnen vom Norden gewährte finanzielle und moralische Unterstützung ihre Bürger mit der geborgten Macht der »Märkte« und internationalen Organisationen der Gerechtigkeit der internationalen Marktgesetze unterwerfen.

Ein Vorbild für ein neues europäisches Währungssystem

Feldstein. Eine eindrucksvolle Zusammenfassung seiner Argumente findet sich in Feldstein (2011).

19 Einige der politischen und ökonomischen Gründe für eine solche Wende der europäischen Politik hat Fritz Scharpf in den letzten Jahren mehrmals in wünschenswerter Klarheit zusammengestellt (Scharpf 2010; 2011a; b).

könnte das von Keynes beeinflusste Währungsregime von Bretton Woods sein, das flexibel anpassbare feste Wechselkurse vorsah. Es diente seinerzeit dazu, Länder wie Frankreich und Italien, mit starken Gewerkschaften und kommunistischen Parteien, dauerhaft in das westliche Freihandelssystem zu integrieren, ohne sie zu »Reformen« zu zwingen, die ihren sozialen Zusammenhalt und inneren Frieden gefährdet hätten. Die dem System eigene Weisheit lag darin, dass es auf eine erzwungene Konvergenz der inneren Ordnung der Mitgliedstaaten und ein »Durchregieren« der stärkeren in die schwächeren Länder verzichtete.[20] Damit respektierte es, wenigstens formal, die Souveränität und mit ihr die Innenpolitik seiner Mitgliedsländer.[21] Länder, die aufgrund von Lohnkonzessionen oder einer großzügigen staatlichen Sozialpolitik an Wettbewerbsfähigkeit einbüßten, konnten dies von Zeit zu Zeit durch Abwertung auf Kosten der ihnen im Wettbewerb überlegenen stabileren Länder ausgleichen.[22] Allerdings konnten Abwertungen, wie gesagt, nicht beliebig oft stattfinden, weil das die Interessen und das Sicherheitsbedürfnis der exportierenden Länder, Industrien und Unternehmen zu sehr verletzt hätte. Deshalb

20 Dass die Amerikaner außerhalb des Währungssystems taten, was sie konnten, um beispielsweise die kommunistische Partei Italiens von der Regierung fernzuhalten oder die kommunistisch geführten Einheitsgewerkschaften Italiens und Frankreichs zu spalten, steht auf einem anderen Blatt. Immerhin tolerierte die US-Regierung zwei bis drei Nachkriegsjahrzehnte lang sozialdemokratische Regierungen in ihrem westeuropäischen Machtbereich, nicht zuletzt unter dem Einfluss der eigenen New-Deal-Tradition.

21 Nicht jede Gesellschaftsordnung verdient das. Andererseits verdient nicht jede Gesellschaftsordnung, die das nicht verdient, dass sie von außen umgekrempelt wird. Nur in wenigen Grenzfällen ist eine Gesellschaft so schlecht, dass für andere Gesellschaften eine Pflicht besteht, sie zu reformieren – zumal, wie beispielsweise die zahlreichen amerikanischen Nation-building-Expeditionen zeigen, so etwas in der Regel nicht nur kostspielig, sondern auch aussichtslos ist.

22 Wähler und Gewerkschaftsmitglieder in Ländern mit einer linken politischen Tradition hatten so die Möglichkeit, ihre Realeinkommen auf Kosten der Käufer von Importprodukten und der ausländischen Hersteller derselben zu erhöhen und dabei die Einkommensverteilung zu ihren Gunsten zu verändern.

mussten sie als *ultima ratio* von den anderen Mitgliedern des Verbundes vorab gebilligt werden.

Wie ein zeitgemäßes System zugleich fester und flexibler Wechselkurse für Europa aussehen könnte, das in der Lage wäre, an die Stelle der Europäischen Währungsunion zu treten, wäre eine Frage, die des Schweißes der edelsten Ökonomen wert wäre.[23] Es gäbe eine Reihe von vergleichbaren Modellen, mit denen unterschiedliche Erfahrungen gemacht worden sind, wie etwa die europäische »Währungsschlange« der 1970er und 1980er Jahre. Auf jeden Fall ginge es um eine lockere Koppelung nationaler Währungen, zur Sicherung nationalstaatlicher Demokratie und demokratischer Entwicklungsmöglichkeiten durch nationale Souveränität, anstelle einer Einheitswährung für alle. Dabei müsste der Euro nicht abgeschafft werden, sondern könnte als denationalisierte Leit- und Ankerwährung neben den nationalen Währungen weiterbestehen, in der Rolle der von Keynes vorgeschlagenen, Bancor genannten Kunstwährung, die die Vereinigten Staaten am Ende nicht akzeptieren wollten, weil sie die für sie vorgesehene Funktion für ihren Dollar beanspruchten. Sachverständige hätten auch nach Wegen zu suchen, wie die wiederhergestellten nationalen Währungen vor spekulativen Angriffen geschützt werden könnten, was vermutlich eine ohnehin wünschenswerte und nötige Rückkehr zu Formen von Kapitalverkehrskontrolle erfordern würde.[24] Ebenfalls wäre zu klären, wie teuer eine Abkehr vom Euro als Einheitswährung werden würde; vieles spricht dafür, dass die kurzfristigen Kosten und langfristigen Folgekosten einer, in Fällen wie Griechenland und Spanien wahrscheinlich ohnehin zum Scheitern verurteilten Rettung des Euro eher höher sein würden.[25]

23 Als Einleitung siehe Scharpf (2012).

24 Allerdings hat es in den letzten Jahren keine Angriffe auf die dänische oder schwedische Krone, das britische Pfund oder andere europäische Nationalwährungen mehr gegeben. Dies widerspricht dem Argument, dass nur eine »große« Währung wie der Euro sicher sein kann, nicht von Spekulanten wie George Soros gesprengt zu werden.

25 Im Übrigen war es im Sommer 2012 ein offenes Geheimnis, dass die internationalen Banken und Unternehmen schon längst Vorberei-

Ein Ausstieg aus der europäischen Einheitswährung käme einem Einstieg in eine Politik der Grenzziehung gegenüber der sogenannten »Globalisierung« gleich. Wer eine »Globalisierung« ablehnt, die die Welt einem einheitlichen, Konvergenz erzwingenden Marktgesetz unterwirft, kann nicht an einem Euro festhalten wollen, der genau dies mit Europa tut. Der Euro war und ist auch ein Geschöpf der Globalisierungseuphorie der 1990er Jahre, aus deren Sicht staatliche Handlungsfähigkeit nicht nur obsolet, sondern auch entbehrlich war. Die Forderung nach einem europäischen Bretton Woods wäre im Kontext der heute vor ihrer Vollendung stehenden neoliberalen Wende das, was in den 1970er Jahren als systemsprengendes Reformprogramm gegolten hätte: eine strategische Antwort auf eine systemische Krise, die über das System, dessen Krise sie zu lösen unternimmt, hinausweist, indem sie zeigen würde, dass gesellschaftliche Demokratie ohne staatliche Souveränität in dieser Welt nicht zu haben ist.[26]

Zeit gewinnen

Die Forderung nach einem Rückbau der Währungsunion als eines gesellschaftlich rücksichtslosen technokratischen Modernisierungsprojekts, das die Staatsvölker, die das real existierende europäische Volk bilden, politisch enteignet und wirtschaftlich spaltet, erscheint als demokratisch plausible Antwort auf die Legitimationskrise einer neoliberalen Konso-

tungen für den Fall eines Endes des Euro getroffen hatten. Siehe »U.S. Companies Brace for an Exit From the Euro by Greece«, in *The New York Times* vom 3. September 2012.

26 Dass eine Abkehr vom Euro eine Rückkehr zur sogenannten Kleinstaaterei wäre, ist eine Legende – siehe Länder wie Großbritannien und Schweden, deren Gesellschaften auch ohne Euro zu den offensten überhaupt gehören. (Dass London weniger »europäisch« sein soll als Sofia, nur weil Großbritannien der EWU nicht angehört, ist noch erstaunlicher.) Für ein »Plädoyer für einen aufgeklärten Protektionismus« siehe Höpner (2012). Siehe auch die abschließenden Bemerkungen in Höpner und Schäfer (2012).

lidierungs- und Rationalisierungspolitik, die sich selbst für alternativlos hält. Sie unterscheidet sich fundamental von nationalistischen Forderungen nach einem Ausschluss von Schuldnerländern aus dem Euroland; ihr Ziel ist nicht die Bestrafung, sondern die Befreiung und Rehabilitierung von Ländern, die heute Gefahr laufen, endgültig in die babylonische Gefangenschaft eines politisch freigelassenen Marktsystems zu geraten, in dem ihnen die Rolle von Dauerverlierern und -bittstellern zugedacht ist. Nicht um die Verteidigung von Ungleichheit geht es deshalb, sondern im Gegenteil um die Möglichkeit eines politischen Ausgleichs als des einzigen Wegs zur Einigung der europäischen Völker, die heute von denen bedroht wird, die sie als Markteinigung mit dem Euro als Disziplinierungsinstrument betreiben.

Der Vorschlag eines europäischen Bretton Woods kann auf der Ebene des öffentlichen politischen Diskurses den zu erhoffenden Widerstand »der Straße« gegen das markttechnokratische Durchregieren der Eurofanatiker und die endgültige Institutionalisierung des Konsolidierungsstaates ergänzen. Wie dieser kann er aber letztlich nur dazu dienen, Zeit für den Aufbau neuer politischer Handlungsfähigkeit im Kampf gegen den Fortgang des neoliberalen Entdemokratisierungsprojekts zu gewinnen. Dabei wäre die Prämisse, dass es bei der Verteidigung einer demokratischen Entwicklungsperspektive des gegenwärtigen Kapitalismus, bei aller Fragwürdigkeit der nationalstaatlichen Organisation der modernen Gesellschaften, nicht darum gehen kann, auf den Rockschößen kapitalistischer Marktexpansion den Nationalstaat zu überwinden. Vielmehr muss es darum gehen, die verbliebenen Reste des Nationalstaats so weit provisorisch instand zu setzen, dass sie zur Entschleunigung der rasch voranschreitenden kapitalistischen Landnahme genutzt werden können. Eine Strategie, die auf eine postnationale Demokratie im funktionalistischen Gefolge kapitalistischen Fortschritts[27] hofft, spielt unter den

27 So spricht Habermas mit erstaunlicher Gewissheit von einer »kapitalistischen Dynamik [...], die sich als ein Wechselspiel von funktional

gegenwärtigen Umständen nur den Sozialingenieuren eines selbstregulierenden globalen Marktkapitalismus in die Hände; was dieser anzurichten vermag, davon hat die Krise von 2008 einen Vorgeschmack geboten.

Im Westeuropa von heute ist nicht mehr der Nationalismus die größte Gefahr, schon gar nicht der deutsche, sondern der hayekianische Marktliberalismus. Die Vollendung der Währungsunion würde das Ende der nationalen Demokratie in Europa besiegeln – und damit der einzigen Institution, die noch für die Verteidigung gegen den Konsolidierungsstaat genutzt werden könnte. Wenn die historisch gewachsenen Unterschiede zwischen den europäischen Völkern zu groß sind, um in absehbarer Zeit in eine gemeinsame Demokratie integriert zu werden, dann lassen sich die Institutionen, die diese Unterschiede repräsentieren, möglicherweise, als zweitbeste Lösung, als Bremsklötze auf dem abschüssigen Weg in den demokratiefreien Einheitsmarktstaat nutzen. Und solange die erstbeste Lösung keine ist, wird die zweitbeste zur erstbesten.

erzwungener Öffnung und sozialintegrativer Schließung auf jeweils höherem Niveau beschreiben lässt« (in Assheuer 2008). Es wäre schön, wenn man sich auf eine solche Dynamik verlassen könnte.

Literaturverzeichnis

Adorno, Theodor W. (1979 [1968]), »Spätkapitalismus oder Industriegesellschaft? Einleitungsvortrag zum 16. Deutschen Soziologentag«, in: ders., *Soziologische Schriften I*, Frankfurt/M.: Suhrkamp, S. 354-370.

Agnoli, Johannes (1967), *Die Transformation der Demokratie*, Berlin:
Voltaire.

–, Alesina, Alberto, u. a. (2012), *The Output Effect of Fiscal Consoli-
dations*, Cambridge.

Alesina, Alberto, Roberto Perotti (1999), »Budget Deficits and Bud-
get Institutions«, in: James M. Poterba, Jürgen von Hagen (Hg.),
Fiscal Institutions and Fiscal Performance, Chicago: University of
Chicago Press, S. 13-36.

Assheuer, Thomas (2008), »Nach dem Bankrott. Thomas Assheuer
im Interview mit Jürgen Habermas«, in: *Die Zeit*, 6. November
2008.

Bach, Stefan (2012), »Vermögensabgaben – ein Beitrag zur Sanierung der Staatsfinanzen in Europa«, in: *DIW Wochenbericht* 2012,
S. 3-11.

Beckert, Jens (2004), »Der Streit um die Erbschaftssteuer«, in: *Levia-
than* 32 (2004), S. 543-557.

– (2009), *Die Anspruchsinflation des Wirtschaftssystems*, Köln.

– (2012), *Capitalism as a System of Contingent Expectations. On the
Microfoundations of Economic Dynamics*, Köln.

Bell, Daniel (1976a), *The Cultural Contradictions of Capitalism*, New
York: Basic Books.

– (1976b), »The Public Household. On ›Fiscal Sociology‹ and the
Liberal Society«, in: ders., *The Cultural Contradictions of Capitalism*, New York: Basic Books, S. 220-282 (Kap. 6).

Bergmann, Joachim, u. a. (1969), »Herrschaft, Klassenverhältnisse
und Schichtung. Referat auf dem Soziologentag 1968«, in: *Verhandlungen des Deutschen Soziologentags*, Stuttgart, S. 67-87.

Block, Fred (2009), »Read Their Lips. Taxation and the Right-Wing
Agenda«, in: Martin, Isaac William, u. a. (Hg.), *The New Fiscal Sociology. Taxation in Comparative and Historical Perspective*, Cambridge: Cambrigde University Press, S. 68-85.

Bofinger, Peter, u. a. (2012), »Einspruch gegen die Fassadendemokratie«, in: *Frankfurter Allgemeine Zeitung*, 3. August 2012, S. 33.

Böhm-Bawerk, Eugen von (1968 [1914]), »Macht oder ökonomisches Gesetz?«, in: Franz X. Weiss (Hg.), *Gesammelte Schriften von Eugen von Böhm-Bawerk*, Frankfurt/M.: TOPOS, S. 230-300.

Boltanski, Luc, Ève Chiapello (2005), *The New Spirit of Capitalism*, London: Verso (dt.: *Der neue Geist des Kapitalismus*, Konstanz: UvK Universitätsverlag 2006).

Brenner, Robert (2006), *The Economics of Global Turbulence. The Advanced Capitalist Economies From Long Boom to Long Downturn*, London, New York: Verso.

Buchanan, James M. (2003), *Public Choice. The Origins and Development of a Research Program*, Fairfax.

–, Tullock, Gordon (1962), *The Calculus of Consent. Logical Foundations of Constitutional Democracy*, Ann Arbor: Library Fund.

Bundesministerium des Innern (2012), *Jahresbericht der Bundesregierung zum Stand der Deutschen Einheit 2012*, Berlin.

Canedo, Eduardo (2008), *The Rise of the Deregulation Movement in Modern America, 1957-1980 Department of Economics*, New York: Columbia University.

Castles, Francis G., u. a. (2010), »Introduction«, in: Castles, Francis G., u. a. (Hg.), *The Oxford Handbook of the Welfare State*, Oxford: Oxford University Press, S. 1-15.

Citigroup Research (2005), *Plutonomy. Buying Luxury, Explaining Global Imbalances*. 16. Oktober 2005.

– (2006), *Revisiting Plutonomy. The Rich Getting Richer*. 5. März 2006.

Citrin, Jack (1979), »Do People Want Something for Nothing. Public Opinion on Taxes and Government Spending«, in: *National Tax Journal* 32 (1979), S. 113-129.

– (2009), »Proposition 13 and the Tranformation of California Government«, in: *The California Journal of Politics and Policy* 1 (2009), S. 1-9.

Commission of the European Communities u. a. (1988), *Social Europe. The Social Dimension of the Internal Market. Interim Report of the Interdepartmental Working Party*, Luxemburg: European Commission.

Crouch, Colin (2004), *Post-Democracy*, Cambridge: John Wiley & Sons (dt.: *Postdemokratie*, Frankfurt/M.: Suhrkamp 2008).

– (2009), »Privatised Keynesianism. An Unacknowledged Policy

Regime«, in: *British Journal of Politics and International Relations* 11 (2009), S. 382-399.

–, Pizzorno, Alessandro (Hg.) (1978), *The Resurgence of Class Conflict in Western Europe since 1968. Two Volumes*, London: Palgrave Macmillan.

Crozier, Michel J., u. a. (1975), *The Crisis of Democracy. Report on the Governability of Democracies to the Trilateral Commission*, New York.

Dahrendorf, Ralf (2009), »Vom Sparkapitalismus zum Pumpkapitalismus«, in: *Cicero Online*, 23. Juli 2009.

Doering-Manteuffel, Anselm, Raphael, Lutz (2008), *Nach dem Boom. Perspektiven auf die Zeitgeschichte seit 1970*, Göttingen: Vandenhoeck & Ruprecht.

Durkheim, Émile (1977 [1893]), *Über soziale Arbeitsteilung*, Frankfurt/M.: Suhrkamp.

Emmenegger, Patrick, u. a. (Hg.) (2012), *The Age of Dualization. The Changing Face of Inequality in Deindustrializing Countries*, Oxford: Oxford University Press.

Esping-Andersen, Gosta (1985), *Politics Against Markets. The Social-Democratic Road to Power*, Princeton: Princeton University Press.

Etzioni, Amitai (1968), *The Active Society*, New York: Free Press (dt.: *Die aktive Gesellschaft*, Wiesbaden: Verlag für Sozialwissenschaft 2009).

– (1988), *The Moral Dimension. Toward a New Economics*, New York: Free Press (dt.: *Jenseits des Egoismus-Prinzips*, Frankfurt/M.: Fischer 1996).

Feldstein, Martin S. (2011), *The Euro and European Economic Conditions. Working Paper 17617*, Cambridge.

Finansdepartementet (2001), *An Account of Fiscal and Monetary Policy in the 1990s*, Stockholm.

Flanagan, Robert J., Ulman, Lloyd (1971), *Wage Restraint. A Study of Incomes Policy in Western Europe*, Berkeley: University of California Press.

Fritz, Wolfgang, Mikl-Horke, Gertraude (2007), *Rudolf Goldscheid. Finanzsoziologie und ethische Sozialwissenschaft*, Wien: Lit.

Gabor, Daniela (2012), *Fiscal Policy in (European) Hard Times. Financialization and Varieties of Capitalism. Rethinking Financial Mar-*

kets, World Economics Association (WEA), 1. bis 30. November 2012.

Gamble, Andrew (1988), *The Free Economy and the Strong State*, Basingstoke: Duke University Press.

Ganghof, Steffen (2004), *Wer regiert in der Steuerpolitik? Einkommenssteuerreform zwischen internationalem Wettbewerb und nationalen Verteilungskonflikten*, Frankfurt/M.: Campus.

–, Philip Genschel (2008), »*Taxation and Democracy in the EU*«, in: *Journal of European Public Policy* 15 (2008), S. 58-77.

Genschel, Philip, Schwarz, Peter (2013), »Tax Competition and Fiscal Democracy«, in: Schäfer, Armin, u. a. (Hg.), *Politics in the Age of Austerity*, Cambridge: John Wiley & Sons.

Gerber, David J. (1988), »Constitutionalizing the Economy. German Neo-Liberalism, Competition Law and the ›New Europe‹«, in: *American Journal of Comparative Law* 42 (1988), S. 25-84.

– (1994), »The Transformation of European Community Competition Law«, in: *Harvard International Law Journal* 35 (1994), S. 97-147.

Glyn, Andrew (2006), *Capitalism Unleashed. Finance Globalization and Welfare*, Oxford: Oxford University Press.

Goldscheid, Rudolf (1926), »Staat, öffentlicher Haushalt und Gesellschaft«, in: Gerloff, Wilhelm, Meisel, Franz (Hg.), *Handbuch der Finanzwissenschaft*, Bd. 1, Tübingen: Mohr Siebeck, S. 146-184.

– (1976 [1917]), »Finanzwissenschaft und Soziologie«, in: Hickel, Rudolf (Hg.) *Die Finanzkrise des Steuerstaats. Beiträge zur politischen Ökonomie der Staatsfinanzen*, Frankfurt/M.: Suhrkamp, S. 317-328.

Goldthorpe, John (1978), »The Current Inflation. Towards a Sociological Account«, in: Hirsch, Fred, u. a. (Hg.), *The Political Economy of Inflation*, Cambridge (MA): Harvard University Press, S. 186-216.

– (Hg.)(1984), *Order and Conflict in Contemporary Capitalism*, Oxford: Oxford University Press.

Gorz, André (1967), *Zur Strategie der Arbeiterbewegung im Neokapitalismus*, Frankfurt/M.: Europäische Verlagsanstalt.

– (1974), *Kritik der Arbeitsteilung*, Frankfurt/M.: Fischer.

Graeber, David (2011), *Debt. The First 5,000 Years*, Brooklyn, New York: Melville House (dt.: *Schulden*, Stuttgart: Klett-Cotta 2012).

Greif, Avner (2006), *Institutions and the Path to the Modern Economy*, Cambridge: Cambridge University Press.

–, Laitin, David A. (2004), »A Theory of Endogenous Institutional Change«, in: *American Political Science Review* 98 (2004), S. 633-652.

Grözinger, Herbert (2012), »Griechenland. Von den Amerikas lernen, heißt siegen lernen«, in: *Blätter für deutsche und internationale Politik* (2012), S. 35-39.

Guichard, Stephanie, u. a. (2007), *What Affects Fiscal Consolidation? – Some Evidence from OECD Countries*. 9th Banca d'Italia Workshop on Public Finances, Rome, S. 223-245.

Habermas, Jürgen (1969), *Technik und Wissenschaft als Ideologie*, Frankfurt/M.: Suhrkamp.

– (1973), *Legitimationsprobleme im Spätkapitalismus*, Frankfurt/M.: Suhrkamp.

– (1975), *Zur Rekonstruktion des Historischen Materialismus*, Frankfurt/M.: Suhrkamp.

Hacker, Jacob, Pierson, Paul (2010), »Winner-Take-All Politics. Public Policy, Political Organization, and the Precipitous Rise of Top Incomes in the United States«, in: *Politics and Society* 38 (2010), S. 152-204.

–, (2011), *Winner-Take-All Politics. How Washington Made the Rich Richer – and Turned Its Back on the Middle Class*, New York: Simon & Schuster.

Hall, Peter A., Soskice, David (2001), »An Introduction to Varieties of Capitalism«, in: Hall, Peter A., u. a. (Hg.), *Varieties of Capitalism. The Institutional Foundations of Comparative Advantage*, Oxford: Oxford University Press, S. 1-68.

Hardin, Garrett (1968), »The Tragedy of the Commons«, in: *Science* 162 (1968), S. 1243-1248.

Hassel, Anke (1999), »The Erosion of the German System of Industrial Relations«, in: *British Journal of Industrial Relations* 37 (1999), S. 483-505.

Hayek, Friedrich A. (1967 [1950]), »Full Employment, Planning and Inflation«, in: *Studies in Philosophy, Politics, and Economics* (1967 [1950]), Chicago: University of Chicago Press, S. 270-279.

– (1971), *Die Verfassung der Freiheit*, Tübingen: Mohr Siebeck.

– (1975), »Die Anmaßung von Wissen«, in: *Ordo* 26 (1975), S. 12-21.

– (1980), *Recht, Gesetzgebung und Freiheit,* Bd. 1, Landsberg am Lech: verlag moderne industrie.

– (1980 [1939]), »The Economic Conditions of Interstate Federalism«, in: Hayek, Friedrich A. (Hg.) *Individualism and Economic Order*, Chicago: University of Chicago Press, S. 255-272.

– (1981), *Recht, Gesetzgebung und Freiheit*, Bd. 2, Landsberg am Lech: verlag moderne industrie.

Henriksson, Jens (2007), *Ten Lessons about Budget Consolidation. Bruegel Essay and Lecture Series*, Brüssel.

Hessel, Stéphane (2010), *Indignez-vous!*, Paris: Indigène.

Hien, Josef (2012), *The Black International Catholics or the Spirit of Capitalism. The Evolution of the Political Economies of Italy and Germany and Their Religious Foundations*, Florenz.

Hirsch, Fred, Goldthorpe, John (Hg.) (1978). *The Political Economy of Inflation*, Cambridge (MA): Harvard University Press.

Hirschman, Albert O. (1982), »Rival Interpretations of Market Society. Civilizing, Destructive, or Feeble?«, in: *Journal of Economic Literature* 20 (1982), S. 1463-1484.

Höpner, Martin (2003), *Wer beherrscht die Unternehmen? Shareholder Value, Managerherrschaft und Mitbestimmung in Deutschland*, Frankfurt/M., New York: Campus.

– (2012), »Nationale Spielräume sollten verteidigt werden«, in: *Die Mitbestimmung* 58 (2012), S. 46-49.

–, Rödl, Florian (2012), »Illegitim und rechtswidrig. Das neue makroökonomische Regime im Euroraum«, in: *Wirtschaftsdienst – Zeitschrift für Wirtschaftspolitik* 92 (2012), S. 219-222.

–, Schäfer, Armin (2010), »A New Phase of European Integration. Organized Capitalism in Post-Ricardian Europe«, in: *West European Politics* 33 (2010), S. 344-368.

– Schäfer, Armin (2012), *Integration among Unequals. How the Heterogeneity of European Varieties of Capitalism Shapes the Social and Democratic Potential of the EU*, Köln.

–, Schäfer, Armin, Zimmermann, Hubert (2012), »Erweiterung, Vertiefung und Demokratie. Trilemma der europäischen Integration«, in: *Frankfurter Allgemeine Zeitung*, 27. April 2012, S. 12.

Illmer, Martin (2009), »Equity«, in: Basedow, Jürgen, u. a. (Hg.), *Handbuch des Europäischen Privatrechts*, Bd. I, Tübingen: Beck, S. 400-404.

Ingham, Geoffrey (2004), *The Nature of Money*, Cambridge: Polity.

Judt, Tony (2005), *Postwar. A History of Europe Since 1945*, London: Penguin (dt.: *Die Geschichte Europas von 1945 bis zur Gegenwart*, München, Wien: Hanser 2006).

Kalecki, Michal (1943), »Political Aspects of Full Employment«, in: *Political Quarterly* 14 (1943), S. 322-331.

Katz, Harry C., Darbishire, Owen (2000), *Converging Divergences. Worldwide Changes in Employment Systems*, Ithaca, NY: Cornell University Press.

Kautto, Mikko (2010), »The Nordic Countries«, in: Castles, Francis G., u. a. (Hg.), *The Oxford Handbook of the Welfare State*, Oxford: Oxford University Press, S. 586-600.

Kerr, Clark, u. a. (1960), *Industrialism and Industrial Man. The Problems of Labor and Management in Economic Growth*, Cambridge (MA): Harvard University Press.

Keynes, John Maynard (1967 [1936]), *The General Theory of Employment, Interest and Money*, London: Macmillan (dt.: *Allgemeine Theorie der Beschäftigung, des Zinses und des Geldes*, München, Leipzig: Duncker & Humblot 1936).

Kochan, Thomas A. (2012a), »A Jobs Compact for America's Future«, in: *Harvard Business Review*, März (2012), S. 64-73.

– (2012b), *Resolving the Human Capital Paradox. A Proposal for a Jobs Compact. Policy Paper*, Kalamazoo.

Konrad, Kai A., Zschäpitz, Holger (2010), *Schulden ohne Sühne? Warum der Absturz der Staatsfinanzen uns alle trifft*, München: C. H. Beck.

Korpi, Walter (1983), *The Democratic Class Struggle*, London: Routledge Kegan & Paul.

Krippner, Greta R. (2011), *Capitalizing on Crisis. The Political Origins of the Rise of Finance*, Cambridge (MA): Harvard University Press.

Kristal, Tali (2010), »Good Times, Bad Times. Postwar Labor's Share«, in: *American Sociological Review* 75 (2010), S. 729-763.

Kuttner, Robert (1980), *Revolt of the Haves. Tax Rebellions and Hard Times*, New York: Simon & Schuster.

Lipset, Seymour Martin (1963 [1960]), *Political Man. The Social Bases of Politics*, Garden City: The Johns Hopkins University Press.

Lockwood, David (1964), »Social Integration and System Integration«, in: Zollschan, George K., u. a. (Hg.), *Explorations in Social Change*, London: Houghton Mifflin, S. 244-257.

Lutz, Burkart (1984), *Der kurze Traum immerwährender Prosperität. Eine Neuinterpretation der industriell-kapitalistischen Entwicklung im Europa des 20. Jahrhunderts*, Frankfurt/M.: Campus.

Luxemburg, Rosa (1913), *Die Akkumulation des Kapitals. Ein Beitrag zur ökonomischen Erklärung des Imperialismus*, Berlin: Buchhandlung Vorwärts Paul Singer.

Maier, Charles S. (2012), *Europe Needs a German Marshall Plan. New York Times*, 9. Juni 2012.

Marcuse, Herbert (1967), *Der eindimensionale Mensch. Studien zur Ideologie der fortgeschrittenen Industriegesellschaft*, Neuwied: Luchterhand.

Markantonatu, Maria (2012), *The Uneasy Course of Democratic Capitalism in Greece. Regulation Modes and Crises from the Post-War Period to the Memoranda*. MPIfG Discussion Paper, Köln.

Martin, Isaac William (2008), *The Permanent Tax Revolt. How the Property Tax Transformed American Politics*, Stanford: Stanfort University Press.

Marx, Karl (1966 [1867]), *Das Kapital. Kritik der Politischen Ökonomie*, Bd. 1, Berlin: Dietz.

– (1966 [1894]), *Das Kapital. Kritik der Politischen Ökonomie*, Bd. 3, Berlin: Dietz.

Maslow, Abraham (1943), »A Theory of Human Motivation«, in: *Psychological Review* 50 (1943), S. 370-396.

Matthes, Jürgen, Busch, Berthold (2012), *Governance-Reformen im Euroraum. Eine Regelunion gegen Politikversagen. IW-Positionen. Beiträge zur Ordnungspolitik aus dem Institut der deutschen Wirtschaft*, Köln.

Mayntz, Renate (Hg.) (2012), *Crisis and Control. Institutional Change in Financial Market Regulation*, Frankfurt/M.: Campus.

McMurtry, John (1999), *The Cancer Stage of Capitalism*, London: Pluto Press.

Mehrtens, Philip (2013), *Staatsentschuldung und Staatstätigkeit. Zur Transformation der schwedischen politischen Ökonomie. Universität Köln und Max-Planck-Institut für Gesellschaftsforschung*, Köln.

Mertens, Daniel (2013), *Privatverschuldung in Deutschland. Zur institutionellen Entwicklung der Kreditmärkte in einem exportgetriebenen Wachstumsregime. Wirtschafts- und Sozialwissenschaftliche Fakultät*, Köln.

Miegel, Meinhard (2010), *Exit. Wohlstand ohne Wachstum*, Berlin: Propyläen.

Mills, C. Wright (1956), *The Power Elite*, Oxford u. a.: Oxford University Press (dt.: *Die amerikanische Elite*, Hamburg: Holsten 1962).

Milward, Alan (1992), *The European Rescue of the Nation State*, London: Routledge.

Molander, Per (2000), »Reforming Budgetary Institutions. Swedish Experiences«, in: Strauch, Rolf R., u. a. (Hg.), *Institutions, Politics and Fiscal Policy*, Boston u. a.: Springer, S. 191-212.

- (2001), »Budgeting Procedures and Democratic Ideals. An Evaluation of Swedish Reforms«, in: *Journal of Public Policy* 21 (2001), S. 23-52.

Moravcsik, Andrew (1997), »Warum die Europäische Union die Exekutive stärkt. Innenpolitik und internationale Kooperation«, in: Klaus Dieter Wolf (Hg.), *Projekt Europa im Übergang?*, Baden-Baden: Nomos, S. 211-270.

Musgrave, Richard (1958), *The Theory of Public Finance*, New York: McGraw-Hill.

North, Douglass C., Thomas, Robert Paul (1973), *The Rise of the Western World. A New Economic History*, Cambridge: Cambridge University Press.

O'Connor, James (1972), »Inflation, Fiscal Crisis, and the American Working Class«, in: *Socialist Revolution* 2 (1972), S. 9-46.

- (1973), *The Fiscal Crisis of the State*, New York: St. Martin's.

Offe, Claus (1970), *Leistungsprinzip und industrielle Arbeit. Mechanismen der Statusverteilung in Arbeitsorganisationen der industriellen »Leistungsgesellschaft«*, Frankfurt/M.: Europäische Verlagsanstalt.

- (1972a), »Politische Herrschaft und Klassenstrukturen«, in: Kress, Gisela, u. a. (Hg.), *Politikwissenschaft*, Frankfurt/M.: Fischer, S. 135-164.

- (1972b), *Strukturprobleme des kapitalistischen Staates. Aufsätze zur politischen Soziologie*, Frankfurt/M.: Campus.

- (1975), *Berufsbildungsreform. Eine Fallstudie über Reformpolitik*, Frankfurt/M.: Suhrkamp.

- (2006a), »Erneute Lektüre. Die ›Strukturprobleme‹ nach 33 Jahren«, in: Borchert, Jens, u. a. (Hg.), *Strukturprobleme des kapitalistischen Staates. Veränderte Neuausgabe*, Frankfurt/M.: Campus, S. 181-196.

- (2006b), *Reflections on America. Tocqueville, Weber & Adorno in the United States*, Cambridge: Polity.

- (2008), »Governance. ›Empty Signifier‹ oder sozialwissenschaftliches Forschungsprogramm?«, in: Schuppert, Gunnar Folke, u. a. (Hg.), *Governance in einer sich wandelnden Welt*, Wiesbaden 2008, S. 61-76.

Palier, Bruno (2010), »Continental Western Europe«, in: Castles, Francis G., u. a. (Hg.), *The Oxford Handbook of the Welfare State*, Oxford: Oxford University Press, S. 601-615.

–, Thelen, Kathleen (2010), »Institutionalizing Dualism. Complementarities and Change in France and Germany«, in: *Politics and Society* 38 (2010), S. 119-148.

Pierson, Paul (1994), *Dismantling the Welfare State? Reagan, Thatcher, and the Politics of Retrenchment,* Cambridge: Cambridge University Press.

– (1996), »The New Politics of the Welfare State«, in: *World Politics* 48 (1996), S. 143-179.

– (1998), »Irresistible Forces, Immovable Objects. Post-Industrial Welfare States Confront Permanent Austerity«, in: *Journal of European Public Policy* 5 (1998), S. 539-560.

– (2000), »Increasing Returns, Path Dependence, and the Study of Politics«, in: *American Political Science Review* 94 (2000), S. 251-268.

– (2001), »From Expansion to Austerity. The New Politics of Taxing and Spending«, in: Levin, Martin A., u. a. (Hg.), *Seeking the Center. Politics and Policymaking at the New Century*, Washington: Georgetown University Press, S. 54-80.

– (2004), *Politics in Time. History, Institutions, and Social Analysis,* Princeton: Princeton University Press.

Polanyi, Karl (1957 [1944]), *The Great Transformation. The Political and Economic Origins of Our Time*, Boston: Beacon Press (dt.: *The Great Transformation. Politische und ökonomische Ursprünge von Gesellschaften und Wirtschaftssystemen*, Frankfurt/M.: Suhrkamp 1978).

Pollock, Friedrich, *Stadien des Kapitalismus*, München: C. H. Beck.

– (1981 [1941]), »Staatskapitalismus«, in: Dubiel, Helmut, u. a. (Hg.), *Wirtschaft, Recht und Staat im Nationalsozialismus*, Frankfurt/M.: Europäische Verlagsanstalt, S. 81-109.

Poterba, James M., Hagen, Jürgen von (Hg.) (1999), *Institutions, Politics and Fiscal Policy*, Chicago: Springer.

Putnam, Robert D. (1993), »Diplomacy and Domestic Politics. The Logic of Two-Level Games«, in: Evans, Peter B. (Hg.), *Double-Edged Diplomacy*, Berkeley: University of California Press, S. 431-486.

Rademacher, Inga (2012), *National Tax Policy in the EMU. Some Empirical Evidence on the Effects of Common Monetary Policy on the*

Distribution of Tax Burdens. (Diss.), Fachbereich Gesellschaftswissenschaften, Frankfurt/M.

Raithel, Thomas, u. a. (Hg.) (2009), *Auf dem Weg in eine neue Moderne? Die Bundesrepublik Deutschland in den siebziger und achtziger Jahren*, München: Oldenbourg Wissenschaftsverlag.

Rappaport, Alfred (1986), *Creating Shareholder Value*, New York: Free Press.

Reinhart, Carmen M., Rogoff, Kenneth S. (2010), *Growth in a Time of Debt*, NBER Working Paper No. 15639.

–, Sbrancia, M. Belén (2011), *The Liquidation of Government Debt. NBER Working Paper Series*, Cambridge.

Rose, Richard (1990), »Inheritance Before Choice in Public Policy«, in: *Journal of Theoretical Politics* 2 (1990), S. 263-291.

–, Davies, Phillip L. (1994), *Inheritance in Public Policy. Change Without Choice in Britain*, New Haven: Yale University Press.

Rostow, Walt W. (1990 [1960]), *The Stages of Economic Growth. A Non-Communist Manifesto*, Cambridge: Cambridge University Press.

Ruggie, John Gerard (1982), »International Regimes, Transactions and Change. Embedded Liberalism in the Postwar Economic Order«, in: *International Organization* 36 (1982), S. 379-399.

Sachverständigenrat zur Begutachtung der gesamtwirtschaftlichen Entwicklung (2011), *Jahresgutachten 2011/12. Verantwortung für Europa wahrnehmen*, Wiesbaden.

Sarrazin, Thilo (2012), *Europa braucht den Euro nicht. Wie uns politisches Wunschdenken in die Krise geführt hat*, München: Deutsche Verlags-Anstalt.

Schäfer, Armin (2009), »Krisentheorien der Demokratie. Unregierbarkeit, Spätkapitalismus und Postdemokratie«, in: *Der moderne Staat* 2 (2009), S. 159-183.

– (2010), »Die Folgen sozialer Ungleichheit für die Demokratie in Westeuropa«, in: *Zeitschrift für vergleichende Politikwissenschaft* 4 (2010), S. 131-156.

– (2011), *Republican Liberty and Compulsory Voting*. MPIfG Discussion Paper 11/17, Köln.

–, Streeck, Wolfgang (2013), »Introduction«, in: Schäfer, Armin, u. a. (Hg.), *Politics in the Age of Austerity*, Cambridge: Anchor.

Scharpf, Fritz W. (1991), *Crisis and Choice in European Social Democracy*, Ithaca: Cornell University Press.

– (1996), »Negative and Positive Integration in the Political Economy of European Welfare States«, in: Marks, Gary, u. a. (Hg.), *Governance in the European Union*, London: Sage, S. 15-39.

- (2010), »Solidarität statt Nibelungentreue«, in: *Berliner Republik* 12 (2010), S. 90-92.
- (2011a), »Mit dem Euro geht die Rechnung nicht auf«, in: *MaxPlanckForschung* 11 (2011), S. 12-17.
- (2011b), »Monetary Union, Fiscal Crisis and the Pre-Emption of Democracy«, in: *Zeitschrift für Staats- und Europawissenschaften* 9 (2011), S. 163-198.
- (2012), »Rettet Europa vor dem Euro«, in: *Berliner Republik* 14 (2012), S. 52-61.
-, Schmidt, Vivien A. (Hg.) (2000a), *Welfare and Work in the Open Economy. Volume I. From Vulnerability to Competitiveness*, Oxford: Oxford University Press.
- (2000b), *Welfare and Work in the Open Economy. Bd. II: Diverse Responses to Common Challenges*, Oxford: Oxford University Press.

Schlieben, Michael (2012), »*Die wählen sowieso nicht*«, *ZEIT ONLINE*, 13. Mai 2012.

Schmitter, Philippe C., Lehmbruch, Gerhard (Hg.) (1979), *Trends Towards Corporatist Intermediation*, London: Sage.

-, Streeck, Wolfgang (1999), *The Organization of Business Interests. Studying the Associative Action of Business in Advanced Industrial Societies.* MPIfG Discussion Paper 99/1, Köln.

Schor, Juliet (1992), *The Overworked American. The Unexpected Decline of Leisure*, New York: Basic Books.

Schularick, Moritz (2012), *Public Debt and Financial Crises in the Twentieth Century. Discussion Paper*, Berlin.

Schumpeter, Joseph A. (1953 [1918]), »Die Krise des Steuerstaates«, in: Schumpeter, Joseph A. (Hg.), *Aufsätze zur Soziologie*, Tübingen: Mohr Siebeck, S. 1-71.

- (2006 [1912]), *Theorie der wirtschaftlichen Entwicklung*, Berlin: Duncker & Humblot.

Seikel, Daniel (2012), *Der Kampf um öffentlich-rechtliche Banken. Wie die Europäische Kommission Liberalisierung durchsetzt.* (Diss.) Wirtschafts- und Sozialwissenschaftliche Fakultät der Universität zu Köln.

Shefrin, Hersh (2002), *Beyond Greed and Fear. Understanding Behavioral Finance and the Psychology of Investing*, Oxford: Oxford University Press.

Shonfield, Andrew (1965), *Modern Capitalism. The Changing Balance of Public and Private Power*, London, New York: Oxford University Press.

–, Shonfield, Suzanna (1984), *In Defense of the Mixed Economy*, Oxford: Oxford University Press.

Sinn, Hans-Werner (2011), »Das unsichtbare Bail-Out der EZB«, in: *Ökonomenstimme*, 11. Juni 2011.

Spiro, David E. (1999), *The Hidden Hand of American Hegemony. Petrodollar Recycling and International Markets*, Ithaca: Cornell University Press.

Steinbrück, Peer (2006), »Lobbyisten in die Produktion«, in: *Frankfurter Allgemeine Zeitung*, 12. Januar 2006.

Steuerle, C. Eugene (1992), *The Tax Decade. How Taxes Came to Dominate the Public Agenda*, Washington: Urban Institute Press.

Stiglitz, Joseph E. (2003), *The Roaring Nineties. A New History of the World's Most Prosperous Decade*, New York, London: W. W. Norton & Company (dt.: *Die roaring nineties. Der entzauberte Boom*, Berlin: Siedler 2004.

Strauch, Rolf R., Hagen, Jürgen von (Hg.) (2000), *Institutions, Politics and Fiscal Policy*, Boston u. a.: Springer.

Streeck, Wolfgang (1994), »Pay Restraint Without Incomes Policy. Constitutionalized Monetarism and Industrial Unionism in Germany«, in: Boyer, Robert, u. a. (Hg.), *The Return to Incomes Policy*, London 1994, S. 114-140.

– (1995), »From Market-Making to State-Building? Reflections on the Political Economy of European Social Policy«, in: Leibfried, Stephan, u. a. (Hg.), *European Social Policy. Between Fragmentation and Integration*, Washington, D. C.: Brookings Institute Press, S. 389-431.

– (1997), »German Capitalism. Does it Exist? Can it Survive?«, in: *New Political Economy* 2 (1997), S. 237-256.

– (2006), »The Study of Interest Groups. Before ›The Century‹ and After«, in: Crouch, Colin, u. a. (Hg.), *The Diversity of Democracy. Corporatism, Social Order and Political Conflict*, London: Edward Elgar, S. 3-45.

– (2009a), *Flexible Employment, Flexible Families, and the Socialization of Reproduction, Working Paper.*

– (2009b), *Re-Forming Capitalism. Institutional Change in the German Political Economy*, Oxford: Oxford University Press.

– (2010), »Institutions in History. Bringing Capitalism Back In«, in: Campbell, John, u. a. (Hg.), *Handbook of Comparative Institutional Analysis*, Oxford: Oxford University Press, S. 659-686.

- (2011a), »A Crisis of Democratic Capitalism«, in: *New Left Review 71* (2011), S. 1-25.
- (2011b), »E Pluribus Unum? Varieties and Commonalities of Capitalism«, in: Granovetter, Mark, u. a. (Hg.), *The Sociology of Economic Life*, (3. Aufl.), Boulder, Colorado: Westview Press, S. 419-455.
- (2011), »Taking Capitalism Seriously. Towards an Institutional Approach to Contemporary Political Economy«, in: *Socio-Economic Review* 9 (2011), S. 137-167.
- (2012a), »The Politics of Consumption«, in: *New Left Review* 76 (2012), S. 27-47.
- (2012b), »Wissen als Macht, Macht als Wissen. Kapitalversteher im Krisenkapitalismus«, in: *Merkur* 66 (2012), S. 776-787.
- -, Mertens, Daniel (2010), *An Index of Fiscal Democracy*. MPIfG Working Paper 10/3, Köln.
- Mertens, Daniel (2011), *Fiscal Austerity and Public Investment. Is the Possible the Enemy of the Necessary?*, MPIfG Discussion Paper 11/12, Köln.
- -, Thelen, Kathleen (2005), »Introduction. Institutional Change in Advanced Political Economies«, in: dies., u. a. (Hg.), *Beyond Continuity. Institutional Change in Advanced Political Economies*, Oxford: Oxford University Press, S. 1-39.

Taibbi, Matt (2009), »The Great American Bubble Machine«, in: *Rolling Stone*, 9. Juli 2009.
Tarschys, Daniel (1983), »The Scissors Crisis in Public Finance«, in: *Policy Sciences* 15 (1983), S. 205-224.
Thielemann, Ulrich (2011), »Das Ende der Demokratie«, in: *Wirtschaftsdienst – Zeitschrift für Wirtschaftspolitik* 91 (2011), S. 820-823.
Tomaskovic-Devey, Donald, Lin, Ken-Hou (2011), »Income Dynamics, Economic Rents and the Financialization of the US Economy«, in: *American Sociological Review* 76 (2011), S. 538-559.

Wagner, Adolph (1892), *Grundlegung der politischen Oekonomie*, dritte Auflage, Leipzig: Wintersche Verlagsbuchhandlung.
- (1911), »Staat in nationalökonomischer Hinsicht«, in: Elster, Ludwig, u. a. (Hg.), *Handwörterbuch der Staatswissenschaften*, Jena: G. Fischer, S. 727-739.
Wagschal, Uwe (1996), *Staatsverschuldung. Ursachen im internationalen Vergleich*, Opladen: Verlag für Sozialwissenschaften.

- (2007), »Staatsverschuldung«, in: Nohlen, Dieter, u. a. (Hg.), *Kleines Lexikon der Politik*, München: C. H. Beck, S. 547-552.

Weber, Max (1956), *Wirtschaft und Gesellschaft. Erster Halbband*, Köln: Kiepenheuer & Witsch.

Weizsäcker, Carl Christian von (2010), »Das Janusgesicht der Staatsschulden«, in: *Frankfurter Allgemeine Zeitung*, 5. Juni 2010.

Werner, Benjamin (2012), *Die Stärke der judikativen Integration. Wie Kommission und Europäischer Gerichtshof die Unternehmenskontrolle liberalisieren*. (Diss.) Wirtschafts- und Sozialwissenschaftliche Fakultät der Universität zu Köln.

Western, Bruce, Rosenfeld, Jake (2011), »Unions, Norms, and the Rise in U. S. Wage Inequality«, in: *American Sociological Review* 76 (2011), S. 513-537.

Williamson, O. E., u. a. (1975), »Understanding the Employment Relation. The Analysis of Idiosyncratic Exchange«, in: *The Bell Journal of Economics* 6 (1975), S. 250-278.

Wright, Erik Olin (1985), *Classes*, London: Verso.